MÉMOIRES

LA RÉVOLUTION FRANÇAISE,

PAR THIBAUDEAU.

PARIS, IMPRIMERIE DE GAULTIER-LAGUIONIE.

MÉMOIRES

SUR

LA CONVENTION

ET

LE DIRECTOIRE,

PAR A. C. THIBAUDEAU.

SECONDE ÉDITION.

TOME I. — CONVENTION.

PARIS,

CHEZ PONTHIEU, ET Cie, LIBRAIRES,

PALAIS-ROYAL, GALERIE DE BOIS.

1827.

AVERTISSEMENT.

Lorsqu'en 1815 je rentrai dans la vie privée, ma première pensée fut de me créer des occupations pour employer mon temps et charmer mes loisirs. Accoutumé pendant toute ma vie au travail, il m'eût été impossible de vivre sans rien faire, et j'aurais fini par céder au chagrin et à l'ennui, si je n'avais cherché à me distraire d'une situation qui ne manquait pas d'amertume. Le sort m'avait jeté en Allemagne. Si j'avais eu un métier, j'aurais pu l'exercer; mais j'avais passé ma vie à faire des lois et à administrer : ce n'était pas un genre d'industrie qui eût cours à l'étranger. Je me décidai donc à écrire.

J'eus la velléité d'entreprendre une Histoire de la révolution. Je fus bientôt convaincu que cette entreprise, telle que je la concevais, était au-dessus des forces d'un seul homme, et surtout dans un pays où l'on ne pouvait s'aider des lumières et des conseils de personne, et où l'on n'aurait pu se procurer qu'avec beaucoup de peine et à très-grands frais les documens et matériaux indispensables pour écrire cette histoire.

Je me bornai donc, au moyen de quelques notes que j'avais sauvées de mon naufrage, à mettre par écrit mes souvenirs. Un ouvrage de cette espèce ne pouvait être que très-incomplet et bien au-dessous du caractère sévère de l'histoire. Ainsi je ne le donne que pour ce qu'il est, un recueil qui contient à la fois des espèces de Mémoires et des fragmens historiques.

Après cet aveu, on s'étonnera que je le publie : je dirai les motifs qui m'y déterminent.

Entré dans le monde avec la révolution, je suis resté vingt-cinq ans dans la carrière publique. Je n'y ai point joué les premiers rôles; mais je n'y ai pas été au dernier rang, et, sans avoir acquis une grande célébrité, je ne suis point demeuré inconnu. Tant que j'ai été acteur sur ce théâtre, je ne me suis inquiété ni des applaudissemens ni des sifflets. J'ai été mon droit chemin, faisant de mon mieux. Jamais on ne me vit descendre dans l'arène pour répondre à des accusations, me justifier ou faire mon apologie. Il est vrai que jamais je n'éprouvai d'attaques capables de me nuire aux yeux du public, ni d'alarmer ma conscience.

Depuis les événemens qui m'ont fait descendre de la scène, frappé individuellement par le sort, et impliqué dans des accusations générales et contre les hommes et contre les choses, j'ai aussi supporté en silence le poids de ma destinée, laissant au temps le soin de calmer les passions, et attendant une époque où, sans être soupçonné de vouloir les exciter, il fût permis de parler de soi, de ses sentimens, de ses opinions et d'objets déjà loin de nous, sur lesquels s'exerce chaque jour la plume des écrivains. Pour moi cette époque me paraît arrivée, pour moi à qui les années déjà passées ne promettent plus un long avenir. Je n'ai jamais aspiré à la renommée; mais j'ai toujours eu quelque soin de ma réputation; et si elle est de peu d'importance pour le public, elle en a une très-grande pour un homme qui la regarde comme le bien le plus cher à conserver et à transmettre.

Je ne veux point me faire meilleur, ni qu'on me croie pire que je n'ai été. En rapportant les événemens dans lesquels j'ai figuré, je n'ai d'autre but que de les représenter tels que je les ai vus et jugés, et de me rétablir aux yeux du public tel que j'ai été moi-même, sans rien dissimuler et sans rien abjurer. D'ailleurs ce serait en vain qu'on chercherait à lui en imposer. Nos actions et nos discours sont constatés par des monumens qui ne permettent pas de dénaturer impunément la vérité. Loin de les récuser, c'est leur témoignage que j'invoque.

Abstraction faite de ce qui me concerne personnellement, peut-être trouvera-t-on dans mes récits et mes jugemens des faits et des aperçus qui ne seront pas tout-à-fait inutiles à l'histoire.

Peut-être aussi trouvera-t-on téméraires quelques-uns de mes jugemens sur les personnes que je ne peux éviter de nommer; peut-être plusieurs de mes opinions sur les choses paraîtront-elles erronées; mais ces opinions je les ai eues, et ces jugemens je les ai formés la plupart aux époques et lors des événemens auxquels ils se rapportent. Bien plus, je les ai dans le temps même fixés par écrit, et je n'ai pas cru devoir y rien changer depuis. Je rapporte fidèlement ce que j'ai vu, entendu et pensé. Je n'ai point eu alors l'intention de faire des satires ; je n'ai jamais sacrifié non plus à des ménagemens pusillanimes ce que j'ai cru la vérité. D'ailleurs des torts et même des délits politiques n'ont jamais été des crimes à mes yeux. Il y a beaucoup d'hommes que j'ai attaqués et combattus à outrance, lorsque nous étions aux prises et que je croyais remplir un devoir; et quand nous avons été sortis de la carrière, je leur ai tendu la main, et je les ai trouvés sans rancune. Je ne suis resté irréconciliable, et encore moins par haine que par délicatesse, qu'avec un petit nombre d'individus justement flétris par tous les partis. Des hommes que je n'ai cessé d'estimer auraient donc grand tort de se formaliser de ce que ma plume aurait laissé tomber du blâme, ou rapporté des choses qui sembleraient en attirer sur leur conduite politique à quelques-unes de nos époques : pour moi je sens que je n'en ai jamais voulu à qui m'a fait de semblables reproches, et j'ai toujours pensé que les actions et les discours des hommes publics, dans le cours de leurs fonctions, étant justiciables de l'opinion, ils devaient courir la chance de ses jugemens.

MÉMOIRES

sur

LA RÉVOLUTION.

CONVENTION.

CHAPITRE PREMIER.

OUVERTURE DE LA CONVENTION NATIONALE.

Né le 23 mars 1765, j'avais vingt-quatre ans et je venais d'être reçu avocat à Poitiers, lorsque les états-généraux s'assemblèrent. Mon père y fut député par le tiers-état de sa province; je l'accompagnai à Versailles et j'y commençai mon éducation politique. Témoin des premiers travaux de l'Assemblée nationale et des premières scènes de la révolution, j'en embrassai les principes avec chaleur et enthousiasme. Je retournai à Poitiers après les fameuses journées des 5 et 6 octobre, et je devins, avec quelques amis de mon âge, le fondateur d'un club patriotique qui alluma et entretint parmi nos concitoyens le feu sacré de la liberté.

Dès que j'eus atteint l'âge prescrit pour exercer les droits politiques (vingt-cinq ans), je fus appelé, par le choix du peuple, aux fonctions municipales (1). Je les exerçais encore, lorsque l'Assemblée législative décréta le 11 août 1792 la convocation d'une Convention nationale. J'y fus nommé député par les électeurs de mon département (la Vienne). Je n'étais point préparé à cette nomination, je n'y avais pas pensé.

La guerre avait été déclarée à l'Autriche. Le 10 août avait renversé le trône. L'Assemblée législative avait suspendu le roi de ses fonctions. La famille royale était prisonnière au Temple. Je partis pour Paris, persuadé, dans la candeur de mon ame, que, dans l'espace de six mois au plus, la Convention nationale aurait prononcé sur le sort du roi, fait à la constitution les modifications qu'exigeaient les besoins du temps, et, qu'après avoir donné à la France au moins la paix intérieure, les députés reviendraient dans leurs départemens recueillir les bénédictions de leurs concitoyens.

La Convention décréta, dans sa première séance et à l'unanimité, l'abolition de la royauté et l'établissement de la république. C'était une chose convenue d'avance et qui fut généralement ap-

---

(1) Substitut du procureur de la commune, et ensuite procureur de la commune.

prouvée. Depuis, et lorsque l'empire s'est élevé sur les ruines de la république, on a amèrement blâmé la Convention d'avoir décidé par acclamation et pour ainsi dire à l'improviste, une question aussi majeure et qui était d'un aussi grand intérêt pour la France; mais il est certain que les esprits y étaient préparés (1). Les événemens précédens l'avaient déjà forcément décidée. Dans la situation des choses, il était impossible de relever le trône; une assemblée de Lycurgues et de Solons n'y eût pas réussi. Il n'était au pouvoir de qui que ce fût de rétablir la dynastie qui avait cessé de régner. Personne n'y pensait. D'Orléans, le seul prince qui avait eu quelque popularité, était avili, et la monarchie flétrie. Si la Convention eût pu résister à son propre enthousiasme, à l'impulsion d'une grande partie de la nation et à la nécessité sous laquelle elle se trouvait placée, elle eût, en travaillant à la contre-révolution, allumé la guerre civile dans toute la France.

Je siégeai à la Montagne. J'y fus entraîné par des députés de mon département, déjà membres de l'Assemblée législative, par une conformité de principes, l'énergie des opinions et la rapidité des résolutions; enfin, ayant voté la république, je

---

(1) Quelques heures après que le départ du roi pour Varennes fut connu à Paris, tous les signes de la royauté avaient disparu.

crus devoir m'unir à ceux que je regardais comme
ses plus chauds défenseurs.

Je fus long-temps sans pouvoir me décider à
à parler. J'étais comme étourdi par les talens des
uns, la facilité des autres et l'audace du plus grand
nombre. Ce spectacle n'était point nouveau pour
moi. J'avais vu à l'Assemblée constituante d'aussi
grands talens sans doute; mais alors je n'étais qu'au
parterre. J'avais parlé au barreau, au club, mais
c'était devant mes compatriotes. Maintenant j'étais
acteur moi-même sur un grand théâtre, en présence d'une grande nation, de l'Europe entière.
J'étais effrayé de mon inexpérience et de ma portion de responsabilité. La défiance de mes forces
et une sorte de timidité enchaînaient ma voix et
m'écartaient de la tribune.

D'un autre côté, il fallait souvent disputer et
conquérir pour ainsi dire la parole, braver les signes d'improbation et les murmures. Pour rompre
le silence il m'eût fallu un grand effort. Je trouvai
plus facile de me taire. Une fois que j'en eus pris
l'habitude, je n'eus plus la volonté d'y renoncer.

Siéger à la Montagne et ne point aller aux Jacobins, cela paraissait un contre-sens. Plusieurs de
mes collègues voulurent me mener à la société-
mère. Je résistai opiniâtrément. J'avais fondé un
club dans ma ville natale; j'étais alors simple citoyen. Lorsque ma voix eut de l'influence sur les
affaires de l'État, je me fis une loi de conserver
mon indépendance. Il me paraissait contraire à la

dignité de législateur d'aller, dans une réunion qui n'avait que le droit de pétition, rendre compte de ses opinions, en recevoir de toutes faites et préparer les décrets de la Convention nationale. D'ailleurs la société des jacobins rivalisait avec les pouvoirs nationaux et menaçait de les asservir. Représentant du peuple, je voyais les choses d'un autre point de vue, et je ne voulais pas du moins me rendre complice d'un mal que je ne pouvais empêcher. Ma résolution, quelque purs qu'en fussent les motifs, rendit mon patriotisme suspect aux yeux de certaines personnes, me priva de la part d'influence que j'aurais pu avoir dans les affaires, et ne contribua pas peu à me susciter les persécutions que j'éprouvai dans la suite.

CHAPITRE II.

24 JANVIER 1793.

Ici se présente l'événement le plus tragique de la révolution : ce n'est pas encore assez des trente ans qui se sont écoulés depuis, pour aborder ce sujet.

CHAPITRE III.

COMITÉ DE DÉFENSE GÉNÉRALE. — DUMOURIEZ. — ÉGALITÉ (D'ORLÉANS). — INFLUENCE DE LA COMMUNE DE PARIS.

QUOIQUE revêtue de tous les pouvoirs, la Convention nationale fut pendant plusieurs mois sans les exercer. Ainsi que la majorité je regardais leur réunion comme une tyrannie. Sous plusieurs rapports, leur division n'était cependant qu'illusoire. Elle cessa tout-à-fait lorsque la Convention, en créant un comité de salut public, s'empara réellement du gouvernement. Ce résultat était inévitable; il n'y avait pas alors de possibilité qu'un pouvoir exécutif s'élevât au-dessus du soupçon et reçût une existence assez indépendante pour avoir quelque force. Avant que cette confusion ne fût opérée, la Convention avait un *comité de défense générale*, auquel elle avait donné sur le conseil exécutif une surveillance immédiate et très-active, sans entendre entraver sa marche ni anéantir sa responsabilité. L'expérience ne tarda pas à prouver que c'étaient deux choses impossibles à concilier. En effet, le comité de défense générale mandait à à chaque instant les ministres et les autorités; les membres de la Convention pouvaient assister à ses séances, et un certain nombre y était toujours présent. Les affaires les plus secrètes se traitaient donc comme publiquement, et le conseil exécutif était tiraillé dans tous les sens, ne sachant à qui répondre, à qui obéir, ni comment remplir ses devoirs.

J'allais quelquefois aux séances du comité. C'était l'époque où l'on y était très-occupé de Dumouriez. Patriote dès les premiers jours de la révolution, général et diplomate, porté en 1792 au ministère des affaires étrangères par la Gironde, et trois mois plus tard par la confiance du roi au département de la guerre, suspect aux constitutionnels et aux royalistes, il n'avait gardé que quelques jours ce dernier ministère, et était allé aux armées dans l'espérance d'y trouver plus de moyens de satisfaire son ambition. En effet, après avoir concouru aux premiers succès des armées républicaines, et négocié la retraite des Prussiens, il s'était rendu à Paris, y avait été accueilli avec enthousiasme, et avait reçu aux Jacobins les embrassemens de Robespierre. De retour à l'armée, il avait gagné la bataille de Jemmapes et conquis la Belgique. Il s'y conduisit de manière à se faire accuser de vouloir être duc de Brabant, et rétablir la monarchie en France en faveur du duc de Chartres, qui servait alors dans son armée.

Mais la Convention, en décrétant la réunion de la Belgique, anéantit ces projets, vrais ou supposés, et y envoya des commissaires pour organiser le pays. Alors Dumouriez montra beaucoup d'hu-

meur, lutta ouvertement contre ses agens, dénonça avec aigreur le ministre de la guerre et les
commissaires de la Trésorerie, se permit des propos outrageans contre la représentation nationale,
et accrédita ainsi les soupçons qui s'étaient élevés
contre lui. Il vint à Paris sous le prétexte de pourvoir aux besoins de son armée, mais réellement
afin de juger par lui-même des appuis qui pouvaient y servir ses vues. Il y trouva presque tout
le monde mal disposé, repartit bientôt, rouvrit la
campagne, s'empara de la Hollande, et fut battu à
Nerwinde le 18 mars (1).

Le 25, à la séance du comité de défense générale, on lut une dépêche de Dumouriez qu'on ne
croyait pas convenable de rendre publique. Il s'y
plaignait de la désorganisation absolue de son

---

(1) Dumouriez avait entamé une négociation avec l'Angleterre. Son ambition se bornait alors, si elle eût réussi, à devenir ambassadeur auprès de cette puissance. La déclaration
de guerre dérangea ce projet.

Lorsque Dumouriez repartit pour l'armée, il voulait livrer
une bataille, la gagner et marcher sur Paris avec une armée
exaltée par la victoire, renverser la Convention et rétablir la
monarchie constitutionnelle en faveur du duc d'Orléans ; mais
il fut battu à Nerwinde, et cette défaite, que l'on doit peut-
être attribuer à la trahison de Miranda qui commandait une
division de son armée, anéantit tous ses plans. De-là son irrésolution, son découragement, ses inconséquences et la fin
déplorable de sa conduite politique. Dumouriez avait une de
ces ambitions vulgaires qui ne se soutiennent que par des
succès.

armée, de l'indiscipline, de la lâcheté, de la déser-
tion, du pillage. Il parlait de la mauvaise disposition
des Belges contre la France, de la supériorité des
ennemis et de l'impossibilité où il était de leur résister et de réorganiser son armée dans la détestable position de Louvain. Il ne voyait pas d'autre
moyen de la sauver que de faire sa retraite sur
Mons et Tournay. Il invitait le conseil exécutif à
lui faire connaître promptement ses intentions,
déclarant se décharger sur lui de sa responsabilité.

Le ministre de la guerre, c'était alors Beurnonville, dit qu'on avait répondu à Dumouriez
qu'il était maître de prendre toutes les mesures
qu'il croirait propres à sauver l'armée et la république.

Le lendemain le conseil exécutif était réuni au
comité. On fit lecture d'une nouvelle dépêche du
général, datée d'Enghien. Il y rendait compte
d'une affaire très-vive où la perte avait été égale
des deux côtés, des mesures qu'il continuait de
prendre pour opérer promptement la retraite de
l'armée, sans quoi elle courrait les plus grands
risques, et les places frontières pourraient être en-
levées par les ennemis, parce qu'elles n'avaient ni
garnisons, ni vivres, ni munitions, et qu'alors
ils parviendraient facilement à se frayer une route
vers Paris.

Beurnonville opina pour la retraite de toutes
les armées sur les frontières et pour une guerre
purement défensive.

Prieur témoigna son étonnement de ce qu'on voulût abandonner avec tant de précipitation et de légèreté des peuples chez lesquels on avait porté la liberté et qu'on s'était engagé à protéger. Il demanda qu'on renforçât promptement l'armée et qu'on s'occupât des moyens de lui rendre la confiance.

Dumouriez fut violemment attaqué. Danton et Camus étaient présens. Ils avaient été l'un et l'autre envoyés en mission dans la Belgique. Ils furent interpellés de dire ce qu'ils pensaient de ce général. Leur rapport fut uniforme, en voici le résumé :

Dumouriez a de grands talens militaires et la confiance des soldats. Il est surtout dans cet instant très-nécessaire à l'armée. Il a eu des torts assez graves dans la Belgique. Le décret de réunion a contrarié ses idées. Il manifeste des principes politiques souvent contraires à ceux de la Convention. Il s'était persuadé qu'il appartenait à lui seul de diriger les révolutions de la Belgique et de la Hollande qu'il voulait *élever comme ses enfans* et à sa manière. Il aime à être caressé. Il a été entouré de flatteurs et d'intrigans, surtout d'anciens révolutionnaires du Brabant, qui lui ont fait faire beaucoup de sottises. Lors de son retour à Bruxelles dans ce mois même, il a réintégré dans leurs fonctions les administrateurs provisoires destitués en vertu d'un arrêté des représentans du peuple en mission. Il a fait à Anvers un emprunt en son propre nom. Il n'a ni pour les commissaires de la Convention, ni pour la Convention elle-même le respect qui leur est dû. Il a dit qu'elle était composée moitié d'ignorans, moitié de scélérats. A l'exemple de leur chef, les autres généraux se permettent des plaisanteries amères sur toutes les opérations du gouvernement. Cette conduite répréhensible a une influence funeste sur l'opinion de l'armée. En présence du représentant Gossuin, auquel on ne faisait nulle attention, les soldats s'écriaient : Voilà Dumouriez, notre père ! nous irons partout où il voudra ! Ils se pressaient autour de lui, baisaient ses mains, ses bottes et son cheval. Cependant nous ne pensons pas que Dumouriez ait des vues d'ambition personnelle. Mais l'anéantissement de ses plans de campagne, et les désastres de la Belgique et de l'armée lui ont donné beaucoup d'humeur. Son moral et son physique en ont singulièrement souffert. C'est dans cette situation qu'il s'est permis des actes d'autorité répréhensibles, et des lettres insolentes à la Convention, que par prudence on n'a pas lues publiquement. Il faut lui laisser le commandement, mais le surveiller. Il faut fixer les bornes de l'autorité des généraux, et punir ceux qui les dépasseront.

On fut très-étonné de cette conclusion et de la modération de ce rapport. Robespierre dit que d'après ce qu'il venait d'entendre, Dumouriez était indigne de la confiance de la nation, et dangereux pour la liberté; que si on le ménageait sous prétexte qu'il pouvait être utile dans les circonstances actuelles, il s'en prévaudrait, et serait prêt à en abuser à mesure que la situation de la république empirerait; qu'il ne fallait pas hésiter un instant à lui ôter le commandement.

Tout fut renvoyé au conseil exécutif pour prendre les mesures qu'il jugerait convenables, et en rendre compte.

Le 29, Beurnonville communiqua encore une lettre de Dumouriez. Il y continuait ses plaintes sur la lâcheté des soldats et les brigandages auxquels ils se livraient. Il vantait la modération et l'humanité des Autrichiens. D'après lui, la Convention nationale était sans autorité; tant que le gouvernement resterait entre les mains de certaines personnes, la patrie serait dans le plus grand danger; le mal était à son comble, les places étaient dépourvues de garnisons et d'approvisionnemens, l'ennemi pouvait facilement s'en emparer et se rendre à Paris. Il appelait la France le *royaume.*

A cette lecture éclata un mouvement général d'indignation. On ne douta plus que Dumouriez ne fût traître ou fou, et quelques personnes trouvaient qu'il était l'un et l'autre; car il était impossible de conspirer contre la Convention et la république avec plus d'imprudence, de légèreté et de présomption. Il n'y eut qu'une voix pour lui retirer de suite le commandement de l'armée.

Cependant Beurnonville, qui avait plus de loyauté

que de pénétration, essaya encore de le défendre.
« Je l'ai vu, dit-il, se battre avec tant de bravoure
et d'intrépidité que je ne puis le croire coupable
de trahison. Accoutumé à des victoires rapides, il
a été abattu par ses revers et les désordres de son
armée. Le mal ne peut pas être aussi grave qu'il
le fait. Il ne s'agit, pour le moment, que de jeter
de bonnes garnisons dans nos places frontières,
et de former deux camps sous Dunkerque et
Maulde, et je suis assuré que les ennemis ne viendront pas nous attaquer. S'ils avaient un coup de
main à faire, ce serait plutôt sur la Lorraine et
l'Alsace. »

Mais on répandait ouvertement que Dumouriez
avait déjà traité avec le prince de Cobourg, et
qu'ils se disposaient à marcher sur Paris pour rétablir la royauté en faveur du duc de Chartres.

Le lendemain 3o, sur le rapport de Camus, au
nom du comité de défense générale, la Convention décréta que Dumouriez serait mandé à la barre,
et que quatre commissaires, pris dans son sein,
accompagnés du ministre de la guerre, Beurnonville, et investis du droit de faire arrêter les
généraux qui leur paraîtraient suspects, parti-
raient sur-le-champ pour l'armée de la Belgique;
Camus fut un de ces commissaires. Il signifia le
décret de la Convention au général; mais il était
en révolte ouverte, il fit arrêter les commissaires,
les livra aux Autrichiens, écrivit à la Convention
une lettre menaçante, voulut livrer Condé, sur-

prendre Lille, fut abandonné de son armée, obligé, pour se sauver, de se jeter entre les bras de l'ennemi, et erra chez l'étranger sous le poids d'un décret de mise hors la loi qui ferma à jamais les portes de la France à ce général que l'esprit d'intrigue et d'ambition avait jeté tour à tour dans tous les partis, et à la fin hors des voies de l'honneur. La trahison qui, de quelque prétexte qu'on veuille la colorer, n'est jamais honorée par le succès, ne devient que plus odieuse quand elle échoue.

Depuis le commencement de la révolution la famille d'Orléans avait été le prétexte de bien des accusations. Il n'était pas douteux que plusieurs fois on avait pensé sérieusement à l'élever au trône constitutionnel. Dans la Convention, à peine venait-on de décréter la république, que les partis qui la divisaient renouvelèrent l'un contre l'autre cette accusation. La Gironde, par l'organe de Louvet, avait fait la motion d'expulser du territoire de la république tous les membres de la famille royale; la montagne et surtout Robespierre l'avaient combattue : elle avait été rejetée. Au moment où l'on croyait que Dumouriez travaillait pour le duc de Chartres, dans une séance de la Convention (27 mars) où l'on discutait sur les dangers de la patrie, Robespierre, après une discussion de près d'une heure, reproduisit la proposition de Louvet qui demanda avec chaleur qu'elle fût mise aux voix. Mais la montagne s'y opposa encore, et l'ordre du jour fut adopté à une très-grande majorité. Lorsque Robespierre fut revenu de la tribune à sa place, Massieu lui demanda comment il se faisait qu'après avoir combattu, dans le temps, la motion de Louvet, il vînt la reproduire aujourd'hui? Robespierre répondit : « Je ne puis pas expliquer mes motifs à des hommes prévenus et qui sont engoués d'un individu ; mais j'ai de bonnes raisons pour en agir ainsi, et j'y vois plus clair que beaucoup d'autres. » La conversation continuant sur ce sujet, Robespierre ajouta : « Comment peut-on croire qu'Égalité (le duc d'Orléans) aime la république? Son existence est incompatible avec la liberté ; tant qu'il sera en France, elle sera toujours en péril. Je vois parmi nos généraux son fils aîné, Biron son ami, Valence, gendre de Sillery, son courtisan. Ses autres fils sont élevés par la femme de Sillery. Il feint d'être brouillé avec Égalité ; mais ils sont tous les deux intimement liés avec Brissot et ses amis. Ils n'ont fait la motion d'expulser les Bourbons que parce qu'ils savaient bien qu'elle ne serait pas adoptée. Ils n'ont supposé à la montagne le projet d'élever Egalité sur le trône que pour cacher leur dessein de l'y porter ensuite.

» — Mais où sont les preuves?

» — Des preuves ! des preuves ! veut-on que j'en fournisse de légales? J'ai là-dessus une conviction morale. Au surplus, les événemens prouveront si j'ai raison. Vous y viendrez. Prenez garde que ce ne soit pas trop tard. »

L'existence de cette famille en France me paraissait aussi incompatible avec la république.
J'aurais volontiers donné ma voix à cette espèce
d'ostracisme qui nous en débarrassait. C'eût été
rendre service à ce prince auquel beaucoup de
républicains , par une sorte de pudeur, prenaient encore quelque intérêt. Pendant cette conversation, comme pendant la discussion qui l'a-
vait précédée, je voyais Égalité au haut de la montagne, paraissant indifférent et résigné à la triste
destinée qui l'attendait et qui l'atteignit bientôt
après.

La commune de Paris et la société des jacobins,
soufflées et soutenues par la montagne , rivalisaient
ouvertement avec la Convention , et menaçaient
hautement la gironde. Les revers de l'armée , la
conduite audacieuse de Dumouriez et le rejet
même de la motion de Robespierre pour expulser
les Bourbons , faisaient crier de toutes parts à la
trahison. On réclamait le désarmement des gens
suspects et la mise en activité du tribunal extraordinaire. La section des Tuileries arrêta de communiquer aux quarante-huit sections une pétition
dans laquelle on demandait à la Convention si
elle se croyait en état de sauver la patrie. Toutes les
sections et la commune elle-même avaient adopté
cette pétition. La fermentation était extrême.

Le comité de défense générale manda (27 mars)
le conseil exécutif, la municipalité et le département, pour s'entendre sur les mesures à prendre

afin de prévenir les troubles dont on était menacé.

Avant l'ouverture de la séance, Marat dit ces paroles remarquables : « Il est faux que la souveraineté du peuple soit indivisible. Chaque commune de la république est souveraine sur son territoire dans les temps de crise, et le peuple peut prendre les mesures qui lui conviennent pour son salut. »

Le maire et Chaumette, procureur de la commune, complices de toute cette agitation, la représentèrent comme peu dangereuse et cherchèrent à endormir ceux qu'elle menaçait. Les girondins protestèrent que si l'on se portait à quelque attentat contre la représentation nationale, les départemens tireraient une vengeance éclatante de Paris. Gensonné dit que les députés n'étaient que les mandataires de leurs commettans directs, et ne devaient point de compte à d'autres, jusqu'à ce qu'il eût été fait une constitution d'après laquelle les députés seraient considérés comme représentans de la nation. Ces déclamations et ces théories n'étaient guère propres à conjurer l'orage.

Le lendemain le maire vint présenter l'adresse à la Convention. Pétion proposa de faire convoquer les assemblées primaires pour rappeler les députés qu'elles ne trouveraient pas dignes de leur confiance. Sur la proposition de Boyer-Fonfrède, la Convention décida qu'il serait répondu aux pétitionnaires qu'elle sauverait la patrie, mais que la commune de Paris répondait de la sûreté de la Convention.

Cette responsabilité n'effrayait guère ceux qui mettaient en mouvement et dirigeaient la commune.

CHAPITRE IV.

MISSION A L'ARMÉE DES CÔTES DE LA ROCHELLE. — GUERRE DE LA VENDÉE. — JOURNÉE DU 31 MAI. — FACTION DU FÉDÉRALISME.

LES insurgés de la Vendée avaient eu de grands succès. La Convention envoya des représentans du peuple dans les départemens qui étaient le théâtre de la guerre et dans les départemens environnans, pour mettre en mouvement toutes les forces et tirer parti de toutes les ressources locales. Ces représentans étaient des députés de ces mêmes départemens. Par décret du 10 mai 1793, je fus donc, avec mon collègue Pascal Creuzé, envoyé à l'armée appelée alors *des côtes de la Rochelle.* Il eût mieux valu y envoyer des députés étrangers au pays; car, si d'une part nous le connaissions et y étions connus, de l'autre nous courions le risque de nous trouver à chaque instant placés entre nos devoirs et nos affections, ainsi que cela arrive ordinairement dans les guerres civiles.

On a fait grand bruit de l'étalage et de la magnificence des représentans en mission. Je ne sais ce qui en est pour les autres; quant à moi je partis par la diligence de Paris pour me rendre à ma destination; je fis toutes mes courses sur un cheval que j'empruntai dans ma famille, et je revins à Paris dans une voiture que me fournit l'administration du département de la Vienne, et que je remis à celle du département de la Seine. Mes frais de mission s'élevèrent à environ quinze cents francs assignats. Voilà qui peut donner une idée du luxe asiatique d'un proconsul de ce temps-là.

Je m'occupai à lever et organiser des bataillons de gardes nationales, à faire fabriquer ou réparer des armes et des effets d'habillement, à rassembler des subsistances, et à assurer les différens services militaires dans lesquels il y avait la plus grande pénurie et un extrême désordre.

L'indiscipline des troupes était à son comble. Des bataillons entiers s'insurgeaient, un jour pour obtenir l'arriéré, une autre fois pour exiger une augmentation de leur solde. A Poitiers, je fus obligé de me présenter souvent devant des bataillons de passage qui, réunis en armes, refusaient de partir, et, sourds à la voix de leurs chefs, menaçaient de piller les caisses. Je les pérorais, et ils finissaient par obéir. A Niort, j'arrêtai moi-même, dans les rangs de plusieurs bataillons ras-

semblés, un officier qui soufflait la révolte, je le
fis conduire en prison par ses propres soldats, et
au commandement *d'en avant marche*, que je prononçai au nom de la Convention, la colonne continua sa route sans le moindre murmure. J'étais
convaincu qu'il ne fallait pas raisonner avec des
hommes en révolte, qu'on ne pouvait les ramener au devoir que par la fermeté et l'audace, et
qu'il valait mieux s'exposer à périr que de transi-
ger avec eux. En face du danger je sentais toutes
mes forces s'exalter. L'autorité prenait dans ma
bouche un ton de confiance tel que chaque individu se sentait comme isolé et croyait être seul
aux prises avec toute la représentation nationale.

La mission dont j'étais revêtu était à la fois civile et militaire. Je ne fis point usage de tous mes
pouvoirs. Personne n'eut à me reprocher d'avoir
porté atteinte à sa fortune ou à sa liberté.

Je ne fus pas long-temps à m'apercevoir qu'a-
vec les moyens qu'on employait, on ne parvien-
drait point à terminer la guerre. Il n'y avait point
assez d'unité dans le commandement, il y avait
trop de délibération dans les conseils, il manquait d'ensemble dans les vues et dans les résolutions. Quinze ou vingt représentans du peuple, qui devaient agir de concert, étaient divisés
d'opinions et ne pouvaient pas s'accorder. Ils
avaient transporté en face d'un ennemi qui était
très-uni, les fatales discussions qui déchiraient la

Convention. L'armée se ressentit nécessairement de ces divisions; des généraux *sans - culottes* dénonçaient journellement ceux qui ne l'étaient pas; l'insubordination gagnait jusqu'aux simples soldats, et l'ignorance ou la lâcheté criait continuellement à la trahison.

Nous étions un jour réunis à Niort en conseil avec le général en chef Biron, après la défaite d'un corps de l'armée républicaine à Thouars. Le général Ronsin força, pour ainsi dire, la porte et s'écria avec fureur et grossièreté: « Les républicains ont été trahis, et je viens vous déclarer en leur nom que nous ne marcherons plus contre l'ennemi que lorsque nous connaîtrons sa véritable force. » Le général Biron détacha son sabre et dit avec le plus grand sang -froid : « Représentans , je dépose mon commandement entre vos mains, plutôt que de commander à des officiers de cette espèce, à des lâches...» Une partie de nous voulut faire arrêter sur-le-champ Ronsin, l'autre l'excusa et le défendit comme *patriote*. Il resta impuni. J'entrevis dès-lors dans cette funeste partialité l'arrêt de mort du général Biron.

Il n'était pas le seul noble qui eût un commandement dans cette armée. C'est là que je fis la connaissance du général Menou, et que nous contractâmes cette amitié qui a duré jusqu'à sa mort. On lui avait donné avis que des chefs vendéens devaient se réunir dans un château. Il résolut de les enlever, et partit une nuit de Saumur avec un bataillon et environ cinquante cavaliers. Je l'accompagnai dans cette expédition. Après quatre heures de marche nous arrivâmes au château; mais avant qu'on en eût fait l'investissement, les Vendéens, sans doute prévenus, se sauvèrent à la hâte, laissant encore la table couverte des débris de leur souper, et quelques papiers et effets. Après une heure de halte, je conseillai au général de faire sa retraite sans attendre le jour, car nous étions très-enfoncés dans le pays insurgé. La troupe obéit à regret. Cependant bien nous en prit, car à peine étions-nous en marche que nous entendîmes de toutes parts sonner le tocsin, et sur la même route où, quelques heures auparavant, nous n'avions pas trouvé un seul homme, nous fûmes assaillis de coups de fusils sans qu'il fût possible d'atteindre un ennemi qui était disséminé et retranché derrière des haies.

A notre retour le général Menou me dit : « Vous avez maintenant une idée de la guerre que nous faisons. La république y perdra beaucoup de braves gens, et nous, généraux nobles, que le sort a amenés ici, nous n'aurons pas même la consolation de mourir sur le champ de bataille : on nous imputera les défaites, et nous serons traînés à l'échafaud. » Jamais prédiction ne s'est mieux réalisée. Je l'engageai à me communiquer ses idées sur cette guerre, à s'expliquer avec confiance, et je lui promis la plus grande discrétion.

« Je suis convaincu, me dit-il, qu'on ne réduira
point la Vendée par les armes. Les Vendéens ont
sur nous trop d'avantages. La nature du pays extrêmement boisé, le mauvais état des chemins
impraticables pendant six mois de l'année, la clôture des propriétés qui forme des retranchemens
inexpugnables, s'opposent au mouvement d'une
armée régulière qui est obligée de traîner à sa
suite, vivres, munitions et artillerie. Les Vendéens
n'ont rien de tout cela. S'agit-il de se rassembler?
chaque soldat met dans sa poche un morceau de
pain noir et quelques cartouches. Mais la plupart
du temps il s'embusque à quelques pas de sa
maison et tire sans être aperçu. Si on le découvre,
il fuit; si on l'atteint, il a jeté son fusil dans les
broussailles et proteste qu'il n'a point d'armes et
qu'il n'a fui que par peur. Il faut alors ou risquer de
faire grâce à un ennemi, ou massacrer un homme
qui paraît sans défense. Les Vendéens n'ont point
la discipline des troupes régulières, ils ont mieux
que cela, un dévouement sans bornes à leurs chefs.
Ces hommes simples et ignorans font pour le
fanatisme ce que l'amour de la patrie ne peut
produire chez nous que sur quelques ames
privilégiées. Nous les tuerons, mais ils nous
tueront plus de monde encore. Nous ravage-
rons leur pays; mais ce pays est français. Victorieux, nous les irriterons encore plus; battus, nous
redoublerons leur audace. Ils ne sont point en
peine d'avoir des armes et des munitions; l'An-

gleterre ne les en laissera pas manquer. Elle est trop heureuse de voir les Français aux prises les uns contre les autres; elle se trouve suffisamment dédommagée de ses dépenses par le mal qu'elle nous fait. La Vendée ne peut rien contre la république. Elle ne fera jamais une guerre offensive; ses chefs ne sont pas assez entreprenans; d'ailleurs les uns combattent franchement pour la religion et la monarchie, le plus grand nombre n'a que de l'ambition et ne veut que jouer un rôle. Quant aux princes, je ne sais si l'Angleterre leur permettrait de se mettre à la tête de la Vendée. Les paysans, intrépides dans leur bocage, y combattent *pro aris et focis*, mais hors de là ils succomberaient infailliblement. Du reste ils ne veulent point en sortir; dès qu'ils ont perdu de vue leurs clochers, ils ont la maladie du pays, et tombent dans le découragement. En effet, s'ils quittaient la défensive pour l'offensive, ils perdraient tous leurs avantages, nous reprendrions les nôtres, et nous serions au moins à deux de jeu avec eux. Je pense donc qu'il faudrait former autour de la Vendée un cordon pour empêcher la plaie de s'étendre, pour intercepter autant que possible les communications avec l'intérieur, et travailler à convertir les chefs. On gagnerait ainsi du temps, on épargnerait le sang, on dirigerait tous les moyens de la république contre l'ennemi extérieur, et, à la paix, la Vendée tomberait d'elle-même, ou ne résisterait pas à l'ascendant de la république victorieuse et reconnue par les rois. »

Quoique très - éloigné des idées que je m'étais faites jusqu'alors de la guerre de la Vendée, ce plan me séduisit. Cependant, en le discutant avec le général, je lui fis quelques objections qui me paraissaient être d'un grand poids. Par exemple, en supposant que la république se bornât à un système défensif, comment espérer que les puissances étrangères feraient la paix avec elle, tant qu'elles verraient l'existence de cette plaie intérieure? Les Vendéens ne prendraient-ils pas cette attitude modérée de la Convention pour de la faiblesse ou de la peur, et n'en acquerraient-ils pas plus de force et d'audace? Dans le reste de la république, les royalistes ne seraient-ils pas encouragés à se soulever pour donner la main à la Vendée? Enfin la Convention, qui ne connaissait point d'obstacles et ne savait point mesurer les dangers, consentirait-elle jamais à temporiser avec des rebelles? Le général n'en persista pas moins dans son avis et me dit: « Quant à la Convention, ce n'est pas mon affaire. Mais souvenez-vous que Louis XIV, dans toute sa puissance, a été obligé de traiter avec un chef des révoltés, et il y avait loin de l'affaire des Cévennes à celle de la Vendée.

A mon retour à Paris, je cherchai un homme de quelque influence, auquel je pusse m'ouvrir sans danger sur cet objet. Je m'adressai à Danton. Il me paraissait avoir, hors de l'Assemblée, de l'ame, de la franchise et de la loyauté. Je pris pour prétexte la mission que je venais de remplir, et la conversation nous eut bientôt conduits au point délicat où je voulais en venir. « Es-tu fou, me dit-il, si tu as envie d'être guillotiné, tu n'as qu'à en faire la proposition à l'Assemblée. Il n'y a point de paix possible avec la Vendée; l'épée est tirée, il faut que nous dévorions le chancre ou qu'il nous dévore. La république est assez forte pour faire face à tous ses ennemis. Tu ne sais pas ce que c'est qu'une révolution. Nous sommes trop heureux que les aristocrates aient pris les armes. Ils nous font beau jeu, etc., etc. » Je me tins pour averti, et je ne parlai plus de la Vendée.

J'ai dit qu'un député, envoyé en mission dans son département, pouvait se trouver placé entre son devoir et ses affections. Une circonstance toute particulière rendit en effet ma situation très-délicate. Le père de ma femme, M. Tribert, propriétaire à Montreuil-Bellay, près de Saumur, était au pouvoir des Vendéens. Il avait été fait prisonnier avec un détachement de la garde nationale de sa commune, au mépris d'une capitulation et après la plus vigoureuse résistance. On m'avait fait dire qu'on le regardait comme un ôtage, et qu'il répondrait de mes actions. Je n'avais pas besoin de cette menace pour me contenir. Il m'aurait répugné de prendre de moi-même telle mesure violente à laquelle j'eusse peut-être concouru dans la Convention. Mais ce que le devoir le plus rigoureux m'eût obligé de faire dans des circonstances aussi critiques, et les actes des autres représentans près de l'armée, eussent pu mettre en péril la vie d'un honnête homme auquel je tenais par les liens les plus sacrés. Cette inquiétude, jointe à l'impossibilité démontrée pour moi de rien opérer de bien ni d'honorable dans ma mission, me faisait vivement désirer d'en être débarrassé.

Un jour, me rendant à cheval de Montreuil-Bellay à Saumur, j'atteignis un convoi de prisonniers vendéens que l'on y conduisait. C'étaient la plupart de malheureux paysans déguenillés et en sabots. Ils marchaient deux à deux, enchaînés et dans le plus grand silence; ils avaient l'air souffrant et résigné; il ne leur échappait pas la moindre plainte. Je fus vivement touché du sort de ces malheureux, je ralentis involontairement le pas de mon cheval, et je marchai à côté d'eux, ne pouvant en détourner mes regards et me livrant aux plus tristes réflexions. Je m'aperçus que l'un d'eux, un peu moins mal vêtu, me regardait fixement; il n'avait rien de menaçant, il semblait au contraire solliciter de la pitié : il m'en inspira. « Avez-vous quelque chose à me dire? lui demandai-je.

— » Ne me reconnaissez-vous pas?

— » Non.

— » Je vous ai vu bien jeune.

— » Comment?

— » J'ai été le client et l'ami de M. votre père.

— » Qui êtes-vous? »

Il se nomma, je le reconnus, quoique le temps
et le malheur eussent altéré ses traits.

— « Comment un homme raisonnable et modéré
comme vous se trouve-t-il dans cette situation ?

— » Que voulez-vous? J'étais tranquille dans ma
propriété ; les troubles ont éclaté, les habitans de
mon village sont venus me chercher, il m'a fallu
marcher comme tout le monde.

— » Pourquoi n'avez-vous pas plutôt quitté le
pays ?

— » Je n'y ai pas pensé, et peut-être eût-on voulu
me faire servir contre mes concitoyens. »

Comme il y avait là des soldats témoins de notre
entretien, je parus embarrassé; le prisonnier le
remarqua et me dit :

« Du reste, je ne demande rien, je subirai mon
sort. »

Je lui répondis : « Il ne faut jamais désespérer; »
et je m'éloignai, emportant dans mon ame la plus
douloureuse impression, et réfléchissant au moyen
de sauver ce malheureux. Ce n'était pas facile,
dans les deux partis on n'échangeait point les prisonniers ; ils périssaient dans les prisons lorsqu'on
ne les fusillait pas. Je dis le lendemain au commandant du château : « Parmi les prisonniers qui
sont arrivés hier, il y a un homme qui m'a fait des
révélations et des offres, et qui peut servir la république, envoyez-le moi, je veux lui donner une
mission. » Le commandant le fit conduire chez moi.
Je lui remis un passe-port; il versa des larmes et se

confondit en remerciemens. « J'exige de vous, sur
votre honneur, que vous fassiez délivrer un officier
républicain, mon beau-père, si vous le pouvez, et
que vous vous arrangiez de manière à ne plus porter les armes contre la république. » Il me le promit. Je ne sais s'il tint sa promesse, je partis deux
jours après, mais mon beau-père resta prisonnier.

La fatale journée du 31 mai, où la Convention
se mutila elle-même, changea la face des choses.
Par décret du 22 juin, elle rappela la plupart des
députés en mission pour en nommer de nouveaux.
Je rentrai donc dans l'Assemblée.

Il était facile de prévoir que la guerre qui existait entre la montagne et le côté droit finirait par
un déchirement. Les girondins, après avoir contribué à renverser le trône, voulaient organiser la
république par des lois et arrêter la révolution;
mais elle les entraîna dans l'abîme. Il était écrit
dans le livre des destins qu'elle devait fournir
une plus longue carrière de malheurs; elle semblait n'attirer à elle les talens que pour les dévorer.
L'Assemblée constituante avait été effacée par l'Assemblée législative, celle-ci l'était par la Convention à qui était réservé le triste privilége de
combler le gouffre et de retourner sur ses pas. La
révolution se trouva, pour ainsi dire, manquer de
but dès qu'elle eut dépassé celui qu'elle s'était proposé; on se précipita aveuglément dans une carrière illimitée d'exagérations et de fureurs: malheur
à celui qui y restait stationnaire, la révolution le

laissait de côté, ou bien elle passait sur son cadavre.

L'amour de l'égalité avait été son plus puissant
mobile. Il dégénéra en ivresse, et cette ivresse devint une sorte de fanatisme. Le peuple qui avait
renversé les privilégiés au profit des plébéiens, les
renversa à leur tour pour s'emparer des places et
du pouvoir. Après avoir été l'instrument des autres,
il voulut travailler pour lui-même. Celui qui s'éle-
vait, quelque basse que fût son origine, trouvait
toujours un envieux qui sortait encore de plus bas,
et qui croyait exercer son droit légitime en violant
celui d'un autre.

Tout ce qui parlait d'ordre était flétri comme
royaliste ; tout ce qui parlait de lois était ridiculisé
comme *homme d'État ;* une dénomination honorable devint une injure et un titre de proscription.
On préluda par des outrages et des accusations
réciproques, et l'on finit par les proscriptions. La
gironde fut la dernière limite entre les lumières et
les ténèbres. Quand elle fut renversée on tomba
dans le chaos.

Cette révolution s'était consommée à Paris depuis
le 10 août. L'autorité y était arrivée dans les mains
des démagogues ; le 31 mai la leur livra dans toute
la France.

Cette journée souleva la majorité des administrations départementales composées encore de patriotes honnêtes et propriétaires. Elles demandèrent
vengeance de l'attentat commis par la commune

de Paris contre la souveraineté du peuple dans la personne de ses représentans. Plusieurs mois auparavant la gironde avait déjà appelé aux départemens des menaces et des violences de cette commune. Les départemens avaient répondu à cet appel par des adresses; ensuite ils prirent des résolutions improbatives du 31 mai, et se préparèrent à les soutenir par la force. Quelques-uns des députés qui s'étaient sauvés excitaient, contre la capitale, une indignation qui n'était que trop bien fondée. Il ne s'agissait de rien moins que de réunir à Bourges des députés des départemens, d'organiser une armée départementale et de marcher sur Paris.

Dans le département de la Vienne, la plupart de mes amis, mes parens, mon père même, des patriotes éprouvés, composaient les administrations et la société populaire. Ils éclatèrent, et dans leur premier mouvement ils délibérèrent d'envoyer des députés à Bourges. Je n'étais point alors à Poitiers; j'y accourus, mais trop tard, la résolution était déjà prise. Représentant du peuple, en mission dans mon département, je ne pouvais justifier le 31 mai, je me sentais vivement blessé par cet attentat. Comme membre de la Convention, il m'était impossible d'approuver une insurrection contre elle; outre le devoir qui m'enchaînait à son sort, je pressentais que cette levée de bouclier perdrait les hommes généreux qui la faisaient. Cependant, au lieu d'user d'autorité, je négociai avec l'administration départementale, elle se rendit à mes motifs et révoqua sa délibération.

Mais le 31 mai avait donné naissance à cette *faction du fédéralisme* qui servit de prétexte pour conduire à l'échafaud les plus purs défenseurs de la liberté. Avait-il existé un projet d'établir en France un gouvernement fédératif? On ne pouvait l'avouer, lorsqu'on en faisait un crime. Depuis, je ne sache pas que personne en ait réclamé l'honneur. Cependant on ne peut se dissimuler que de fait les actes et les discours tendaient au fédéralisme. On avait ouvertement menacé Paris de transférer dans une autre ville le siége de la représentation nationale; et il est probable que, si l'on eût réussi à réunir à Bourges des commissaires des départemens, on ne s'en serait pas tenu à cette translation. Il se fût formé une seconde Convention nationale. Alors il en eût résulté plus que le fédéralisme, et l'on eût vu l'existence de deux représentations ennemies, la division de toute la France et une guerre civile générale qui eût atteint jusqu'à l'armée. Elle eût pu, pour un instant, embarrasser la Convention et favoriser les armes étrangères; mais l'issue de cette lutte n'eût pas été douteuse. Le peuple était déchaîné, rien n'eût résisté à son irruption, et la terreur n'en eût que plus sûrement moissonné après la victoire tout ce qui eût échappé aux combats.

Si les girondins n'étaient pas fédéralistes par principe, ils l'étaient par ambition, par amour-propre, et par nécessité, car ils sentaient que Paris serait leur tombeau. D'un autre côté les grandes villes telles que Lyon, Bordeaux, Marseille, Rouen, Rennes, Caen, étaient humiliées du joug insupportable de la capitale, et elles embrassaient avec un orgueil légitime l'espoir de s'y soustraire et de devenir chacune un centre dans la république. Des esprits spéculatifs, et des ambitieux souriaient à l'idée des républiques de *la Gironde*, du *Rhône*, des *Bouches-du-Rhône*, du *Calvados*, etc.... C'était un rêve séduisant; mais ce n'était qu'un rêve, et le réveil fut terrible et sanglant.

En théorie, le fédéralisme n'était rien moins qu'une absurdité; mais le moment était on ne peut plus mal choisi; la France ayant à se défendre du royalisme et de la coalition, on ne pouvait trop centraliser ses moyens et ses forces. Un fédéralisme produit, non par un accord de toutes les parties, mais par un déchirement violent, eût conduit tout droit à la contre-révolution. C'eût été une question digne de la plus sérieuse attention dans un temps calme, mais il ne se présenta point. Lorsqu'on fit la constitution de l'an III, quoique la tempête révolutionnaire fût sensiblement calmée, les esprits étaient encore trop agités pour qu'on eût osé parler de fédéralisme. Dès qu'une institution quelconque menaçait le moins du monde les prérogatives de la capitale, elle était conspuée et rejetée.

Que la population de Paris, tour à tour mise en mouvement par les différens partis, ait exercé une grande influence sur les assemblées représentatives, et décidé souvent des intérêts généraux de l'État, c'est une vérité qu'on ne peut méconnaître. Dans un État monarchique même, le gouvernement ne laisse pas que d'être influencé par la capitale à l'aide de laquelle il influence à son tour la nation. C'est un effet naturel et inévitable; il a ses avantages et ses inconvéniens. La capitale est le foyer des lumières, des talens, des arts, des sciences, du goût, de la politesse, des richesses, de l'éclat, en un mot, de tout ce qui constitue le luxe et le raffinement de la civilisation. Elle est, par conséquent, aussi le centre du bien et du mal que tout ce brillant attirail entraîne à sa suite. La capitale dédaigne les provinces, et ce dédain descend de degrés en degrés jusqu'au village. Sur la scène le personnage ridicule et berné est toujours un provincial; le roué aimable ou fripon est un Parisien et de la bonne compagnie. En revanche, a-t-on besoin d'un modèle de raison, de probité et de vertu, on le prend en province. Cet état de choses était encore plus sensible avant la révolution. Alors la capitale était tout, et les provinces n'étaient que ses tributaires; le gouvernement représentatif les a relevées de cet état d'humiliation, sans toutefois avoir établi l'équilibre. On a reconnu que si la fleur des littérateurs était à Paris, la province fournissait des hommes d'État et de grands orateurs. Mais la capitale donne toujours le ton pour les choses sérieuses comme pour les frivolités et les vices. Est-ce la politique qui est à la mode? C'est Paris qui dicte la loi par ses salons, ses journaux et ses écrits fugitifs. Son exemple entraîne le reste de la France. Il n'y aurait que demi-mal si l'opinion ou la conduite de la capitale étaient toujours les plus conformes à la raison et au véritable intérêt de l'État. Mais l'expérience a prouvé qu'il n'en était pas toujours ainsi. Ce n'est pas dans la capitale que se trouve le véritable esprit public, c'est-à-dire, le juste sentiment de l'intérêt et de l'honneur national. La population s'y compose d'hommes de tous les pays qui y sont attirés la plupart par l'amour des richesses et des plaisirs; plus qu'en aucun autre lieu le pauvre y est tourmenté de besoins, et le riche occupé de jouissances : dans cette foule qui se presse chacun s'isole et ne voit que soi. Séparé par une cloison, on est plus étranger l'un à l'autre que si l'on était à la campagne, à deux lieues de distance : on peut s'avilir impunément sans avoir à rougir devant son voisin; l'humanité n'est qu'une vertu de parade, le patriotisme qu'un calcul d'ambition. Paris rit ou pleure; que les départemens le veuillent ou ne le veuillent pas, il faut qu'ils en fassent autant; la capitale l'a fait, c'est une affaire décidée : on l'a vu dans des jours de funeste mémoire. Paris a-t-il ouvert ses portes à l'étranger, toute la France est conquise, sa résistance serait un crime, le sort de la tête a décidé de celui des membres. Doit-on en conclure qu'il faille brûler Paris? Non; mais qu'une république fédérative et une telle capitale étaient incompatibles.

Le gouvernement fédératif eût détruit la prééminence de Paris; il eût été plus favorable à la formation et au développement de l'esprit républicain, et plus économique pour la France; car il est douteux qu'une grande capitale lui rende tout ce qu'elle lui coûte. Dans un État fédératif, il y a moins de chances pour l'usurpation du pouvoir et plus de garantie pour la liberté politique. Si la France se fût fédéralisée en l'an III, Napoléon n'y eût peut-être jamais établi son empire.

Il est reconnu qu'un État fédératif perd de sa force offensive, mais il gagne évidemment en force défensive. La Hollande, la Suisse, l'Autriche même qu'on peut regarder comme une monarchie fédérative, en ont fourni des exemples. Si, dans la guerre, les mouvemens de cette dernière puissance ne sont pas rapides, l'invasion de sa capitale et de quelques-unes de ses provinces n'entraîne pas du moins la perte de tout l'Empire.

Il est vrai que la république française était entourée de grandes monarchies; mais si le système républicain était propre à les effrayer, d'un autre côté elles n'eussent point été épouvantées par la crainte de l'invasion et la conquête.

Lorsque le peuple, au 31 mai, investit en armes la Convention nationale et demanda le supplice

des girondins, c'était, disait-on, pour les soustraire à sa fureur qu'on les envoyait en prison.
Plaisante manière de pourvoir à la sûreté personnelle des représentans que de les dépouiller de leur
inviolabilité et de les traîner dans les cachots! Il
eût mieux valu cent fois que le peuple les eût
égorgés sur leurs siéges : la Convention eût conservé du moins son indépendance et son honneur,
et probablement elle n'eût pas été insensible au
spectacle de ces siéges ensanglantés qui eussent
sans cesse demandé vengeance. Mais en se mutilant
de ses propres mains, elle se livra tout entière à
une faction, et se précipita elle-même dans le plus
honteux esclavage.

CHAPITRE V.

LA TERREUR.

Les ennemis de la révolution ont fait remonter
la terreur à la première exécution populaire qui
suivit la prise de la Bastille. Ils ont raison dans
leur sens, puisqu'à leurs yeux c'est la révolution
tout entière. En effet, une nation ne brise point
ses fers sans porter l'épouvante dans l'ame de ceux
qui la tenaient enchaînée. La joie publique les
contriste, et les triomphes de la liberté les gla-
cent d'effroi. Comme les révolutions populaires,

le despotisme a aussi sa terreur; sous le despotisme, c'est le grand nombre qui tremble; dans
les révolutions, c'est le petit nombre. La terreur
y change et de marche et de but suivant que le
peuple est plus ou moins irrité par la résistance ou
les complots de ses ennemis. S'il était possible
qu'une révolution se fît sans froisser quelques intérêts, ou que les individus qui se trouvent lésés
ne fissent point de résistance, il n'y aurait point
de terreur. Elle ne provient donc que du conflit
des intérêts. Ce sont comme des ennemis en présence qui se renvoient réciproquement l'effroi qu'ils
se causent. Il n'y a donc point d'époque de la révolution où il n'y ait eu terreur pour quelqu'un.

Mais la terreur telle qu'on l'entend en France,
a soumis à son sceptre sanglant la nation tout
entière. Cette terreur a commencé au 31 mai et
a fini au 9 thermidor. C'est de cette époque terrible
qu'il faudrait dire, ainsi que L'Hospital le disait
de la Saint-Barthélemy, *Excidat illa dies.* C'est
peut-être la seule dont l'affreuse vérité n'a pas
laissé à l'esprit de parti la possibilité d'en exa-
gérer le tableau. On peut essayer d'en expliquer
les causes, mais qui aurait le courage de l'excuser? Lorsqu'on en a été le témoin et qu'on
s'y reporte par la pensée, on est épouvanté de
ses propres souvenirs, l'ame en reste accablée, et
la plume se refuse, pour ainsi dire, à les retracer.

Dans un État despotique, le maître, les courtisans, quelques classes, quelques individus du

moins ne sont point atteints par la terreur qu'ils inspirent. Ce sont les Dieux qui lancent la foudre sans craindre d'en être frappés. En France, sous le règne de la terreur, personne n'en était exempt; elle planait sur toutes les têtes, et les abattait indistinctement, arbitraire et rapide comme la faux de la mort. La Convention, ainsi que le peuple, lui fournit elle-même son contingent (1). Danton, Camille-Desmoulins et les municipaux de Paris périrent sur le même échafaud où ils avaient traîné la gironde, et le peuple applaudit également au supplice des bourreaux et des victimes. Marat qui semblait ne pouvoir être surpassé en férocité, et dont les exécrables traits représentaient si horriblement la terreur, n'y eût pas lui-même échappé, si le poignard d'une femme courageuse, ne l'eût conduit au Panthéon; et Robespierre enfin, le grand-prêtre de cette sanglante furie, lui fut réservé comme dernière victime.

On a trop mal présumé de la perversité humaine, lorsqu'on a imputé à quelques personnages l'atroce conception de ce qu'on a appelé le *système de la terreur*. S'il eût été présenté tout-à-coup et dans toute son horreur, il n'est pas un homme, quelque barbare qu'on le suppose, qui n'eût reculé d'épouvante. Mais rien ne fut plus éloigné d'un système que la terreur. Sa marche, malgré sa rapidité, ne fut que progressive; on y fut successi-

____

(1) *Pavebant terrebantque.* TACIT., Annal. L. I.

vement entraîné; on la suivit sans savoir où on allait ; on avança toujours, parce qu'on n'osait plus reculer et qu'on ne voyait plus d'issue pour en sortir. Car Camille-Desmoulins et Danton, l'un fameux par la hardiesse de ses pensées et le sel de ses pamphlets, l'autre par ses formes athlétiques et son éloquence populaire, périrent pour avoir parlé de modération ; et Robespierre, lorsqu'il fut attaqué par des hommes bien plus occupés de leur salut que de celui de la France, se préparait à rejeter sur eux les crimes de la terreur.

Ce furent les résistances des ennemis intérieurs et extérieurs de la révolution qui amenèrent peu à peu la terreur. Elles firent naître l'exagération du patriotisme. Elle commença dans les classes supérieures par la chaleur et la violence des discours, et finit dans les basses classes par l'atrocité des actions. Quand le tiers-état eut renversé les priviléges, il prit aux yeux du peuple la place de l'aristocratie ; et lorsque le peuple eut fait la guerre aux défenseurs de ses droits, il chercha dans son propre sein des victimes obscures pour alimenter la terreur, comme on voit des esclaves briser leurs chaînes, exterminer leurs tyrans et leurs libérateurs, et s'égorger ensuite entre eux, enivrés de sang et aveuglés par leurs victoires. Alors il semblait que pour échapper à la prison ou à l'échafaud, il n'y avait plus d'autre moyen que d'y conduire les autres. Quelques individus dénonçaient et proscrivaient par haine et par vengeance ; mais le plus grand nombre croyait faire une action louable et bien mériter de la patrie.

Autant on cherche, dans les temps ordinaires à s'élever, autant on s'efforçait dans ce temps de calamité de se rabaisser pour se faire oublier, ou de se dégrader soi-même pour se faire pardonner sa supériorité. On déguisait non-seulement sa naissance et sa fortune, mais tous les avantages, plus légitimes encore que donne la nature ou l'éducation. Tout se rapetissait pour passer sous le niveau populaire. Tout se faisait peuple, tout était confondu. On abjurait costume, manières, élégance, propreté, commodités de la vie, politesse et bienséance, pour ne pas exciter l'envie de ceux à qui tout cela était étranger.

La Convention nationale ne fut plus elle-même qu'une représentation nominale, qu'un instrument passif de la terreur. Sur les ruines de son indépendance, s'éleva cette monstrueuse dictature devenue si fameuse sous le nom de *comité de salut public*. La terreur isolait et frappait de stupeur les représentans comme les simples citoyens. En entrant dans l'assemblée, chaque membre plein de défiance observait ses démarches et ses paroles dans la crainte qu'on ne lui en fît un crime. En effet rien n'était indifférent, la place où l'on s'asseyait, un geste, un regard, un murmure, un sourire. Le sommet de la montagne, passant pour le plus haut degré du républicanisme, tout y refluait, le côté droit était désert depuis que la gironde en avait été arrachée; ceux qui y avaient siégé avec elle, ayant trop de conscience ou de pudeur pour se faire montagnards, se réfugiaient dans *le ventre* toujours prêt à recevoir les hommes qui cherchaient leur salut dans sa complaisance ou sa nullité. Des personnages encore plus pusillanimes ne prenaient pied nulle part, et pendant la séance changeaient souvent de place, croyant ainsi tromper l'espion, et, en se donnant une couleur mixte, ne se mettre mal avec personne. Les plus prudens faisaient encore mieux; dans la crainte de se souiller et surtout de se compromettre, ils ne s'asseyaient jamais, ils restaient hors des bancs au pied de la tribune; et dans les occasions éclatantes où ils avaient de la répugnance à voter pour une proposition, et où il pouvait y avoir du danger à voter contre, ils se glissaient furtivement hors de la salle.

La majorité de la Convention n'était pas plus terroriste que la majorité de la nation. Elle ne commanda ni les noyades de Nantes, ni les mitraillades de Lyon. Mais ne pouvant, ou n'osant plus désapprouver tout haut ce qu'elle improuvait intérieurement, elle gardait un morne silence. Les séances autrefois si longues et si orageuses, étaient la plupart calmes, froides et ne duraient qu'une ou deux heures. Elle ne pouvait user de l'ombre de liberté qui lui restait que sur des objets de peu d'importance, et dans les matières graves elle attendait l'initiative du comité de salut public et suivait

docilement son impulsion. Ses membres, son rapporteur, se faisaient attendre comme les chefs de
l'État et les dépositaires du pouvoir souverain;
lorsqu'ils s'acheminaient vers la salle des séances,
ils étaient précédés d'une poignée de vils courtisans qui semblaient annoncer les maîtres du monde.
On cherchait à lire sur leurs visages s'ils apportaient un décret de proscription ou la nouvelle
d'une victoire. Le rapporteur montait à la tribune
au milieu du plus profond silence, et lorsqu'il
avait parlé, si l'on prenait la parole après lui, ce
n'était que pour renchérir encore sur ce qu'il avait
dit, et ses conclusions étaient toujours adoptées
plutôt tacitement que par un vote ostensible et
formel. Quand il annonçait, par exemple, le triomphe des armées, son attitude insolente semblait
dire : Ce n'est ni vous, ni le peuple, ni l'armée qui
ont vaincu, c'est le comité de salut public. Il
s'était en effet emparé de tous les pouvoirs, de la
législation et du gouvernement, de la pensée et
de l'exécution. Il avait fini par enlever les proscriptions au comité de sûreté générale qui fut
bientôt réduit à l'odieuse attribution de les préparer.

Comment la Convention nationale put-elle être
amenée à cet état dégradant de servitude; pour
les ennemis de la révolution ou les esprits superficiels ce serait une question inutile à examiner.
Pour tout homme impartial qui connaît le cœur
humain et qui réfléchit, l'asservissement d'une

assemblée n'est pas un phénomène plus surprenant que celui d'une nation tout entière. Il est probable que la plupart des hommes qui ont accusé la Convention de faiblesse ou de lâcheté, s'ils en avaient été membres, n'auraient point eux-mêmes évité ce reproche. Il est commode, lorsqu'on est resté tranquille sur le rivage, de faire le brave et de condamner ceux qui étaient enveloppés dans la tempête.

La terreur fut plus funeste aux amis de la liberté qu'à ses ennemis. Ceux-ci avaient émigré par un faux point d'honneur, par haine de la révolution ou pour leur sûreté. Ceux-là, forts de leur conscience et de leur patriotisme, restaient fidèles au sol de la patrie qui les dévorait. Dans cette grande hécatombe, il périt moins de prêtres et de nobles que de plébéiens. Après la terreur, la mémoire des premiers trouva une foule de vengeurs officieux, les mânes des derniers n'obtinrent, pour toute consolation, que des pleurs secrets et des regrets silencieux. On proscrivit, pour fédéralisme et modérantisme, des patriotes qu'on ne pouvait accuser comme aristocrates ou royalistes. La plupart des administrateurs et des citoyens, qui avaient improuvé la fatale journée du 31 mai, payèrent de leur tête cette généreuse résolution. En voyant ces listes de proscription, les émigrés s'en réjouissaient comme d'une victoire; la communauté de malheur ne touchait point les royalistes. Dans les prisons où la terreur, confondant tous les rangs, entassait pêle-mêle ses victimes, l'orgueil nobiliaire s'obstinait encore à conserver des distinctions ; et jusque sur l'échafaud, le royaliste était souvent moins sensible à la mort qu'à l'humiliation de périr en même temps que des patriotes, avec lesquels il n'aurait pu se résoudre à vivre.

Le royalisme s'empara de l'insurrection de Lyon et de Marseille, patriotique dans son principe (1). Dès ce moment la cause des insurgés fut perdue ; quand ils furent battus, les chefs royalistes se sauvèrent par la fuite, et les citoyens amis ou ennemis de la liberté, qui ne purent ou ne voulurent pas émigrer, furent impitoyablement mitraillés sans distinction. Le petit nombre d'entre eux, qui se réfugièrent à l'étranger, y furent repoussés avec fureur par les émigrés, et tolérés à peine par les gouvernemens. Du reste, les émigrés étaient même entre eux presque aussi intolérans : au lieu de tendre les bras à tous ceux que le malheur jetait sur les terres étrangères, ils tarifaient le mérite de l'émigration d'après ses motifs et son époque.

On a fait à la terreur l'honneur de nos premières victoires. Dans tous les temps et dans tous les pays, l'individu que la loi appelle aux armées n'a guère à choisir qu'entre l'obéissance ou des peines très-

______

(1) Les insurrections de Lyon et du Midi n'eurent jamais de correspondance avec nous, et furent déterminées par des opinions d'une autre nature.

(*Mémoires de Mme de La Rochejaquelein sur la Vendée.*)

4*

sévères. Ainsi, le gouvernement républicain était inexorable envers le conscrit français rebelle à la voix de la patrie. Sans doute, quelques hommes dont elle ne réclamait pas expressément le service, se réfugièrent aussi dans les camps pour échapper à la proscription; ils cherchaient leur tranquillité dans la guerre et leur sûreté dans les combats; la peur a fait plus d'un brave soldat, et quelquefois des héros. Mais, sous la terreur, comme après son règne sanglant, le plus grand nombre des Français courait sous les drapeaux pour défendre la liberté et l'indépendance nationale. Ce peuple, instrument ou victime de la tyrannie qui déchirait le sein de la patrie, repoussait avec indignation le joug de l'étranger et de l'émigration. Quand il croyait avoir pourvu à sa sûreté intérieure, en remplissant les prisons de suspects, il marchait avec un rare dévouement aux frontières, et les jeunes guerriers faisaient retentir de chants patriotiques les villes où régnaient le deuil et la consternation.

Ce gouvernement révolutionnaire, si terrible au-dedans, ne l'était pas moins au-dehors. Avec des armées de citoyens il bravait les armées stipendiées de l'Europe, et des chefs, sortis des derniers rangs, triomphaient des vieilles renommées de ses généraux. Les opérations militaires étaient dirigées à la fois avec audace et sagacité. L'heureux destin de la république avait jeté, dans le comité de salut public, un de ces hommes rares, étranger à toute intrigue et à toute ambition, simple dans ses ma-

nières et dans ses goûts, désintéressé, incorruptible, savant dans l'art de la guerre, enthousiaste de
la liberté, de la gloire et de l'indépendance de la
république; en un mot un de ces caractères antiques, l'honneur de leur siècle et de leur patrie.
Carnot avait la dictature des armées, et la justifia
par la victoire.

L'énergie de la nation, qui semblait comprimée
par la terreur, brillait de tout son éclat devant ses
ennemis. Elle se vengeait sur eux de son humiliation intérieure. Tandis que l'administration civile
semblait livrée à la brutalité et à l'ignorance, les
talens, les arts et les sciences préparaient à l'envi
les plus glorieux triomphes. De toutes parts se
multipliaient les ateliers d'équipement, d'armes et
de munitions de toute espèce. Le peuple français
réalisait les prodiges de la fable; il frappait du pied
le sol de la patrie, et il en sortait, comme par en-
chantement, un million d'hommes armés pour sa
défense.

Ils n'allaient point au combat avec ce dévouement factice que produisent l'avancement, les distinctions, les honneurs, la fortune. L'égalité régnait dans les camps comme dans les villes, tout
y supportait les mêmes privations. La plupart du
temps le soldat et l'officier mangeaient le même
pain, ils couchaient au même bivouac. Un simple
panache, une modeste écharpe distinguaient le
général. Couvert de blessures, le militaire congé-
dié redevenait citoyen, souvent sans demander de

récompense. Il n'avait point fait un métier, il avait payé sa dette. La Convention nationale acquittait celle de la nation envers ses défenseurs, en décrétant qu'ils avaient bien mérité de la patrie; et cette monnaie, qui s'usa dans la suite à force de victoires, suffisait alors au général comme au soldat.

Certes, quoique la gloire ne garantît pas de l'échafaud, ce n'était pas la terreur qui enfantait de si grandes vertus, de si glorieux exploits. Ce fut l'amour sacré de la patrie qui opéra tant de prodiges; et l'homme de bien, en portant sa pensée sur d'aussi beaux triomphes, sentait son ame soulagée du poids dont l'accablaient les crimes de la terreur.

Les uns ont fait la plus triste peinture de la misère du peuple pendant la terreur; d'autres ont prétendu qu'il s'y enrichissait par les dilapidations.

Il est vrai que le luxe n'alimentait plus les arts et l'industrie. Mais les besoins de la guerre occupaient une foule de bras. Il est certain aussi que l'agriculture prospérait. C'était le résultat de la suppression des droits féodaux et de la vente des biens nationaux. Les assignats, dont le discrédit pesait sur les grands propriétaires, les rentiers et les fonctionnaires publics, enrichissaient les cultivateurs et les fermiers. Avec quelques sacs de blé, ils payaient le prix de leur ferme et leurs impôts; en vain la loi taxait leurs denrées, proscrivait les transactions en numéraire et punissait de mort les contraventions; le besoin des consommateurs et la cupidité des vendeurs s'entendaient pour éluder le *maximum*, et il faisait renchérir les prix, comme les lois contre l'usure font augmenter l'intérêt de l'argent.

La dépréciation du papier-monnaie en accélérait la circulation et concourait à activer l'industrie. Personne ne voulait thésauriser avec une valeur aussi précaire. Chacun s'empressait de la convertir en marchandises, en productions, ou de la dépenser. Jamais on ne vit autant de trafic et de négoce. Tous les rez-de-chaussée de Paris étaient convertis en magasins et en boutiques. C'était, il est vrai, un état violent et désordonné qui ne pouvait finir que par une catastrophe. Elle fut prévue de loin. Aussi, quand dans la suite les assignats furent démonétisés, cette opération se fit le plus tranquillement du monde. Il semblait que personne n'y perdait, tant on était content de sortir des illusions du papier-monnaie pour en revenir au réel du numéraire.

On a beaucoup exagéré le bénéfice des dilapidations. S'il y en eut, le peuple n'en profita point; il gardait le séquestre apposé sur les propriétés des émigrés et des condamnés; mais les revenus des biens et le produit des ventes étaient versés dans le trésor public. Les réquisitions étaient pour les armées et les services publics. Le *maximum*, qui semblait être une mesure populaire, n'était qu'une loi de famine pour le peuple. Ainsi, pour quelques individus qui pouvaient s'enrichir, la masse entière vivait de privations. Elle se consolait par les jouissances de sa vanité. Elle régnait entourée de sang et de débris ; mais sa puissance n'était point illusoire. Si elle obéissait à des chefs, ces chefs lui obéissaient à leur tour, et elle ne regardait les calamités de la terreur que comme une juste vengeance et un passage à des temps plus prospères.

Le gouvernement de la terreur voulut réformer les mœurs et donner à la nation des institutions républicaines et de nouvelles habitudes. Mais il n'y eut ni ensemble, ni suite, dans ses projets et dans ses créations. Emporté par les circonstances, pressé par le présent, il était incapable de rien fonder pour l'avenir. Il fit une constitution démocratique, n'osa s'en servir, la renferma dans une arche et la condamna au néant. Il imagina un costume national ; quelques artistes en portèrent des modèles et ne trouvèrent guère d'imitateurs. On essaya même de l'athéisme ; un représentant du peuple en mission proclama que *la mort était un sommeil éternel*, et fit un scandale inutile. La Convention reconnut l'existence d'un *Être suprême* et *l'immortalité de l'ame*, et éleva des autels *à la Raison ;* ses temples furent déserts. On institua des fêtes pour consacrer des époques de la révolution et honorer la mémoire des grands hommes. Le peuple seul prenait quelque part à des solennités dont la pompe bizarre et la joie grossière contrastaient avec le goût qui régnait en France, et le deuil qui la couvrait. Ces jongleries n'étaient que de froides imitations des Grecs et des Romains.

C'était en vain qu'on voulait ramener subitement
aux mœurs et à la simplicité des anciennes républiques une nation vieillie dans la civilisation.
Aussi quand le ressort, un instant comprimé par
la terreur, se détendit, elle reprit ouvertement son
caractère original, ses qualités et ses défauts. Tout
redevint Français. Ce n'eût pas été une folie que
de préparer dans les mœurs une réforme analogue
au gouvernement républicain, et cependant com-
patible avec celles du reste de l'Europe ; mais ce
ne pouvait être que l'ouvrage du temps et d'institutions appropriées à l'esprit français, si capable
d'enthousiasme. Ce fut faute de savoir s'y prendre,
qu'avortèrent pour le moment deux conceptions
de cette époque véritablement grandes et utiles
pour le but qu'on se proposait. Je veux parler du
nouveau système de poids et mesures et du calendrier républicain. Elles eussent probablement
réussi beaucoup plus tôt, si l'on n'avait pas remplacé les dénominations vulgaires et usitées par des
termes scientifiques que le peuple ne pouvait ni
prononcer, ni comprendre ; et si l'on n'avait pas
substitué aux noms des saints des objets qui prê-
taient au ridicule. Car, avec quelques modifications qui ne changeaient rien au fond, le nouveau
système des poids et mesures s'est soutenu, et l'on
était réconcilié avec le nouveau calendrier, lorsque Bonaparte le sacrifia à la cour de Rome.

La terreur de 93 ne fut pas une conséquence nécessaire de la révolution, elle en fut une déviation

malheureuse. Elle fut plus fatale qu'utile à la fon-
dation de la république, parce qu'elle passa toutes
les bornes, qu'elle fut atroce, qu'elle immola et
amis et ennemis, qu'elle ne put être avouée par
personne, et qu'elle amena une réaction funeste
non-seulement aux terroristes, mais à la liberté et
à ses défenseurs. La terreur était trop violente pour
durer; elle finit sans préméditation comme elle
avait commencé.

Les hommes qu'aveuglait le fanatisme politique,
ou qui ne souffraient pas de la terreur, s'inquiétaient
fort peu de savoir comment et quand elle finirait.
Ceux qui réfléchissaient, ou sur qui pesait l'oppression, ne le prévoyaient pas. Dans la plupart
des affaires ou des crises politiques le dénouement
ou le remède viennent le plus souvent d'une manière à laquelle on ne s'attend pas. La terreur ne
finit point parce que ses chefs étaient las d'égorger,
mais parce qu'ils s'épouvantaient les uns et les
autres, et qu'ils se divisèrent. C'était à qui atta-
querait le premier, car lorsqu'on se tenait sur la
défensive, on était perdu.

Je n'avais jamais dit un seul mot à Robespierre:
sans parler de ses discours et de ses actions, sa personne seule avait pour moi quelque chose de repoussant. Il était d'une taille moyenne, avait la
figure maigre et la physionomie froide, le teint
bilieux et le regard faux, des manières sèches et
affectées, le ton dogmatique et impérieux, le rire
forcé et sardonique. Chef des sans-culottes, il était

soigné dans ses vêtemens, et il avait conservé la poudre, lorsque personne n'en portait plus. Peu communicatif, il tenait toujours à une certaine distance les personnes avec lesquelles il avait le plus d'intimité; c'était une espèce de pontife qui avait ses séides et ses dévotes, et dont l'orgueil se complaisait dans le culte qu'ils avaient pour lui. Il y avait dans cet homme-là du Mahomet et du Cromwel, il n'y manquait que leur génie.

Danton, au contraire, avait toujours de l'abandon et souvent de la bonhomie. Sa figure, féroce à la tribune, était, hors de-là, calme et quelquefois riante. Ses principes étaient incendiaires, ses discours violens, jusqu'à la fureur; mais il avait dans la vie privée un caractère facile, une morale très-relâchée et le propos cynique. Il aimait le plaisir et méprisait la vie. Il avait de l'ame; son éloquence était volcanique, en tout il était taillé pour être un tribun populaire. C'était le Mirabeau de cette époque.

Comme le commun de l'Assemblée, j'étais sous la foudre et ne la dirigeais pas. Il m'importait donc peu qu'elle fût dans les mains de Danton ou dans celles de Robespierre. Dans tous ces combats, je ne voyais qu'un changement de tyrans, et non la fin de la tyrannie.

Cependant s'il eût fallu choisir, j'aurais préféré Danton. Lorsqu'il fut menacé, je me sentis en outre attiré vers lui par ce penchant qui m'a toujours entraîné vers le faible ou l'opprimé. Je remarquais qu'il était très-refroidi, il n'était plus aussi assidu aux séances et il y parlait beaucoup moins. On eût dit qu'il se détachait peu à peu de la politique, comme un malade abjure le monde en voyant approcher la mort. Je lui dis un jour : « Ton insou- » ciance m'étonne, je ne conçois rien à ton apathie. » Tu ne vois donc pas que Robespierre conspire ta » perte? Ne feras-tu rien pour le prévenir? — Si je » croyais, me répliqua-t-il avec ce mouvement de » lèvres qui chez lui exprimait à la fois le dédain » et la colère, qu'il en eût seulement la pensée, je » lui mangerais les entrailles. »

Cinq à six jours après, cet homme si terrible se laissa arrêter comme un enfant et égorger comme un mouton. Avec lui périt Hérault de Séchelles, qui, malgré son dévouement à la révolution, ne put se faire pardonner sa naissance, une belle figure, ses manières nobles et gracieuses; et l'épouse de Camille-Desmoulins, resplendissante de jeunesse et de beauté, accusée d'avoir conspiré pour sauver son mari, les suivit sur l'échafaud.

CHAPITRE VI.

DES TRAITEMENS EXERCÉS CONTRE LE CLERGÉ.

L'HOMME a-t-il besoin d'une religion? C'est une question oiseuse, puisque l'espérance et la crainte reportent continuellement sa pensée vers une cause première, invisible, incompréhensible, source de tous les biens et de tous les maux. Essayer d'arracher de son ame l'idée d'un être supérieur à sa faiblesse, qu'il invoque ou contre lequel il blasphème dans ses misères, ce serait vouloir changer la nature humaine. Ériger en loi l'athéisme, c'eût donc été la plus monstrueuse de toutes les folies.

Un État peut-il exister sans culte? Faut-il un culte national ou une libre concurrence? Comment concilier la liberté des autres cultes avec un culte national? Dans le cas où l'on aurait voulu établir un culte national, lequel était le plus conforme à la raison, au temps, et le plus approprié à la France?

Telles étaient les questions que les législateurs avaient à examiner en mettant de côté tout esprit de controverse et toute discussion théologique.

Depuis deux siècles, les voies avaient été préparées pour une grande réforme religieuse en Europe.

Depuis plus de cinquante ans, la philosophie l'avait faite en France dans les esprits. Excepté un très-petit nombre d'écrivains qui avaient professé l'athéisme, ou plutôt donné de l'intelligence à la matière, et divinisé la nature, la plupart des philosophes n'avaient attaqué que le fanatisme, l'intolérance et le papisme. Les cérémonies du culte n'étaient plus, pour ainsi dire, qu'un spectacle, on s'en dispensait sans remords, on les pratiquait par habitude ou par hypocrisie. La haute société, la cour même, en donnaient l'exemple, et l'incrédulité ou l'indifférence s'étaient répandues dans toutes les classes. Voltaire avait fait des prosélytes dans toutes les cours de l'Europe. Le grand Frédéric, Catherine la grande, et presque tous les petits princes d'Allemagne, correspondaient avec lui, avec Diderot, D'Alembert, et prêchaient hautement leur amour pour la tolérance et leur mépris pour la superstition. Les maximes et la dignité du trône daignaient s'abaisser jusqu'aux philosophes ; il en recevait et en propageait les leçons.

L'Assemblée constituante aurait pu faire scission avec la cour de Rome. Le clergé s'insurgea parce qu'on l'avait dépouillé. Le serment à la constitution civile du clergé fut plutôt une question de propriété et de prérogative qu'une affaire de conscience. L'esprit de parti se revêtit du manteau de la religion. L'aristocratie, d'incrédule qu'elle était, devint tout-à-coup dévote. Les prêtres et les émigrés firent cause commune et conspirèrent, au nom de Dieu et du roi, contre la liberté publique. Le peuple confondit donc dans sa haine et les nobles et les prêtres, et le trône et l'autel.

On savait à quoi s'en tenir sur les reproches qu'alléguait le clergé ; mais, en le supposant dégagé de tout intérêt temporel, quelle proportion y avait-il entre le mal que pouvait faire aux prêtres leur condescendance, et celui que devait causer au peuple leur obstination ? N'est-ce pas leur refus du serment exigé à tort ou à raison qui alluma la guerre civile dans la Vendée, et fournit un motif ou un prétexte aux persécutions dont ils furent avec tant d'autres Français les déplorables victimes?

On a exalté leur martyre. Il y a de la gloire à mourir sur une croix pour le salut du genre humain; mais celui qui périt en entraînant les autres dans sa ruine, s'il était de bonne foi, on peut tout au plus le plaindre.

Si le clergé se fût soumis, si comme le lui prescrivait sa religion, il se fût résigné aux sacrifices qu'on lui imposait, qui sait les malheurs et les crimes qu'il eût épargnés!

Tout ce qu'on peut dire de plus favorable au clergé pour excuser sa conduite, c'est qu'il était imprégné des mœurs du temps, et qu'il pouvait être injuste d'exiger des prêtres des vertus qu'on ne trouvait pas chez les autres citoyens.

L'Assemblée constituante n'était pas plus religieuse que ne le comportait le progrès des lumières, ou si l'on veut le relâchement des mœurs; mais elle ne fit point la guerre à la religion, car son maintien né dépendait nullement de l'existence d'un clergé propriétaire et formant un ordre dans l'État. Je parle, il est vrai, de la religion telle qu'elle est sortie des mains de son auteur, et non telle qu'il a plu aux passions humaines de la défigurer depuis.

Il arriva au clergé ce qui arriva au roi, à la cour et aux nobles. En refusant de faire des concessions raisonnables, il entraîna la ruine de la religion, comme ils causèrent celle de la monarchie.

Telles étaient, sur cet objet, les idées toutes faites, avec lesquelles j'arrivai à la Convention.

Dans la guerre avec les prêtres, on commença aussi par des discours, on en vint ensuite aux lois et on finit par les massacres. On prit les biens du clergé, on dépouilla les églises et on se livra à toutes sortes de profanations. Le premier qui, dans sa frénésie, osa fouler impunément aux pieds les objets consacrés par la religion, lui porta un coup mortel. Il n'y avait qu'un miracle qui pût la sauver.

La Convention trouva l'édifice renversé. C'eût été une belle occasion pour le reconstruire d'après les idées et les besoins du temps. Mais la terreur en ensanglantait les débris, et la Convention, en proie elle-même aux fureurs dont elle était assiégée, n'avait pas plus alors la puissance de relever l'autel que le trône.

Cependant les dominateurs sentaient qu'il fallait donner quelque chose au peuple, pour remplacer ce qu'il avait perdu, et, après avoir essayé en vain d'établir un culte à la liberté et à la raison, Robespierre fut *assez généreux pour réhabiliter l'Être-Suprême dans tous ses droits, et rendre à l'âme son immortalité.* Ce retour vers la religion fut précisément ce qui le perdit. A dessein ou par hasard, il se trouva à la première place dans une procession en l'honneur de l'Être-Suprême; dès-lors ses complices l'accusèrent d'aspirer au privilége de la tyrannie, et quelques jours après il périt sur l'échafaud.

Je ne me sentais aucun goût pour me mêler des affaires des cultes ; si j'en avais eu la moindre velléité, cet exemple-là m'en aurait guéri.

Lorsque le calendrier républicain fut en vigueur, on y prit, ainsi que chez les Grecs et chez les Romains, des noms pour les enfans nouveaux-nés, et beaucoup d'individus se débaptisèrent eux-mêmes pour s'appeler Brutus, Aristide et Scévola. Plusieurs communes quittèrent aussi spontanément leurs noms parce qu'ils rappelaient la monarchie, la féodalité ou des saints. La Convention changea les noms de quelques grandes villes pour les punir de leur révolte, telles que Lyon qui reçut celui de Commune Affranchie. Ces exemples firent naître dans quelques têtes l'idée d'un système général. Il en fut plusieurs fois question au comité d'instruction publique. C'était une extension du projet de l'abbé Grégoire, sur les noms des rues. Il s'agissait de donner aux communes des noms nouveaux, tirés de la situation des lieux, de l'histoire et de la statistique du pays, avec un certain nombre de désinences communes à plusieurs départemens. On allait jusqu'à vouloir proscrire la *France* pour rétablir les *Gaules*. Je combattis ce projet qui ne tendait à rien moins qu'à bouleverser tous les rapports sociaux, et à jeter la plus grande confusion dans la géographie et l'histoire.

CHAPITRE VII.

PERSÉCUTION DE MA FAMILLE. — COMITÉ D'INSTRUCTION PUBLIQUE.

Après le 31 mai, le comité de salut public nomma de nouveaux représentans dans les départemens, pour y propager les prétendus bienfaits de cette journée, et pour y rechercher les partisans du fédéralisme. Deux de mes collègues, députés du département de la Vienne, y furent envoyés; c'était deux montagnards déterminés qui rachetaient leur obscurité par la violence de leurs opinions et leur dévouement aveugle à la terreur. Je n'avais jamais eu la pensée de leur nuire; ils me déclarèrent une guerre à mort par jalousie ou par fanatisme politique. Ils destituèrent tous les fonctionnaires, et les remplacèrent par des hommes à leur dévotion. J'avais fait à la Convention nationale un rapport de ma mission, il fut brûlé à la société populaire de Poitiers; je fus rayé de la liste de ses fondateurs; on y délibéra une adresse à la Convention pour me dénoncer comme conspirateur; on posa des sentinelles aux portes de la salle, et l'on arrêta que ceux qui refuseraient de signer seraient traités comme suspects. Elle fut envoyée à toutes les sociétés affiliées.

Mon père, le père, la mère, deux frères, trois oncles et trois tantes de ma femme furent arrêtés; des patriotes, mes amis les plus intimes, qui avaient avec moi pris le parti de la révolution, éprouvèrent le même sort. Plusieurs d'entre eux auraient peut-être échappé à la proscription en se réunissant à mes ennemis, ou en gardant le silence; ils préférèrent les fers et la mort.

M. Tribert, mon beau-père, avait, comme je l'ai déjà dit, marché des premiers contre les rebelles de la Vendée, à la tête de deux compagnies de grenadiers de la garde nationale de sa commune. Fait prisonnier après une glorieuse défense, au mépris d'une capitulation, traîné de cachots en cachots par les Vendéens, condamné à être fusillé avec deux cent quarante compagnons de sa captivité, conduit au lieu de leur supplice, il avait donné à ses camarades le signal de la résistance. Après avoir désarmé et mis en fuite leurs bourreaux, ils s'étaient sauvés à travers mille dangers. Arrivé à Nantes comme par miracle, M. Tribert, épuisé par plusieurs mois d'angoisses et de souffrances, fut atteint d'une longue et cruelle maladie. A peine fut-il rentré dans ses foyers qu'il y fut arrêté et dévoué à l'échafaud.

Mes persécuteurs avaient, sur tous les points de mon département, de fidèles échos de leurs calomnies, et de lâches ministres de leurs vengeances. On décachetait mes lettres, on interceptait toute communication avec ma famille; dans une de ces lettres je disais : « Qu'espérer lorsque la probité et la vertu ne sont à l'ordre du jour que dans les décrets de la Convention, et que les intrigans qui occupent la plupart des places en violent avec impudence les premières notions? » On m'accusa d'avoir entretenu une correspondance *subversive de l'esprit public, et contraire à l'énergie du gouvernement républicain.* Enfin, je n'eus plus de relations qu'avec une jeune sœur de dix-huit ans, qui brava, avec un dévouement héroïque, les menaces et les poignards des assassins.

Je crois que le malheur des autres ne m'eût point trouvé insensible, et que, lorsque la terreur ne m'eût pas menacé moi-même, je n'en eusse jamais été ni le complice, ni l'apôtre. Mais je ne rougirai point de l'avouer, la proscription des plus purs patriotes, la persécution de ma famille et de mes amis, les odieuses injustices dont j'étais abreuvé, dessillèrent mes yeux, et allumèrent dans mon ame cette indignation que depuis je fis éclater avec tant de force, et qui me donna le courage de paraître à la tribune, et d'attaquer les tyrans.

Pendant leur règne j'y montai deux fois pour demander justice de tous les attentats qui se commettaient dans mon département, et pour justifier mon père, dont l'innocence et le patriotisme criaient vengeance. Ma voix fut étouffée par des clameurs, l'on refusa de m'entendre ; on me renvoya au comité de sûreté générale.

J'y allai plusieurs fois, je parlai, j'écrivis, je n'y

trouvai que des cœurs insensibles à d'injustes malheurs, de feu pour accueillir mes persécuteurs, de glace pour m'entendre ; et des regards sombres et farouches semblaient me dire : « Prends garde, tu as toi-même un pied sur l'échafaud. »

Comment peindre les tourmens qui déchiraient mon ame ! Que de jours passés dans les alarmes et de nuits dans les angoisses ! Quoique innocent des malheurs de ma famille, je me reprochais d'en être la cause ; frémissant à chaque instant de voir les objets de mes plus chères affections dans ces tombereaux funèbres dévoués à la mort, je faisais des vœux pour qu'elle les frappât dans leurs prisons. Je ne la craignais point pour moi, le supplice ne me semblait plus que le terme d'une vie que la perversité des hommes me rendait insupportable. En voyant passer quelquefois, sous mes fenêtres, ces fatales charretées de victimes avec le sourire de la résignation, je me disais : Lorsqu'on va à l'échafaud d'un air serein, ne sont-ce pas les juges qui sont coupables ?

Ne pouvant écarter l'orage, je pris le parti de gagner du temps ; un de mes beaux-frères avait été traduit au tribunal révolutionnaire. J'allai voir Fouquier-Tinville, accusateur public, pour lui demander un délai : retarder le jugement, c'était retarder la mort. Je recommandais à ma sœur d'employer tous ses soins pour faire oublier nos parens et nos amis, et d'endormir le tigre puisqu'on ne pouvait pas le fléchir.

Participer à la terreur qui couvrait la France de deuil, et qui me menaçait, moi et les miens, c'eût été une épouvantable lâcheté. En m'isolant entièrement des affaires je me serais rendu inutilement suspect; les dominateurs ne trouvaient pas mauvais que les membres du côté droit, décimés le 31 mai, conservassent, dans leur silence, l'attitude d'un parti vaincu, ni que le ventre restât ventre. Mais la montagne n'eût pas supporté qu'un député qui y siégeait, quelque obscur qu'il fût, se donnât, par son inaction, l'air d'un mécontent. J'espérais d'ailleurs qu'en me rendant de quelque utilité, je m'en ferais un mérite pour ralentir au moins les effets de la persécution qui pesait sur ma famille.

Les comités les moins importans de la Convention étaient abandonnés à la foule; il suffisait d'en choisir un par la simple inscription de son nom pour en être membre. Je choisis dans celui d'agriculture et de commerce; il n'y en avait pas de moins couru ni de plus innocent. L'agriculture allait toute seule et comme elle pouvait; le commerce périssait d'éthisie par la guerre et le *maximum* : il était d'un autre côté dans la pléthore par l'abondance des assignats. Avec la meilleure volonté du monde, il n'y avait rien à faire à cet état de choses. Je m'occupai donc de l'instruction publique.

L'Assemblée constituante n'avait fait que de beaux discours sur cette matière; les universités, création de la monarchie, s'étaient écroulées avec

elle; quoiqu'elles n'eussent pas suivi la marche du
temps, elles avaient fait beaucoup de bien, et méritaient peut-être un autre sort; mais la faux révolutionnaire ne réformait point, elle abattait et faisait place nette. La Convention voulut élever un
édifice tout neuf; elle ne se bornait pas à l'instruction, elle embrassait aussi l'éducation publique, si
négligée dans les universités, et chez tous les peuples modernes. L'entreprise était difficile : parmi
les chefs révolutionnaires d'alors, il y en avait qui
regardaient les lumières comme des ennemies de
la liberté, et la science comme une aristocratie; ils
avaient leurs raisons pour cela. Si leur règne eût
été plus long, ou s'ils l'eussent osé, ils eussent fait
brûler les bibliothèques, égorgé les savans, et re-
plongé le monde dans les ténèbres. Ils répétaient
contre les sciences les sophismes éloquens de
quelques écrivains humoristes; elles étaient, disaient-ils, la source de toutes les erreurs, de tous
les vices, de tous les maux de l'humanité : les plus
grands hommes s'étaient formés d'eux-mêmes, et
non dans les universités et les académies. Ces déclamations flattaient la multitude; les ignorans
étaient ennemis des lumières par la même raison
que les pauvres le sont des richesses. Ainsi, Legendre qui, tout boucher qu'il était, avait parfois
des éclairs très-brillans d'éloquence naturelle, se
croyait un Mirabeau. Il ne lisait que les Mémoires
du cardinal de Retz, qu'il appelait le bréviaire des
révolutionnaires. Il disait que tout le reste n'était

que fatras, et qu'il écrirait sur un de ses ongles toutes les vérités utiles contenues dans des milliers de volumes.

On ne parlait donc que de ramener l'homme aussi près que possible de l'état de nature. Cependant, dans les divers plans que l'on proposait, il n'y avait rien de nouveau, on allait chercher des modèles dans les anciennes républiques. Rome et Athènes ne pouvaient convenir à des gens qui ne voulaient que du pain et du fer, ils donnaient la préférence aux lois sévères de Sparte. Il y avait même des hommes très-éclairés qui donnaient dans ces chimères.

Ainsi Le Pelletier, je ne peux dire si ce fût par conviction, proposa son plan d'*éducation commune*. Il fit fortune parmi les Spartiates, et fut adopté par le comité de salut public. Robespierre était tout-à-fait dans ces principes : il dit à la tribune : « Vous sentirez la nécessité de rendre l'éducation commune et égale pour tous les Français. Il ne s'agit plus de former des *messieurs*, mais des *citoyens*. La patrie seule a le droit d'élever ses enfans ; elle ne peut confier ce dépôt à l'orgueil des familles ni aux préjugés des particuliers, alimens éternels de l'aristocratie, et d'un fédéralisme domestique qui rétrécit les ames en les isolant, et détruit avec l'égalité tous les fondemens de l'ordre social. »

On était embarrassé du château de Versailles : on proposa d'en faire une maison d'éducation ; on calculait qu'il pourrait contenir dix mille enfans.

J'avais fait de grandes recherches, et lu tout ce qui avait été écrit sur cette matière par les anciens et les modernes. Mes réflexions sur l'état actuel de la société, et mes propres sensations comme époux et père, car dès-lors j'étais l'un et l'autre, me soulevèrent contre un système séduisant en théorie, mais qui faisait violence à la nature, qui privait la société de son lien le plus fort, celui de la famille, et qui me paraissait impraticable.

Deux fois le plan de Le Pelletier fut présenté par le comité d'instruction publique ; à chaque fois je le combattis, et il fut rejeté. Mes deux discours firent quelque sensation, et la Convention, sur la proposition de David, m'adjoignit au comité.

Mon système était fort simple. L'éducation domestique, un grand luxe d'instruction primaire, quelques établissemens nationaux pour l'enseignement des arts et des sciences utiles, la libre concurrence des établissemens privés, limitée seulement par une surveillance raisonnable : « Faites naître, disais-je, dans les parens, par vos institutions et vos lois, un intérêt puissant à élever leurs enfans dans l'amour de la république. Voilà tout le secret, il n'y en a point d'autre. »

J'eus souvent occasion, dans le comité d'instruction publique, dans ses réunions avec celui de salut public pour cet objet, de développer et de soutenir ces principes, qui à la fin prévalurent.

Une fois membre du comité d'instruction publique, je m'occupai avec assiduité des diverses parties dont il était chargé, et je passais dans la bibliothèque qui y fut établie tout le temps que me laissaient les séances de la Convention.

Il était en général composé d'hommes modérés, car il y avait là fort peu d'influence à exercer sur les personnes, et d'occasions de jouer un grand rôle dans la politique. Les temps n'étaient guères favorables pour proposer et faire réussir des plans utiles ; on s'y occupait donc principalement à donner des secours et des encouragemens aux hommes de lettres, aux savans et aux artistes que les circonstances réduisaient à la misère, à opposer une digue aux dévastations du vandalisme, et à conserver cette masse considérable de richesses scientifiques et d'objets d'art, que la suppression des maisons religieuses, et la confiscation des biens d'émigrés avaient mise dans les mains de la nation.

L'abbé Grégoire fut un des membres du comité qui y développa le plus de zèle et rendit le plus de services : on connaît ses rapports, ils étaient courageux pour le temps. C'était un vrai républicain, actif, laborieux et désintéressé. Quoique prêtre et fidèle à son état, lorsque tant d'autres l'abjuraient, il était aussi ennemi du fanatisme que du despotisme et de toute espèce de tyrannie.

Parmi les autres membres du comité se trouvaient :

Le peintre *David*, la gloire d'une école qui avait eu *Vien* pour créateur. Il avait la dictature des arts. Par son talent, nul autre n'en était plus digne.

Ses élèves se faisaient remarquer comme lui par l'exagération de leur patriotisme ; et la plupart de leurs compositions en étaient empreintes. Ils se distinguaient aussi par ce costume du moyen âge, dont on voulut, un instant, faire le costume national. On a reproché à David d'avoir, par jalousie, persécuté quelques artistes. Je ne m'en suis jamais aperçu. Il y en avait un petit nombre qui tenait à l'aristocratie, moins par opinion que par reconnaissance, car la révolution régnait dans tous les ateliers. Comme patriote, David a pu leur être contraire ; comme artiste, la supériorité de son talent ne pouvait le rendre accessible au sentiment d'une basse rivalité. La difformité de ses traits et une certaine rudesse de manières ne prévenaient pas en sa faveur ; mais dans l'intimité, il avait de la simplicité et de la bonhomie.

Fourcroy ; il tenait le sceptre des sciences naturelles et physiques, comme David celui des arts ; de plus, dans la société parleur facile ; à la tribune, orateur agréable, et à l'école, professeur presque sans égal. Républicain ardent, irritable, mais éclairé, il fut aussi accusé d'avoir précipité vers l'échafaud, ou laissé périr des savans qui, comme lui, étaient au premier rang dans la carrière. Je voyais Fourcroy tous les jours : il avait de l'amitié pour moi ; jamais je ne lui surpris une parole, ni un sentiment capables d'ébranler la haute estime que j'avais autant pour son caractère moral que pour ses grands talens. Je n'ai connu de lui que de nombreux services rendus aux sciences et à ceux qui les cultivaient.

Duhem, médecin, fameux par la violence de ses cris dans la Convention. Il ne les épargnait pas non plus dans le comité. Il dit, un jour qu'on y citait J.-J. Rousseau, que c'était un aristocrate et un fanatique, et que s'il eût encore vécu, c'eût été un homme bon à guillotiner. Heureusement, les hommes de ce tempérament n'étaient pas communs au comité.

Edme Petit; il avait une grande franchise, et disait, sur les choses et sur les hommes, des vérités toutes crues qui contrastaient fortement avec les opinions régnantes. On les lui pardonnait en faveur de son originalité. C'était un homme de bien, un adorateur passionné de J.-J. Rousseau, de sa personne et de ses écrits. Il affectait dans ses manières et ses expressions cette rudesse qu'on est convenu, par un contre-sens, de prendre pour l'enseigne de la philosophie.

Plaichard Choltière, bon et brave homme, qui dormait depuis le commencement jusqu'à la fin des séances; probablement le plus sage, et sans contredit le plus heureux de nous tous.

Léonard Bourdon, que l'on appela ensuite *Léopard*, et qui s'occupait par-dessus tout de faire fleurir sa maison d'éducation aux dépens des autres établissemens de cette espèce.

La plupart de nos travaux étaient obscurs, car ils se bornaient à empêcher, autant que possible,

le mal et la destruction. Le comité avait la surveillance de tous les établissemens scientifiques et de
l'instruction, des collections et dépôts. Nos occupations n'avaient point d'amertume, nous n'avions
affaire qu'à des livres, des tableaux, des statues,
des hommes de lettres, des artistes et des savans.
Nous étions journellement en rapport avec des
hommes du premier mérite, tels que Daubenton,
Lagrange, Monge, Prony, Corvisart, Bernardin de
Saint-Pierre, etc. Les uns, par patriotisme, les autres, pour éviter la proscription, tous par amour
des sciences et des arts, nous apportaient le tribut
de leur zèle et de leurs lumières.

Nous étions bien assaillis aussi par une tourbe de
gens qui croyaient suppléer à la médiocrité de
leurs talens par la chaleur de leur patriotisme; mais
nous ne nous laissions point imposer par leurs
clameurs. Par exemple, un citoyen D..., directeur
des arts à Bergues, avait apporté à Paris un très-
mauvais tableau de sa composition, représentant la
bataille d'Hondscoote, et demandait à être chargé
de suivre les armées pour peindre les batailles.
C'était tout simplement une spéculation financière.
Sa demande fut renvoyée au comité d'instruction
publique; je fus chargé d'en faire le rapport. Je
n'épargnai pas la médiocrité de l'artiste, quoiqu'il
l'eût mise sous la protection de son républicanisme; et, quant à son projet, je le combattis par
les considérations suivantes, qui déterminèrent la
Convention à le rejeter :

« Ce serait se faire une bien petite idée de la plus étonnante des révolutions, que de croire qu'il appartient à la peinture d'en perpétuer le souvenir. L'existence de la patrie, cette nouvelle république fondée, la face de la France changée par la puissance du peuple et par vos lois; les champs de bataille, les fleuves, les mers, teints du sang de vos ennemis, tous ces lieux témoins de nos exploits; voilà les monumens de notre gloire! Malheur à nous si la mémoire s'en perd dans la postérité! C'est que nous aurons perdu notre énergie, avili nos triomphes et dégradé nos travaux. Croit-on qu'alors de frivoles peintures feraient revivre ce que nous aurions éteint nous-mêmes par nos propres fautes? Entretenons nos armées, honorons leurs victoires en les utilisant; consolidons la république par de bonnes lois et de bonnes mœurs. »

L'école des sourds et muets était dirigée par l'abbé Sicard, originaire de Bordeaux: au fond, ennemi de la révolution, mais, courtisan adroit, il savait se plier aux circonstances. On lui reprochait aussi d'être très-intéressé, un peu charlatan, et de briller d'un éclat emprunté au génie modeste de l'abbé de l'Épée, son prédécesseur et son maître. L'abbé Sicard eut beaucoup de peine à se sauver de la terreur. Il ne dut son salut qu'à plusieurs membres du comité, qui ne le trouvaient pas bien dangereux comme personnage politique, et surtout à l'impossibilité où l'on croyait être alors de le remplacer. Il est assez singulier que cette considération pût l'emporter sur la raison d'état de ce temps-là, à laquelle on avait sacrifié des hommes aussi précieux, et des établissemens non moins utiles. Mais celui des sourds et muets était populaire et en faveur, sans doute parce qu'il avait pour objet de faire participer par l'art, aux dons communs et les plus nécessaires de la nature, des êtres malheureux à qui elle les avait refusés.

Le Jardin des Plantes était sous la direction du vieux Daubenton qui avait l'aspect et la bonhomie d'un patriarche. Les frères Thouin y soignaient la culture comme de simples jardiniers : l'aîné réunissait la science à la pratique; c'était comme une famille de bons laboureurs. Jussieu, Lamarck, Fourcroy y étaient chargés des diverses branches de l'enseignement. Malgré la pénurie des finances, l'ordre et la régularité ne cessaient de régner dans toutes les parties de ce superbe établissement. Les agitations révolutionnaires semblaient s'arrêter à sa porte, elles n'y ralentirent point le zèle, elles n'y troublèrent point la bonne intelligence. Fourcroy était le patron du Jardin des Plantes, d'autres ont dit le tyran. Des faits notoires confondent ici la calomnie.

La Convention avait ordonné la rédaction d'un *Recueil des actions héroïques et civiques des républicains français*, pour être envoyé aux municipalités, aux sociétés populaires, aux écoles, aux armées, et être lu publiquement le décadi. Il paraissait par numéros. Léonard Bourdon en avait

déjà rédigé quatre. On n'en fut pas content , et l'on
m'en confia la rédaction. Ce recueil fut abandonné
après le 9 thermidor.

La Convention avait établi des instituteurs sur
tous les vaisseaux de vingt canons et au-dessus. Elle
avait ordonné qu'il serait fait une édition soignée
de la déclaration des droits de l'homme, et de la
constitution, auxquelles seraient ajoutées des notes
explicatives et simples, et des traits historiques
choisis de préférence parmi les actions des défenseurs de la liberté. Trois hommes de lettres en
avaient été chargés ; un mois s'était écoulé, et ils
n'avaient encore fait qu'un discours préliminaire.
Le comité me confia ce travail, je le terminai dans
quelques jours. C'était une espèce d'instruction :
elle contenait un abrégé rapide de l'histoire de la
marine chez les différens peuples, un tableau topographique des ressources maritimes de la France,
une analyse des anciennes lois, un exposé des
principes sur lesquels devait être fondée la marine
d'un peuple libre, des connaissances nécessaires
aux marins, et des actions éclatantes des plus
grands hommes de mer de tous les pays et de tous
les temps. Ce travail fut approuvé par les deux comités réunis d'instruction publique et de salut public, et adopté par la Convention qui en décréta
l'impression, et l'envoi aux armées navales et dans
tous les ports.

Les comités d'instruction publique et d'aliéna-
tion proposèrent à la Convention l'établissement

d'écoles d'économie rurale dans les départemens, où l'on devait enseigner la théorie et la pratique de l'agriculture. Je prononçai une opinion contre ce projet.

Quoique je n'adoptasse pas tous les principes des économistes, car je n'ai jamais aimé les sectes quelconques, je pensais que la liberté était le meilleur encouragement de l'agriculture, et que la suppression du régime féodal et la vente des biens nationaux la feraient prospérer mieux que tous les maîtres et toutes les fermes expérimentales. J'ai toujours été fidèle à ce système dans son application à la plupart des affaires d'une nation, telles que le commerce, l'industrie, les banques, l'enseignement le culte, etc. En examinant les établissemens érigés à grands frais par les gouvernemens, j'avais cru reconnaître qu'ils n'étaient le plus souvent que des spéculations intéressées, des créations de l'orgueil, et d'insuffisantes compensations des entraves apportées par les lois au développement des facultés de l'homme. Je regardais, et j'ai toujours regardé la manie réglémentaire, comme le fléau le plus funeste aux peuples, et comme une chaîne inventée par le despotisme.

CHAPITRE VIII.

9 THERMIDOR.

Depuis quelque temps on voyait des nuages qui annonçaient une tempête ; nous éprouvions ce malaise et cet accablement que l'on sent à l'approche d'un orage. Mais, le 9 thermidor, la grande majorité de la Convention ne s'attendait point à ce qui arriva. Ce fut comme un coup de tonnerre. Il n'y avait pas plus de raison ce jour-là qu'un autre pour attaquer Robespierre, ni par conséquent pour espérer la fin de sa tyrannie. Depuis quelque temps il menaçait Billaud-Varennes, Collot-d'Herbois, Tallien, etc., ses émules et ses complices. La Convention était aussi indifférente à leurs dangers qu'elle l'avait été à la mort de Danton, et il est probable qu'ils eussent succombé, si Robespierre eût proposé leur proscription. Mais le sentiment de leurs propres périls leur donna l'audace de le prévenir, et, comme je l'ai déjà dit, la victoire était toujours du côté de l'attaque. Tallien se lança le premier, les autres le suivirent, et la Convention se souleva tout entière. Ce fut une commotion électrique. Robespierre pâle, défait, veut parler ; il menace, il conjure, il supplie. Son frère et Saint-Just essaient en vain de le défendre et de se justifier eux-mêmes. Un cri una-

nime, un seul cri, *à bas le tyran!* se fait entendre
et couvre leur voix. Et le tyran, qui la veille encore répandait l'effroi et l'épouvante, est enchaîné
et conduit dans une de ces prisons remplies de
ses propres victimes. O quelles douces émotions,
quelles sensations délicieuses éprouvèrent alors nos
ames si long-temps oppressées!

Dans l'ivresse de la victoire, la Convention
leva sa séance pour la reprendre le soir. Mais l'ennemi battu dans son sein ne l'était pas au dehors.
Tandis que les représentans du peuple se livraient
à la joie, Robespierre était arraché de sa prison,
conduit en triomphe à l'Hôtel-de-Ville où il préparait sa vengeance. La Convention avait fait une
grande faute ; il ne sut pas en profiter. Un homme
de résolution se fût emparé du lieu des séances,
eût fait tomber une douzaine de têtes, et eût de
nouveau régné plus puissant que jamais. Robespierre n'avait point cette audace qui suppose une
sorte de grandeur dans le crime ; il délibéra au
lieu d'agir. Lorsque la Convention se rassembla le
soir, la plupart de ses membres ignoraient ce qui
s'était passé. En l'apprenant, la stupeur et la
consternation succédèrent à l'allégresse. Ce qu'un
homme seul n'osait entreprendre, une assemblée
en était moins capable encore ; on y parlait, il y
régnait la plus grande indécision, et l'on ne parvenait à aucun résultat. Ainsi les deux armées en
présence, au lieu de s'attaquer, perdaient leur temps
en vains discours. La partie ne paraissait pas égale.

Les autorités et les chefs de la garde nationale étaient pour Robespierre; ils avaient entraîné une grande partie du peuple sous son drapeau; il pouvait disposer d'une force considérable. La Convention était isolée, réduite à quelques bons citoyens auxquels le succès du matin avait rendu le courage; d'autres attendaient en silence le dénouement de cette tragédie, et le plus grand nombre ignorait les événemens. Les ténèbres de la nuit ajoutaient à l'horreur de cette situation. On entendait le tocsin et la générale; on appelait les uns à la Convention, les autres à l'Hôtel-de-Ville; le citoyen ne savait à qui répondre, à qui obéir, redoutant de marcher dans l'obscurité contre un parent ou un ami. Quelques membres de la Convention s'étaient réunis en comité pour prendre les mesures qu'exigeaient les circonstances; les représentans attendaient dans la plus vive agitation; les rapports qui se succédaient n'étaient pas propres à la calmer. Il était minuit, on ne prévoyait pas l'issue de cette lutte, lorsque Collot-d'Herbois qui présidait fit entendre la sonnette et dit de sa voix sépulchrale : « Citoyens représentans, le moment est venu de mourir à votre poste; j'apprends que Henriot investit la Convention nationale. » A cette apostrophe effrayante, tout ce qu'il y avait de curieux dans les tribunes se précipita par les portes; il n'y resta qu'un gros nuage de poussière et la plus morne solitude. Tous les membres de la Convention, répandus dans la salle, reprirent leur place avec calme et dignité, pour attendre la mort sur leurs siéges. Ce mouvement fut imposant et sublime; car pour mon compte je ne doutais pas que notre dernier moment ne fût arrivé.

En effet Henriot, avec une troupe de sicaires qui formaient son état-major, s'était avancé jusque dans la cour des Tuileries; mais il s'était retiré presque aussitôt, après avoir débauché des canonniers et enlevé quelques canons. Cependant, le premier mouvement de cet effroi passé, les membres de la Convention reprirent courage, et soit que la crise fût parvenue au point où elle devait éclater, ou que le défaut de forces réelles inspirât l'audace et le désespoir, on proposa enfin de terminer cette lutte scandaleuse en mettant *hors la loi* Robespierre et ses complices. Le décret fut rendu aux cris de *vive la république!* et des commissaires de la Convention allèrent le proclamer aux flambeaux. A mesure qu'ils s'avançaient et que la nouvelle du décret se répandait de proche en proche, ceux qui étaient incertains se prononçaient pour la Convention, et ceux qui ne s'étaient réunis que par peur au parti de Robespierre, s'en détachaient. Lorsque le décret fut connu sur la place de l'Hôtel-de-Ville, les bataillons de garde nationale qui s'y trouvaient se débandèrent, les citoyens se retirèrent chez eux ou allèrent au-devant des commissaires de la Convention, et dans l'Hôtel-de-Ville même les complices de Robespierre l'abandonnèrent.

Les commissaires de la Convention y entrèrent avec une force armée et dispersèrent et firent prisonnier ce qui y était resté. Robespierre qui s'était tiré un coup de pistolet fut trouvé baigné dans son sang. Le matin il fut apporté au comité de salut public, étendu sur une grande table et exposé aux regards et aux insultes d'une foule de curieux (1). Il avait toute sa présence d'esprit ; le coup de pistolet lui avait seulement fracassé une partie de la mâchoire, sa joue gauche était très-enflée, du reste il n'était pas trop défiguré. Il restait immobile. Cependant on voyait dans ses yeux plus de dépit que d'insensibilité ou de honte. Il refusa d'abord de se laisser panser, et lorsque le chirurgien voulut lui desserrer les dents avec un morceau de fer, il se releva, descendit seul de la table sur laquelle il était couché et alla se placer sur un siége. On lui mit un appareil et il fut conduit à l'échafaud. Ce même peuple qui l'avait, pour ainsi dire, divinisé, l'y accompagna de ses imprécations.

Le 9 thermidor fut donc l'effet du hasard, comme la plupart des grands événemens dans l'histoire. Sont-ils funestes, l'homme ne manque pas d'en accuser le sort : sont-ils heureux, il les attribue à sa prévoyance et à sa sagesse. Après la victoire

---

(1) Il essuyait la salive ensanglantée qui sortait de sa bouche avec l'étui d'un pistolet sur lequel était cette adresse : *Au grand monarque.*

chacun se disputait l'honneur d'y avoir plus ou moins concouru. On s'était bien aperçu d'une division entre les membres du comité de sûreté générale et ceux du comité de salut public, même entre les membres de ce dernier comité. Il circulait dans la Convention que Robespierre avait proscrit *in petto* des députés montagnards; c'étaient d'abord les amis de Danton, Legendre, Tallien, Fréron, Panis, Lecointre de Versailles, et en seconde ligne Fouché de Nantes, Thuriot, Bourdon de l'Oise, etc. A cette procession dont j'ai parlé, qui eut lieu pour la fête de l'Être-Suprême, tous ces députés, marchant en arrière de Robespierre, lui prodiguaient entre eux des sarcasmes; Lecointre de Versailles l'apostropha vigoureusement en face. Dans le discours que Robespierre prononça, le 8 thermidor, on vit clairement qu'il ne se dissimulait pas le danger qui le menaçait. La majorité de la Convention, étrangère à ces dissensions, ne faisait que les observer; et, quoiqu'elle considérât Robespierre comme le plus puissant dans le gouvernement, les autres membres ne lui en étaient pas moins odieux. Y eut-il une conjuration réelle de ses ennemis contre lui? Quels furent les conjurés? c'est ce qu'on n'a jamais bien su. Comment, au premier soupçon, ne prévint-il pas les conspirateurs? On ne peut l'expliquer que par l'aveuglement qui accompagne ordinairement l'ivresse du pouvoir. Mais l'issue d'une attaque contre lui parut à certaines gens tellement douteuse, que, dans le moment même où elle commença, Barrère se tenait près de la tribune, ayant, dit-on, dans sa poche deux discours préparés, l'un pour, l'autre contre Robespierre.

La joie publique éclata dans tous les départemens comme à Paris. Cependant son explosion fut contenue par la plupart des autorités qui étaient dévouées à Robespierre, et qui ne pouvaient croire à sa chute.

Le 10 thermidor je fis imprimer une relation de ce grand événement en forme d'*adresse à mes concitoyens*, et je l'envoyai dans mon département. Les autorités terroristes en arrêtèrent la circulation.

Il y eut à Paris des exécutions révolutionnaires, même après la mort de Robespierre, comme si ses mânes eussent conservé encore du pouvoir et exigé ces atroces sacrifices.

Le chef des terroristes avait disparu, mais le parti existait encore. Le comité de salut public s'était délivré de Robespierre, la Convention n'était point délivrée du comité de salut public. Si on l'avait laissé faire, il n'aurait point changé de système, et le résultat du 9 thermidor n'eût été que quelques hommes de moins. Les Collot-d'Herbois et les Billaud-Varennes s'étaient emparés du sceptre sanglant de Robespierre. Ils le regardaient comme leur légitime héritage. Ils n'avaient renversé le tyran que pour se sauver et régner à sa place ; ils n'avaient pas pensé un seul instant à détruire la

tyrannie. Càr, avánt le 9 thermidor, les factions de
Danton et de Robespierre s'accusaient réciproquement de vouloir détruire le gouvernement révolutionnaire et établir *l'indulgence ;* et Barrère, dans
son rapport, au nom des deux comités de sûreté
générale et de salut public, au moment même où
Robespierre venait d'être vaincu, ne lui imputait
pas d'autre crime. Billaud-Varennes, sombre et
atrabilaire comme lui, se rendait justice en se
croyant très-propre à le remplacer. — Interrompu
un jour par quelques signes d'improbation, il jeta
un coup-d'œil menaçant sur la Convention, et dit :
Je crois qu'on murmure. Ce trait d'éloquence a
manqué à Néron.

Ces menaces insolentes n'imposaient plus à la
Convention. Le 9 thermidor lui avait rendu toute
sa force. Le souvenir de son oppression était trop
récent, pour qu'elle ne fût pas extrêmement jalouse de l'indépendance qu'elle venait de recouvrer. Elle ne pouvait d'ailleurs se laver des horreurs commises en son nom, qu'en y mettant un
terme, en les désavouant, et en punissant même
leurs auteurs.

D'un autre côté, les complices de Robespierre
et les suppôts de la terreur, dès qu'il fut mort, sen-
tirent l'embarras dans lequel ils s'étaient jetés. En
le laissant vivre, ils se seraient perdus ; et en le
frappant ils avaient prononcé leur propre condam-
nation. Ils auraient bien voulu en faire leur bouc
émissaire, et pouvoir rejeter tout le passé sur lui.

Mais il ne s'agissait pas d'actes secrets dont on pût impunément charger sa mémoire sans craindre d'être démenti. Les faits étaient publics et patens. C'étaient des proclamations, des discours et des arrêtés plus ou moins furibonds, des listes de proscription signées en commun avec lui, des mitraillades et des noyades dont on s'était vanté et honoré. Les auteurs de ces forfaits voulaient en vain, comme ce personnage tragique, effacer la trace du sang dont leurs mains étaient couvertes; elle y demeurait toujours. Ils s'étaient trop avancés pour pouvoir reculer; les crimes qu'ils avaient commis leur imposaient l'horrible nécessité d'en commettre de nouveaux. Ils n'avaient pas d'autre espoir de salut.

Des républicains très-purs, étrangers aux crimes de la terreur, auraient bien voulu, qu'après la mort de Robespierre, la Convention eût jeté un voile épais sur le passé, interdit même d'en parler, et accordé une amnistie tacite.

Quand Robespierre eût été seul coupable de la tyrannie qui avait pesé sur la France, comment aurait-on pu étouffer les plaintes des victimes qui lui avaient survécu, imposer silence aux parens et aux amis de celles qui avaient péri et faire taire la conscience publique? La Convention, lorsqu'elle venait de recouvrer la liberté et la parole, pouvait-elle bâillonner une nation tout entière? Pouvait-elle, sans en assumer sur elle l'odieuse responsabilité, refuser de réparer, autant qu'il dépendait

d'elle, des maux qu'elle n'avait pas été en état d'empêcher? Et s'il y avait pour elle de l'inconvénient
à ce qu'elle avouât son oppression, n'y en avait-il
pas encore plus à ce qu'elle parût vouloir approuver les horreurs qui en avaient été la suite? Dans
cette alternative, son choix pouvait-il être douteux?

Mais Robespierre, comme je l'ai déjà dit, avait
eu des complices. Même plusieurs semaines avant
sa mort, il n'allait que très-rarement au comité de
salut public, et les listes de proscription n'en continuaient pas moins, et la terreur ne souffrait point
de son absence. Après sa mort, ses complices n'é-
taient point rentrés dans le néant, ils étaient loin
de s'être convertis, ou de vouloir se faire oublier.
Ils avaient le pouvoir, ils le conservaient, ils parlaient en maîtres, fiers d'un triomphe auquel ils ne
voulaient faire participer ni la république, ni ses
représentans. La Convention devait donc briser un
joug auquel elle eût été inexcusable de se soumettre. De-là vinrent sans doute les combats violens
et les scènes tragiques qui déchirèrent encore son
propre sein, et ensanglantèrent de nouveau la république. Car la Convention se trouva placée entre
les royalistes qui, voulant faire la contre-révolution, trouvaient que la réaction n'allait jamais assez
vite, et les terroristes qui, lorsqu'on les attaquait,
criaient qu'on persécutait les patriotes, et des républicains très-probes qui craignaient qu'un retour
à un système modéré de gouvernement ne devînt

funeste à la liberté. Il fallait donc marcher entre plusieurs écueils. Cette situation était difficile, mais on ne pouvait l'éviter.

Après m'être livré tout entier à la joie et à l'enthousiasme qu'inspira le 9 thermidor, je demandai et j'obtins la liberté de mes parens et de mes amis. Ma femme fut l'ange libérateur qui se rendit à Poitiers pour briser leurs fers. Le sort nous avait favorisés ; le 9 thermidor trouva encore nos parens dans les prisons ; mais quatre de mes amis, parmi lesquels étaient deux jeunes gens de la plus belle espérance, avaient payé de leurs têtes leur amour pur et désintéressé de la liberté et de la patrie.

Dès ce moment, il s'opéra en moi-même une révolution subite. On pouvait, avec honneur, paraître dans la carrière, je m'y élançai avec ardeur, et je commençai réellement à y jouer un rôle actif. Mais, fidèle à mes principes et au plan de conduite que je m'étais tracé, je me tins constamment éloigné de ces réunions où, quelqu'inflexible que l'on soit, on sacrifie toujours à l'opinion des autres quelque chose de la sienne. Je marchai seul avec ma conscience ; et le peu de succès que j'obtins, je le dus à la certitude où l'on était que je n'étais l'homme d'aucun parti. On ne se fait pas une juste idée de la force et de l'influence que donne une telle situation. On croit généralement acquérir de l'importance en s'associant à un club ou à une coterie ; la médiocrité s'y enhardit, et le talent se persuade qu'il y trouvera de l'appui.

C'est une erreur : on n'y gagne jamais autant qu'on y perd. Rien ne peut remplacer l'ascendant de l'indépendance. Dès que l'orateur qu'on soupçonne de n'avoir pas conservé la sienne se présente à la tribune, tout le monde est en garde contre lui. On se dit : Ce n'est pas lui qui va parler, c'est son parti. Au contraire, quand l'orateur, reconnu pour indépendant, ouvre la bouche, on l'écoute sans défiance. Il ne suffit pas, pour faire effet dans une grande assemblée, d'être éloquent et de dire de bonnes choses, il faut encore qu'elle soit disposée à les entendre.

Depuis le 9 thermidor jusqu'au 18 fructidor an V, c'est-à-dire pendant trois ans, je parus souvent à la tribune, tantôt avec des discours écrits, tantôt improvisant ; et l'on peut vérifier dans le Moniteur que le plus souvent et surtout dans le dernier cas, mes opinions ont prévalu. Je connaissais assez mon assemblée pour parler, si je l'eusse voulu, dans le sens présumé de la majorité ; mais je ne faisais point ce calcul, et surtout dans les discussions imprévues et presque toujours les plus animées, je prenais la parole, entraîné par la chaleur des débats et par la seule impulsion que la circonstance et l'objet donnaient à mon ame ou à mon esprit. Ce n'était ni le résultat de l'adresse, ni l'effet d'une éloquence extraordinaire. Cela prouve seulement qu'il existe toujours une certaine harmonie entre la conscience d'un honnête homme et celle d'une masse d'hommes réunis.

Je pouvais, comme beaucoup d'autres, dans le silence du cabinet, écrire sur une matière et la discuter méthodiquement; mais je n'ai jamais eu ce talent à la tribune. Je n'avais ni assez de sang-froid ni assez de patience. Incapable de m'astreindre aux détails et de me soumettre aux règles de l'art, j'entrais de suite, et comme par irruption, au fond du sujet, tel qu'un assiégeant qui dédaigne les ouvrages avancés, marche droit au cœur de la place, saisit son ennemi corps à corps, et décide dans un instant la défaite ou la victoire. J'avais fait mes premières armes au barreau; mais je n'y avais pas plaidé assez long-temps pour me gâter ou me perfectionner, comme l'on voudra; c'est-à-dire pour contracter l'habitude de délayer mes paroles et d'arrondir mes périodes. Je suis souvent monté à la tribune sans savoir ce que j'y allais dire, poussé par une force irrésistible qui m'y attirait malgré moi. Lorsque j'y étais, le spectacle d'une grande assemblée attentive, l'idée que la France entière allait recueillir mes paroles et me juger, exaltaient mon ame et inspiraient mes discours. J'obéissais au devoir, je ne pensais pas même à la gloire; et si quelquefois j'étais sensible à ses séductions, car quel homme pourrait la mépriser, ce n'était jamais que par réflexion. Mon premier sentiment était toujours celui qu'on éprouve lorsqu'on a acquitté sa dette envers la patrie. Je ne pouvais pas tenir long-temps à la tribune, parce que je n'étais pas capable d'y être calme. On a dit : *Fiunt oratores, nascuntur poetæ*. Cela n'est point exact, c'est dans l'ame qu'est la véritable éloquence; l'art la perfectionne sans doute, mais sans ce foyer dont la chaleur se communique aux auditeurs et les embrâse, on n'est point orateur, on n'est tout au plus qu'un beau parleur ou un rhéteur. L'art oratoire n'est que la nature perfectionnée; elle m'avait donné un organe mâle et sonore, et ce degré d'assurance nécessaire pour n'être point intimidé par le nombre ni troublé par les interruptions. Lorsque je jugeais que ma voix ne pourrait les couvrir, j'attendais en silence qu'elles eussent fini; et loin de me décourager, je continuais comme si je me fusse interrompu moi-même pour prendre du repos et éclater avec plus de force. La confiance de l'orateur, en lui-même, suppose un génie supérieur ou une extrême présomption, ou une bonne conscience. J'étais dans ce dernier cas.

Je suis entré dans ces détails, parce qu'on ne connaît que très-imparfaitement un orateur d'après ses discours imprimés ou rapportés dans les journaux. On y prend bien une idée de ses principes et de sa manière; mais on ne peut le juger que lorsqu'on l'a vu et entendu parler. D'ailleurs, sans vouloir donner de préceptes, me comparer à personne, ni me citer en exemple, le résultat de ma propre expérience peut n'être pas tout-à-fait inutile.

Après le 9 thermidor, je restai dans le comité d'instruction publique; mais peu à peu je n'en pris pas moins part aux autres travaux de l'Assemblée.

CHAPITRE IX.

LETTRE D'UN ÉMIGRÉ SUR LA SITUATION DES CHOSES
APRÈS LE 9 THERMIDOR.

UNE lettre écrite de *Berne, le 28 septembre
1794, à l'abbé de Pradt, chez le cardinal de La
Rochefoucauld, à Munster en Westphalie,* contient
un tableau de la situation de la France après le 9
thermidor, et des vues qui, quoiqu'empreintes de
l'esprit de parti, n'en sont pas moins remarquables. Cette lettre n'est point signée; je l'ai trouvée
au comité de salut public, en l'an IV, au moment
où l'on portait ses papiers au Directoire.

« J'ai reçu jeudi dernier votre lettre du 13, mon
cher abbé. Il me paraît qu'on vous abreuve à
Munster de contes sur les événemens de l'intérieur. La chute de Barrère est aussi peu vraie que
la mort du roi (1). Je vais en peu de mots vous
remettre sur le grand chemin. Ne comptez que
sur ce que je vous manderai.

» Le Barrère est non pas tué, mais noyé, ainsi que
ses collègues Collot-d'Herbois et Billaud-Varennes, ainsi que les principaux du comité de sûreté
générale (2), empreints de la marque de servitude

(1) Sans doute Louis XVII.
(2) Il voulait dire de *salut public.*

sous Robespierre, et lâches organes de ses volontés. Perdus et discrédités à la Convention et dans le public, ils ont essayé de ranimer l'influence des jacobins, se joignant pour cela aux bouchers de la montagne, à un Louchet, un Duhem et autres barbares. Heureusement ces jacobins sont aussi abhorrés et décriés que leurs chefs. Ils ont débuté par un vol très-haut et par des harangues à leur tribune qui annonçaient le dessein de régner par la Convention, d'égorger les modérés et avec eux le reste du royaume. Ils se sont fait soutenir de quelques adresses de sections et de clubs, repoussées par un plus grand nombre d'adresses contraires. Pour aller plus vite, ils ont fait assassiner Tallien, l'un des chefs modérés, par le jacobin Fournier qui présida le massacre des prisonniers d'Orléans. Tallien a eu la bonne étoile de réchapper et d'être même légèrement blessé (1). Alors un cri terrible s'est élevé contre les jacobins, et on a demandé leur dissolution. Ils ont rallié leurs enfans perdus, mais leur crédit tombe de jour en jour; les tribunes les sifflent, les groupes les proscrivent, la haine publique est sur leurs pas, leurs adversaires gagnent du terrain et ont pour eux l'opinion publique et populaire. On est dans ce moment au fort du débat, son issue enterrera la montagne, les ja-

---

(1) Ce qui fit dire alors que Tallien s'était blessé lui-même, et que ce n'était qu'une comédie pour exaspérer le public contre les jacobins.

cobins et peut-être la république ; ou elle fera guillotiner la majorité de la Convention et ruisseler le
sang de Bayonne à Dunkerque (1).

» Cette crise a ceci de nouveau que le peuple en
masse est décidément contraire aux jacobins (2). Il
ne s'intéresse plus à ces duels de factions qu'autant
qu'ils peuvent lui faire espérer la fin des supplices,
de la misère et du désordre. Aussi les modérés, qui
aspirent à finir le gouvernement révolutionnaire,
ont gagné la grande majorité des voix. Cette ma-
nifestation d'opinion s'est faite et se soutient avec
éclat depuis la mort de Robespierre. Aux tribunes (3), on parle de la constitution de 1791 ;
dans les groupes, du rétablissement du roi (4). La

---

(1) Cela n'arriva pas tout-à-fait ainsi. Le sang-froid avec
lequel l'émigré, auteur de la lettre, fait cette sinistre prédiction, donne une idée des sentimens qui animaient l'émigration.

(2) Comme l'auteur n'entendait pas parler de la nation,
mais des basses classes, sa remarque n'était pas exacte. Il y
parut bien quelques mois après, lorsque ce peuple assiégea la
Convention, et coupa la tête au représentant Féraud.

(3) Je ne sais de quelles tribunes il voulait parler ; à celle
de la Convention on n'osait pas encore attaquer la constitution de 93 ; et les tribunes, destinées à recevoir le public,
étaient en majorité composées de gens qui la soutenaient sans
savoir ce que c'était qu'une constitution.

(4) Ce fut plus tard, au fort de la réaction, que les royalistes
voulurent prendre le dessus ; mais ils avaient bien soin de se
masquer en patriotes, et le peuple eût jeté à l'eau celui qui
aurait parlé de rétablir la royauté.

presse recommence à s'émanciper; on demande les assemblées primaires et la liberté de tout dire. La crainte de retomber sous le régime de sang semble redonner un peu de ressort à la multitude. On ne s'occupe à Paris pas plus de la guerre et des victoires que des actions du grand Lama (1).

» Le parti modéré cache encore son jeu. Il est composé des amis et des héritiers de Danton. Je vous mandai, dans le temps, que ce chef était mort sur le projet de tirer le roi du Temple, de le proclamer, et à côté de lui M. de Malesherbes, régent (ce qui a coûté la vie à ce dernier et à tous ses proches), (2). Aucun de ces honnêtes gens ne croit à la république; tous sont persuadés qu'elle enterrera, avant d'être fondée par une loi, la Convention tout entière sous l'échafaud (3). Tirez de-là les inductions naturelles; mais observez que ce

---

(1) Il est certain que le combat des terroristes et des thermidoriens occupait beaucoup les esprits; mais on ne cessait point pour cela de prendre un vif intérêt aux succès des armées.

(2) Je n'ai jamais entendu dire un mot de ce projet. S'il eût réellement existé, comment Robespierre en eût-il fait grâce à Danton?

(3) Il est tout simple que l'auteur qui présente Danton comme un royaliste, suppose les mêmes sentimens à ses amis. Mais excepté Tallien, qui avait faibli, tout ce parti était resté fidèle à la république, et y croyait. Si la royauté eut des partisans dans la Convention, ce fut principalement parmi les 73 rappelés après le 9 thermidor.

7*

parti est dépourvu de talens; un seul chef principal, qui se montre peu, mais qui est très-puissant au comité de salut public, a de la capacité (1). Ils jouent un jeu effrayant; ils travaillent sur des grils rouges; ils ont besoin d'une dextérité, d'une patience, d'une manœuvre habile et mesurée. Encore tout cela leur serait inutile sans l'appui des cas fortuits et des circonstances. Je vous l'ai déjà dit, il n'y a plus d'hommes en France, il n'y a que des événemens (2).

» Nul moment ne fut peut-être plus important que celui-ci. J'ai été consulté, et j'ai déjà eu plusieurs conférences sur cet état présent de choses. On a jeté des fils; ce pays-ci est admirablement situé pour manœuvrer. Si les deux cours principales veulent renoncer à des folies et suivre le plan qu'on

(1) Il est probable que c'était l'abbé Sieyes. Il est vrai qu'il se montrait peu alors, comme à toutes les époques de la révolution. Voilà pourquoi on lui supposait une grande influence, mais réellement il en avait peu à cette époque, et beaucoup moins que d'autres représentans qui n'avaient pas sa capacité ni surtout sa prudence.

(2) Cette pensée est juste et profonde. Mais en même temps elle prouve que la révolution n'était pas le fait de quelques hommes, et qu'elle avait ses racines dans les opinions nationales; dans les complots des factions, il y a des hommes; il n'y en a plus dans les grandes révolutions. Personne ne les conduit; elles entraînent tout le monde. En France, tous les hommes qui ont paru sur la scène politique ont passé, la république aussi. Cependant la révolution est restée, et le trône lui-même s'est de nouveau fondé sur elle.

leur a donné, il restera encore quelque espérance. Gardez le secret sur ce que je vous communique.

»Quant aux armées, regardez-les comme un autre continent. L'intérieur leur est étranger; peu leur importe ce qui s'y passe : elles changent de maîtres, d'ordonnateurs, de souverains, comme de généraux. D'autres passions les animent, la haine et le mépris des étrangers, l'engouement de la fausse gloire, et cette émulation désordonnée qui est dans le caractère national et par laquelle la queue tend toujours à dévorer la tête (1).

Il ne faut rien en attendre, encore moins des royalistes; pas plus de la guerre civile qui est impossible. C'est la Convention qui tuera la Convention, la république qui étouffera la république, et les révolutionnaires qui finiront la révolution. Cela s'opérera comme cela, ou ne s'opérera jamais (2).

---

(1) Il y a plus d'esprit que de justesse dans ce tableau des armées. Il est vrai qu'elles formaient un autre continent. Mais l'intérieur ne leur était point étranger. Comme les légions romaines, elles ne passaient pas alternativement sous les drapeaux d'un général factieux, ou d'un parti, elles restaient fidèles à la patrie. Combattre pour son indépendance, c'était défendre sa liberté; et les soldats abandonnaient tout général soupçonné de la trahir. Pour un émigré, ce généreux dévouement était l'*engouement de la fausse gloire*. Mais pour la France et pour l'Europe, pour les contemporains et la postérité, il n'y a jamais eu de gloire plus réelle ni plus pure.

(2) Cela s'est, en effet, opéré comme cela. Ce sont les fautes des républicains qui ont préparé la perte de la répu-

Dans cet état de choses, l'avenir demeure plus indé-pendant des âneries de nos alliés, de leurs discordes, de leurs forces, plus ou moins grandes : elles ne peuvent plus servir qu'à sauver l'Europe (1) ; car la conquête de la révolution par les armes est maintenant bonne à jouer chez Nicolet. Cependant il importerait qu'elles reprissent au moins l'équilibre, qu'elles ne se déshonorassent pas par des défaites, par des retraites, par des scandales continuels, et qu'elles fussent en position de seconder, par l'influence morale, les événemens de l'intérieur.

» Quoi qu'on en dise, la Hollande me donne de l'inquiétude. Je crains aussi, comme vous, le passage de la Meuse. L'Europe, à commencer par l'Angleterre, est renversée, si la Hollande est envahie (2). Probablement le roi de Prusse va se retirer de la coalition. Sa campagne de Pologne est le pendant de celle de Champagne. Quelle équipée ! La Russie le traite comme il traite ses alliés ;

---

blique, et Bonaparte, avec une partie d'entre eux, qui l'a anéantie. Ils ont fini la révolution ; mais ils ne l'ont pas tuée. Bonaparte en avait conservé les intérêts ; et, malgré son despotisme, les principes n'en vivaient pas moins dans les cœurs. La restauration des Bourbons et la coalition européenne n'ont pas même pu les étouffer encore.

(1) Elles ne l'ont point sauvée dans ce temps là ; et la révolution eût fait le tour de l'Europe, si Bonaparte, au lieu de la parcourir en Mahomet, eût voulu affranchir les peuples.

(2) L'Angleterre a donné un démenti à cette prédiction exagérée ; elle a bravé des dangers plus grands encore.

elle l'abandonne à ses propres forces pour avoir la Pologne à elle seule, lorsqu'elle seule pourra la subjuguer (1).

» Adieu, le courrier me presse; vous serez instruit périodiquement de l'état de l'intérieur. La mort de M. de Merci m'a aussi vivement affecté que vous. C'est une perte irréparable. »

CHAPITRE X.

ÉPURATION DES AUTORITÉS. — RÉVISION DES LOIS RÉVOLUTIONNAIRES. — RAPPEL DES 73 DÉPUTÉS ET AUTRES REPRÉSENTANS PROSCRITS LE 31 MAI. — THOMAS PAYNE. — COMITÉ D'INSTRUCTION PUBLIQUE; SES TRAVAUX; SCIENCES ET ARTS; MUSÉES.

Si d'un côté les complices de Robespierre s'efforçaient de comprimer encore l'élan de la nation, de l'autre la majorité de la Convention et l'opinion publique luttaient avec force contre eux. L'impulsion était donnée, aucune puissance ne pouvait plus arrêter le mouvement. De toutes les parties de la France une voix terrible demandait la fin de l'oppression et la punition des op-

---

(1) Elle en a en effet pris la plus grande partie; avec le temps quelques membres épars suivront le sort du corps.

presseurs. Tallien et Fréron se mirent à la tête d'un parti qui s'appela *thermidorien*, si l'on peut appeler parti toute une nation. On renouvela les comités de salut public et de sûreté générale, on rappela les représentans du peuple en mission, on en envoya de nouveaux, on changea la plus grande partie des fonctionnaires publics. Enfin, le parti vainqueur, pour prendre les places, en chassa les vaincus. On nommait cela une *épuration*. Pour cette fois du moins elle était nécessaire, l'autorité était dans des mains incapables et qui l'avaient souillée; enfin le 9 thermidor était une véritable révolution. Mais combien d'épurations dans la suite ne furent qu'un tribut payé au triomphe d'une faction, à ses passions et à son avidité! Dans cette extrême mobilité des emplois, les citoyens apprirent à la vérité à ne pas les regarder comme une propriété, mais ils apprirent aussi cet art perfide, si perfectionné depuis, de se dénoncer les uns les autres pour se supplanter, cet art non moins funeste pour les mœurs de changer du noir au blanc, de sacrifier à leur intérêt et à l'opinion factice du moment le bien public et leur conscience.

Je publiai l'*Histoire du Terrorisme dans le département de la Vienne* (1). Outre ce qui m'était

---

(1) Il ne m'en est pas resté un seul exemplaire, ainsi que de mes autres écrits ou discours. J'ai puisé dans le Moniteur ce que j'en cite.

personnel ainsi qu'à ma famille, cet écrit contenait un tableau général des excès de la terreur, appuyé de pièces authentiques. Mon but en le publiant fut de compléter, dans mon département, la révolution du 9 thermidor, d'élever un monument à la mémoire de mes amis et de flétrir leurs bourreaux.

Après avoir changé les hommes, il restait à changer les choses. Cette révolution était plus difficile. Outre les terroristes qui y résistaient de toutes leurs forces, il y avait, comme je l'ai déjà dit, dans la Convention des hommes qui pensaient de bonne foi qu'il serait dangereux de détendre le ressort, et qu'il était nécessaire, pour fonder plus sûrement la république, de continuer le gouvernement révolutionnaire jusqu'à la paix. Ils croyaient que l'arbitraire n'était pas une mauvaise chose dans de bonnes mains. Je n'étais pas de cet avis, et sans vouloir tout renverser violemment il me semblait que l'on devait successivement rapporter les lois oppressives, en faire de plus favorables à la sûreté personnelle en attendant qu'on eût établi un régime constitutionnel.

Parmi les lois existantes, une des plus funestes sans doute était celle du 17 septembre 1793 *sur les suspects*. Les trois comités de salut public, de sûreté générale et de législation, présentèrent un projet de décret (26 vendémiaire an III) qui défendait toute affiliation entre les sociétés populaires, toute pétition en nom collectif, et qui portait que tout contrevenant serait traité comme *suspect.*

Ainsi, deux mois et demi après le 9 thermidor, on appliquait encore le code des *suspects*. Cette proposition me souleva, et en défendant les sociétés populaires contenues dans de justes limites, je dis : « Le mal est dans la latitude que l'on a donnée au gouvernement révolutionnaire. Pour neutraliser l'influence des sociétés populaires, il s'agit bien moins de les empêcher de correspondre entre elles, que de réviser la loi du 17 septembre. Il importe de bien déterminer ce qu'il faut entendre par *suspects*. Vous n'aurez rien fait tant qu'un homme ne sera pas à l'abri d'un autre homme. J'aime mieux dépendre d'une loi que du caprice de l'homme le plus juste. »

La loi du *maximum* prolongeait la disette des subsistances. Je l'attaquai un des premiers, le 13 frimaire ; et le 17, après un discours prononcé par Échasseriaux sur l'état de langueur où étaient l'agriculture et le commerce : je dis : « Le commerce et l'industrie sont dans un tel état qu'il est bien moins question de leur créer des appuis que de détruire tout ce qui les contrarie. En vain vous établirez des commissions et vous les composerez des hommes les plus habiles, tout cela ne vaudra pas la liberté. On n'a point encore abordé la seule, la véritable question, celle de savoir si la loi du *maximum* doit subsister. Je la regarde comme désastreuse et la source des plus grands malheurs. Elle a ouvert une vaste carrière à la mauvaise foi, à la fraude, et ruiné ceux qui l'ont respectée. La liberté indéfinie a sans doute des inconvéniens, mais les chaînes données au commerce en ont de plus grandes encore. On perd tout en voulant tout ré-glementer. »

Les députés proscrits le 31 mai, et depuis cette époque détenus ou fugitifs, furent rappelés dans le sein de la Convention le 18 frimaire seulement. Ils durent leur rentrée surtout au besoin que les thermidoriens avaient d'auxiliaires. Pour cette fois la politique était d'accord avec la justice. Ce fut un beau jour que celui où les 73 (1) furent rendus à leurs fonctions. On les accueillit avec sensibilité et enthousiasme. Lorsqu'ils reprirent leurs places, Lesage d'Eure-et-Loire, l'un d'eux, dit, en leur nom : « Qu'ils feraient à la patrie le sacrifice des maux qu'ils avaient soufferts, et qu'ils combat-traient également le *royalisme* et le *terrorisme*. » Ils ne tinrent pas tous parole. Il y en eut plusieurs qui dans la suite oublièrent leurs promesses, sa-crifièrent le bien public à leur vengeance, et don-nèrent au moins de grandes espérances à la royauté. La montagne, car elle existait toujours, ne prit

---

(1) On continua de les appeler ainsi d'après leur nombre ; mais outre les 73 expulsés de la Convention et seulement dé-tenus, il y avait d'autres députés mis hors la loi, tels que Louvet, qui s'étaient sauvés en se cachant en France ou à l'étranger.

point de part à la délibération ; Bentabolle eut même le rare courage de s'y opposer. C'était un homme sans talens, mais opiniâtre ; modéré pendant la terreur, il se fit jacobin exagéré lorsque cela n'était plus de mode ; ses vociférations étaient sans influence. Le Cointre de Versailles montra aussi de l'opposition ; ce n'était pas non plus un mauvais homme, il avait du caractère ; on le regardait comme un fou et l'on n'avait pas tout-à-fait tort. Le lendemain de la rentrée des 73, on rapporta le décret qui avait placé le 31 mai au rang des fêtes nationales ; la commémoration de la proscription devait tomber avec elle. On donna des pensions et des secours aux veuves et aux enfans des girondins, la plupart dans la misère. Ce fut la seule satisfaction accordée à leur mémoire. Dans d'autres temps on leur eût érigé un monument funéraire, et décerné une statue à Vergniaud ; beaucoup d'autres en ont obtenu qui ne la méritaient pas autant que lui. Mais alors cet hommage eût passé pour un attentat réactionnaire.

Thomas Payne n'était point compris dans le décret de rappel ; je parlai pour lui en ces termes : « Il reste encore à la Convention à faire un grand acte de justice. Je réclame en faveur d'un des plus zélés défenseurs de la liberté, d'un homme qui a honoré son siècle par l'énergie avec laquelle il a défendu les droits de l'homme, qui s'est si glorieusement distingué par le rôle qu'il a joué dans la révolution d'Amérique. Je n'ai jamais entendu articuler aucun reproche contre Thomas Payne. Il avait été naturalisé Français par l'assemblée législative; il fut nommé représentant du peuple. Son expulsion de la Convention n'a été que le fruit de l'intrigue. On a prétexté un décret qui excluait les étrangers de la représentation nationale. Il n'y en avait que deux dans la Convention. L'un est mort (1). Mais Thomas Payne qui a puissamment contribué à établir la liberté chez une nation alliée de la république, existe encore; il existe dans la misère. Je demande qu'il soit rappelé dans la Convention. » Ma proposition fut adoptée sans réclamation.

L'esprit de parti a essayé d'avilir le citoyen américain et de ridiculiser le député. Il est vrai que Thomas Payne ne savait pas un mot de français, et que, par conséquent, il était incapable de remplir ses fonctions. Mais sa nomination avait été un hommage à la cause de la liberté et à un peuple qui avait donné un glorieux exemple à la France. Les opinions pouvaient être divisées sur cet étranger comme écrivain et publiciste; mais loin d'être méprisé de ses concitoyens, il jouissait parmi eux de considération et d'estime. Ils le prouvèrent en me témoignant leur reconnaissance. Cette circonstance me mit en rapport avec plusieurs d'entre eux qui étaient à Paris, et me lia d'amitié avec le ci-

---

(1) Anacharsis Clootz, Prussien des provinces du Rhin, venu à Paris à l'âge d'onze ans.

toyen Monroë, ministre auprès de la république, et depuis président des États-Unis. Lorsqu'il quitta la France je cessai d'avoir des relations avec ce citoyen estimable : mais je me flatte que si le sort m'eût jeté dans le Nouveau-Monde, le défenseur de Thomas Payne y eût trouvé une généreuse hospitalité.

Il m'écrivit la lettre suivante en anglais avec la traduction en français.

« 27 frimaire an III.

» S'il eût été en mon pouvoir de vous communiquer mes sentimens, de me dispenser des délais et des inconvéniens que nécessite la traduction d'une langue dans une autre, je vous aurais déjà témoigné la reconnaissance que m'ont inspirée la justice que vous avez spontanément rendue à la pureté de mes intentions, et la manière honorable et généreuse avec laquelle vous avez demandé mon retour dans le sein de la Convention. Mon intention est d'accepter l'invitation de l'Assemblée. Car je désire qu'il soit connu de l'univers, que, quoique j'aie été victime de l'injustice, je n'attribue point mes souffrances à ceux qui n'y ont eu aucune part, et que je suis bien éloigné d'user de représailles envers ceux mêmes qui en sont les auteurs. Mais comme il est nécessaire que je retourne en Amérique, le printemps prochain, je désire vous consulter sur la situation dans laquelle je me trouve, afin que mon acceptation de rentrer à la Convention ne puisse me priver du droit de retourner en Amérique.

» Votre sincère ami,

» THOMAS PAYNE. »

J'eus une conversation avec lui par le moyen d'un interprète. Je l'assurai que sa qualité de représentant ne pourrait point contrarier son projet, et qu'il obtiendrait un congé, s'il ne voulait pas donner sa démission. Il me raconta qu'un jour Marat, qui parlait anglais, lui avait dit, dans la salle de la Convention : « Est-ce que vous croyez à la république? Vous avez trop de lumières pour être la dupe d'une telle rêverie; » et qu'il essaya de prouver que c'était une chimère. Lorsque Marat fut décrété d'accusation par la Gironde, Thomas Payne écrivit à la société des jacobins pour lui dénoncer ce fait, et envoya copie de sa lettre au *Moniteur*. Mais elle ne fut point connue. Il soupçonnait que cette circonstance avait pu avoir de l'influence sur sa proscription. Si l'apôtre de la démagogie ne croyait pas à la possibilité d'une république en France, c'était donc un monstre vomi par l'enfer ou par je ne sais quelle puissance ennemie de notre repos et jalouse de notre prospérité.

Quelque temps après, lorsque la Convention s'occupait des lois organiques de la constitution de 1793, ou plutôt de faire une nouvelle constitution, on paraissait vouloir rattacher à la propriété l'exer-

cice des droits politiques. Thomas Payne était opposé à cette idée, et il composa un ouvrage pour la
combattre. Je ne sais s'il le fit imprimer. Il m'en
par lact m'en envoya une analyse dans la lettre
suivante.

« 18 prairial.

» Mon cher ami,

» Je vous informai, il y a quelques jours, que je
m'occupais d'un petit ouvrage destiné à l'impression et que je vous le soumettrais aussitôt qu'il serait traduit. Le traducteur m'ayant manqué de parole, je n'ai pu vous tenir la mienne et je ne
pourrai vous montrer mon ouvrage ni le faire imprimer aussitôt que je me le proposais.

» Mon but principal était de rappeler les principes
sur lesquels repose l'égalité des droits ou en droits;
car ces principes ont été si complètement oubliés,
qu'à commencer du 31 mai jusqu'à présent, tous
les partis qui ont successivement possédé l'autorité,
les ont violés de fait, et cette violation continue
encore.

» Mais lorsque dans la théorie on reconnaissait
l'égalité des droits comme un principe sacré et
indispensable, on pouvait en considérer la violation
dans la pratique, comme un accident presqu'insé-
parable d'un temps de révolution, qui cesserait aussitôt qu'une constitution fondée sur ce principe et
qui le reconnaîtrait pour inviolable, serait établie et

en pleine activité. C'est d'après ces réflexions que mon incarcération m'a toujours paru excusable.

» Mais on répand aujourd'hui que, sous le nom de lois organiques, la Convention se propose d'attaquer le principe de l'égalité des droits, et de donner une distinction de droits pour base à une nouvelle constitution. J'ai peine à le croire, et j'en serai affligé, parce que je suis convaincu non-seulement que ce serait une grande injustice, mais qu'elle produirait ou la guerre civile ou la contre-révolution ; et l'un ou l'autre de ces événemens exposerait les promoteurs du plan à devenir les victimes de leur perfidie. Je dis perfidie, parce que c'est le nom qu'on ne manquera pas de donner à cette innovation ; 1° parce que les membres de la Convention ont été élus d'après le principe de l'égalité des droits, et que la destruction du principe d'après lequel s'est faite leur élection, entraînerait indubitablement la dissolution de l'assemblée. En adoptant cette nouvelle base, la Convention cesserait d'être une autorité légale et représentative. Dès cet instant elle ne serait plus une convention nationale, une représentation de tout le peuple, mais une création ; 2° parce que la Convention n'a ni le droit ni la puissance de toucher à l'égalité des droits. Les droits ne sont point une concession d'un homme à un autre, ni des membres d'une classe aux membres d'une autre classe. Chaque individu tient son droit de lui-même ou de la nature ; et celui qui se propose de priver un individu de ses droits propose de commettre un vol ; car quelle différence peut-on établir entre dépouiller un homme de ses droits ou le dépouiller de sa propriété ?

» Mais comme je n'ai point le projet de traiter à fond ce principe dans une lettre, je me bornerai à le considérer du côté de la politique.

» Il est évident que la France vient d'opposer à la multitude de ses ennemis étrangers une masse de forces que n'avait encore jamais pu réunir la nation la plus puissante. Quelle est donc la source de cette force extraordinaire ? Je soutiens que c'est le principe de l'égalité des droits. Car les réquisitions n'ont pu être fondées que sur ce principe qui renferme en même temps l'égalité des devoirs ; et la destruction du droit entraîne évidemment la suppression du devoir.

» Les armées françaises ont rempli avec fidélité leur tâche honorable. Elles sont composées d'hommes de tous les états, depuis le plus pauvre jusqu'au plus riche, et on peut raisonnablement présumer que la plus forte partie des soldats de la république est composée de ceux qui, dans l'opinion générale, sont considérés comme dépourvus de toute espèce de propriétés, c'est-à-dire de propriétés ostensibles et distinctes de l'individu. La propriété de ceux dont je parle, consiste dans leur droit et dans la faculté de procurer à eux et à leur famille une subsistance. Or leurs droits et leurs familles sont une nature de propriété quoique différente des propriétés ostensibles et distinctes de l'individu.

» Si les nouvelles spéculations tendent aujourd'hui, comme on l'assure, à fonder les droits en proportion des propriétés ostensibles, peut-on espérer que les soldats de réquisition, qui n'ont marché à l'ennemi qu'en conséquence du principe de *l'égalité des droits*, continueront à porter les armes pour la cause d'une *distinction de droits* dont ils supporteront la privation, tandis que d'autres en recueilleront les avantages?

» Si un homme méditait profondément les moyens de désorganiser les armées, de plonger la France dans l'anarchie et la confusion, de provoquer et de justifier une guerre contre les propriétés, il lui serait impossible d'inventer une mesure plus infaillible que l'abolition du principe de l'égalité des droits, et la distinction graduelle des droits en proportion des propriétés ostensibles.

» Ne pouvant vous présenter l'ouvrage dont je vous ai parlé aussi promptement que je l'espérais, j'ai jeté rapidement, dans cette lettre, quelques idées dont je vous prie de vouloir bien faire part à vos collègues du comité chargé des lois organiques.

» Quant aux règlemens organiques de la présente constitution, je conviens qu'ils me paraissent très-fautifs. La totalité de la représentation, ne formant qu'une seule assemblée discutante et délibérante dans la même chambre, a les vices d'un individu. Elle agit avec passion, avec précipitation et par esprit de parti. Il vaudrait mieux sans doute que la représentation fût divisée au sort en deux chambres, et qu'elles se continssent et se censurassent réciproquement. Mais, dans tous les cas, la représentation ne doit avoir qu'une seule et même racine, et cette racine est l'égalité des droits. Si l'on y touche, adieu la révolution.

» Thomas Paine. »

En prenant une part plus active aux travaux généraux de la Convention, je cessai de consacrer tous mes momens au comité d'instruction publique. Pendant le temps que j'en restai encore membre, je fis plusieurs rapports. Je n'en citerai que deux. Les autres ne sont pas assez importans pour être rappelés.

La Convention avait ouvert un concours (floréal an II) pour divers monumens à ériger à Paris : sur la place des Victoires, *à la mémoire des citoyens morts le* 10 *août* 1792 ; sur les ruines de la Bastille, *une statue de la nature régénérée ;* sur le boulevard, *un arc de triomphe au* 6 *octobre* 1790 ; sur la place de la Révolution, *une statue de la liberté, et une statue du peuple français terrassant le fédéralisme ;* au Panthéon, *une colonne aux guerriers morts dans les combats et une statue à J.–J. Rousseau.* Mais on n'avait point publié de programmes de ces monumens ; on n'avait déterminé aucune récompense et l'on avait fixé un délai beaucoup trop court. Ce concours ne produisit que des compositions médiocres. Cependant les concurrens,

qui avaient une meilleure idée de leurs productions, demandaient qu'on les jugeât. La Convention,
sur mon rapport , décréta l'établissement d'un
jury. J'y annonçais un travail plus étendu dont le
comité s'occupait pour donner des encouragemens aux arts. « Cette dette, y disais-je , est depuis long-temps arriérée; on a beaucoup parlé des
arts, mais on n'a encore rien fait pour eux. La
médiocrité audacieuse et jalouse a profité des circonstances pour comprimer le talent modeste. Il
faut que la patrie, délivrée de ses modernes oppresseurs, relève le courage des artistes recom-
mandables par leurs travaux, qu'elle leur accorde
à tous la même protection, qu'elle appelle tous les
peintres à ressaisir leurs pinceaux , pour retracer ,
d'une manière digne du peuple , les époques glo-
rieuses de la révolution, et leur assure que leurs talens ne seront plus pour eux une cause de proscription ; mais un titre à la reconnaissance nationale. »

Heureusement ces concours ne produisirent rien.
La même exagération qui régnait dans les esprits,
dans les actions, dans le style et jusque dans le langage, s'était emparée des artistes. La plupart de ceux
que l'on faisait travailler, à force de tendre au gran-
diose, tombaient dans un gigantesque bizarre. La
sculpture, la peinture, l'architecture, pour ne pas être
accusées d'aristocratie, se faisaient sans–culottes ;
on outrageait les premières règles de l'art en paraissant s'attacher à la nature. D'ailleurs, tous ces
projets de monumens n'étaient que des représen-

tations abstraites , ou des trophées élevés par les factions à leurs victoires éphémères et à des époques que la politique aurait plutôt commandé de couvrir d'un voile. Que signifiait une statue de la *nature régénérée?* Qui pouvait méconnaître dans le *fédéralisme renversé* la Gironde et tant d'amis de la liberté expirant sur l'échafaud ou dans les horreurs de l'inhospitalité, sur le sol même de leur patrie? Il n'y avait dans tous ces projets d'éminemment conforme au vœu public, que ce qui pouvait consacrer la mémoire des guerriers morts pour la cause de la liberté et de l'indépendance nationale : car de tous temps en France les vertus et l'héroïsme du citoyen ont été effacés par la gloire militaire. Mais, depuis le commencement de la guerre, avant et depuis le 9 thermidor, on avait bien autre chose à faire; les vivans étaient trop occupés d'eux-mêmes pour songer aux morts. La succession rapide des événemens, le choc continuel des partis, l'instabilité dans le pouvoir, les dépenses de la guerre, ne laissaient ni le loisir de concevoir des monumens glorieux, ni les moyens d'en ériger de durables. On ne faisait que des statues de plâtre et des colonnes de bois, et il n'est rien resté, d'une époque de plusieurs années fertiles en grandes choses, que quelques médailles et des discours. Les faits cependant vivront éternellement dans l'histoire, les uns pour épouvanter la postérité, les autres pour exciter son admiration ; car c'est le propre des grands crimes et des grandes vertus.

Nos monumens nationaux ne se sont élevés que sur les ruines de la république, et c'est le despotisme qui a immortalisé par le marbre et l'airain les vertus civiques, les défenseurs de la liberté et la gloire nationale.

J'en excepte cependant quelques grands établissemens. Dans la succession de la monarchie, du clergé, des corporations et des émigrés, la république avait recueli des livres, des tableaux, des statues. La plus grande partie du mobilier des arts et des sciences était devenue propriété nationale. C'était une richesse immense, augmentée encore par des conquêtes en Belgique et en Hollande. Les différentes assemblées avaient rendu des lois pour sa conservation. On avait établi une grande quantité de dépôts provisoires. Ici quelques hommes instruits et amis éclairés des arts les avaient ordonnés avec goût et bien conservés. Là, l'ignorance avait tout accumulé sans discernement et sans précaution. Sur plusieurs points on avait brûlé des tableaux et mutilé des statues, comme des monumens de l'aristocratie et du fanatisme. On avait partout renversé et brisé les effigies des rois. C'était une destruction du moins conséquente au système républicain. Dans leur longue série combien y en avait-il de dignes des regrets du peuple? Un seul, Henri IV. La terreur avait porté à la vérité l'inquisition jusque dans les foyers du citoyen. On n'osait y rien conserver de ce qui rappelait la royauté. Mais la royauté a-t-elle été plus tolérante? N'a-t-elle pas à son tour effacé de nos monumens publics tout ce qui pouvait rappeler la république et l'empire (1)? Et si la colonne de la place Vendôme est encore debout, le devons-nous à l'amour de l'art, au respect de la gloire nationale? Sous ce rapport, comme sous beaucoup d'autres, les royalistes n'ont rien à reprocher aux républicains. Il n'a manqué aux premiers, pour surpasser peut-être les violences et les excès des autres, que le nombre et la force. Abandonnés à l'ivresse de leurs passions, les soi-disant gens comme il faut ne valent pas mieux que la prétendue canaille, et ils ont de moins pour excuse le défaut d'éducation, l'ignorance et la misère.

L'Assemblée constituante avait décrété que les bâtimens du Louvre seraient destinés à recueillir les monumens des sciences et des arts. C'était une belle idée que de leur consacrer le plus magnifique de nos palais, que nos rois avaient élevé à grands frais, et abandonné ensuite à la destruction. La Convention eut la gloire de réaliser ce projet. Par son décret du 24 juillet 1793, elle avait ordonné que le Musée national serait établi dans la galerie du Louvre et ouvert au public le 10 août. Ce délai ne suffisait pas seulement pour mettre en ordre les tableaux. Le local exigeait d'ailleurs beaucoup de

---

(1) Dans l'ivresse de la victoire du 9 thermidor, Fréron voulait faire démolir l'Hôtel-de-Ville de Paris. Granet s'écria : *Les pierres de Paris ne sont pas plus coupables que celles de Marseille.*

travaux préparatoires. Le *Musée des arts* fut cependant ouvert sous la Convention, et seulement
agrandi et perfectionné sous l'empire. Je ne me
rappellerai jamais sans quelque orgueil la part que
je pris, comme membre du comité d'instruction
publique, à l'érection d'un monument qui n'avait
point son égal dans le monde. Quoique justement
envié par les nations étrangères que la victoire en
avait rendues tributaires, il leur commandait l'admiration par sa grandeur et sa magnificence. Lorsque dans nos revers on nous a enlevé ces glorieux
trophées, des Français, pour nous consoler de cette
perte, ont essayé de prouver que des tableaux et
des statues n'étaient pas des conquêtes légitimes,
que leur réunion à Paris avait ôté au Laocoon et
à l'Apollon du Belvédère tout leur prix et tous
leurs charmes, et que jamais le Musée n'avait brillé
de plus d'éclat que depuis que ces hôtes dépaysés
étaient retournés dans leur patrie, et que nous
étions réduits à nos richesses patrimoniales. Le
peuple français n'a pas trop bien compris comment le droit de la guerre permettait de tuer, de
saccager, de conquérir des provinces, et défendait de s'approprier des objets d'art. Mais il a bien
compris dans son affliction que la fortune aveugle
reprenait ce qu'elle avait donné, sans autre droit
que ses caprices. Si les chevaux de Saint-Marc
qu'elle a promenés tant de fois en triomphe, pouvaient parler, ils nous diraient sans doute s'ils
sont la propriété légitime de Venise; sous quelle

latitude seront-ils dans dix ans? L'étranger qui nous a imposé des milliards pouvait bien faire main-basse sur le Musée : mais sans contester ce droit du plus fort, tout bon Français en parcourant ces salles désertes, l'ame oppressée d'une patriotique douleur, montrera long-temps les places qu'occupaient naguères tant de chefs-d'œuvre, conquêtes légitimes de nos victoires.

Le Jardin des Plantes n'avait été destiné dans son origine qu'à la culture des plantes médicinales. On y avait fondé ensuite des cours de médecine et de chirurgie pour le consacrer plus spécialement encore à l'art de guérir. On y avait établi aussi un cours de chimie. Ce fut le grand mouvement que Tournefort imprima à la botanique, qui fit diriger tous les efforts vers cette science : Buffon la trouva très-avancée ; mais toutes les autres sciences naturelles étaient négligées. Aidé par les immenses travaux de Daubenton, il forma le Cabinet d'histoire naturelle, et profita de l'enthousiasme qu'inspirait son génie égal à la majesté de la nature (1), pour faire naître le goût et répandre l'étude de cette science. Le Jardin des Plantes avait reçu de grandes améliorations, cependant il était encore incomplet, sans règlemens fixes et sans lois. Les objets réunis dans le Cabinet n'étaient point la matière d'un cours spécial, et

______

(1) *Majestati naturæ par ingenium.*

plusieurs branches importantes n'avaient point de professeurs.

La Convention voulut en faire un *Musée d'histoire naturelle*. Par divers décrets elle avait donné des professeurs à la culture, à l'anatomie comparée, aux arts chimiques, à la minéralogie, à la géologie, à l'iconographie ; elle y avait fondé une bibliothèque. Elle y avait ordonné la réunion d'une grande quantité de plantes, d'arbres et d'arbustes destinés aux jardins de botanique des départemens. On devait y rassembler, dans le règne animal, la nature vivante à côté de la nature morte, et au lieu de renfermer les animaux comme dans la plupart des ménageries, leur donner un espace nécessaire pour développer aux yeux du public leurs instincts et leurs mœurs. Enfin on avait le projet d'y réunir l'école vétérinaire d'Alfort.

Toutes ces circonstances exigeaient une augmentation de terrain et des constructions nouvelles. L'architecte Molinos avait été chargé d'en faire le plan. Il était vaste et magnifique ; et, s'il eût été exécuté, jamais la main de l'homme n'eût élevé dans nos villes un plus beau temple à la nature. Le comité d'instruction publique fut effrayé de la dépense. Il ajourna les constructions des bâtimens et doubla l'étendue du Musée d'histoire naturelle, en votant l'acquisition des terrains environnans. La Convention adopta, le 21 frimaire an III, sur mon rapport, ce projet ainsi réduit, et diverses dispositions réglementaires qui avaient pour but d'améliorer l'administration et le sort des professeurs alors si misérables, que Daubenton, octogénaire, n'avait que 2,800 francs de traitement en assignats.

Chargé, dès le principe, de ce travail, je l'embrassai avec chaleur, et je le suivis dans tous ses détails. Il me mit en relation avec tous les savans estimables attachés au Musée d'histoire naturelle. Ils me regardaient comme son patron; et mon nom a servi long-temps de recommandation aux étrangers et aux Français qui venaient voir ce bel établissement.

CHAPITRE XI.

CHANGEMENS PRODUITS PAR LE 9 THERMIDOR. — PAIX EXTÉRIEURE. — RENAISSANCE DES SOCIÉTÉS. — MESDAMES TALLIEN, RÉCAMIER, DE STAEL, M. ET MME DEVAINES; LEHOC.

LES premiers jours qui suivirent le 9 thermidor, tous les cœurs s'ouvrirent aux plus douces espérances. C'était un spectacle touchant que cet empressement des citoyens à se rechercher, à se raconter leur bonne ou mauvaise fortune pendant la terreur, à se féliciter, à se consoler. Les oppresseurs n'avaient plus l'air farouche et menaçant; leurs traits n'exprimaient que le dépit et la honte.

Quelques-uns même, par lâcheté ou de bonne foi, partageaient l'allégresse commune. La sérénité et la joie avaient remplacé, chez les victimes, la contrainte et la désolation. On semblait sortir du tombeau et renaître à la vie. Tous les liens sociaux brisés, tous les rapports politiques interrompus se rétablirent. La France cessa d'être pour elle-même et pour l'étranger un objet d'épouvante ; rayée, pour ainsi dire, de l'état des nations civilisées, elle y reprit son rang.

Le premier traité de paix fut conclu avec le grand-duc de Toscane.

Le comité de salut public proposa (22 pluviose an III) à la Convention de le ratifier séance tenante. J'en demandai l'impression, afin qu'on eût le temps de l'examiner. On insista. C'était vouloir nous réduire à une ratification aveugle et de confiance. « Ce n'est point, dis-je, avec le comité de salut public que les puissances font la paix, c'est avec la Convention. Elle ne peut pas renoncer au plus beau de ses droits. » On décréta donc l'impression du rapport. Le traité fut ensuite ratifié. Plus tard, le ministre plénipotentiaire Carletti fut reçu dans la Convention (le 28 ventose) ; il était venu auparavant me rendre visite, comme président. Il prononça un discours. Je lui répondis :

« Forcé de courir aux armes pour défendre sa liberté attaquée par une grande coalition, le peuple français a porté chez tous ses ennemis l'étendard de la victoire. Son indépendance était la seule conquête à laquelle il aspirait. Être libre, telle est sa volonté ; respecter le gouvernement de ses voisins, tels sont ses principes. La justice de sa cause, sa puissance et son courage, voilà ses garanties éternelles. Il n'est point enivré de ses succès, mais il n'en laissera point perdre le fruit. Ils ne seront point stériles pour l'humanité. Il les estime d'autant plus qu'ils sont les précurseurs et les garans de la paix de l'Europe et du bonheur de tous les peuples.

» Le sang qui a coulé ne ternira jamais les lauriers des soldats de la république. Il retombera tout entier sur ces cabinets ambitieux où quelques hommes perfides méditent froidement la ruine d'une nation généreuse pour asservir toutes les autres.

» Heureux les peuples dont les gouvernemens, avares du sang des hommes, ont été assez sages pour ne pas entrer dans une ligue formée par l'ambition et l'orgueil ! Il en est que leur position et une impulsion presque générale, à laquelle ils ne pouvaient résister, ont forcé de rompre une neutralité conforme à leur volonté et à leurs véritables intérêts. Tel est le gouvernement de la Toscane. Mais ses vœux ont toujours été pour le rétablissement de cette neutralité. Il n'a jamais persécuté les Français établis sur son territoire ; il a repoussé les contrefacteurs de notre papier-monnaie, si scandaleusement protégés ailleurs. Aussi lorsqu'il a manifesté d'une manière ostensible, à la république triomphante, le désir de vivre avec elle en paix, amitié et bonne intelligence, la Convention, fidèle aux grands principes qu'elle avait proclamés, a-t-elle consenti un traité conforme aux intérêts des deux nations.

« Puisse cette initiative d'une paix générale réaliser bientôt, pour le genre humain, cette vérité écrite par la nature, et que l'ambition avait reléguée dans les ouvrages des philosophes, que les hommes et les peuples ne sont point faits pour se déchirer entre eux, mais pour s'aimer et travailler ensemble, par un échange de services, à se rendre heureux. Il appartient au peuple français d'exprimer ce vœu au milieu de ses victoires. Ses bras resteront armés pour la guerre ; ils seront toujours ouverts à ceux qui lui présenteront l'olivier de la paix.

« La Convention nationale voit avec intérêt dans son sein un homme connu par sa philosophie et ses principes d'humanité, et qui a rendu d'importans services à des Français malheureux. Le choix que le gouvernement toscan a fait pour le représenter auprès de la république française, et pour cimenter l'union entre les deux peuples, est un sûr garant qu'elle ne sera jamais troublée. »

Je donnai l'accolade au ministre toscan, et je le proclamai en cette qualité au milieu des applaudissemens.

Comme on le voit par cet exemple, les formes de notre diplomatie n'étaient pas alors très-compliquées, et notre étiquette était fort simple. Le président de la Convention n'avait ni palais, ni faste, ni licteurs. Le ministre plénipotentiaire d'un prince vint en carrosse me visiter dans l'appartement très-bourgeois où je logeais. Les ambassadeurs des rois de Prusse et d'Espagne, qui firent ensuite leur paix avec la Convention, ne furent pas traités avec plus de cérémonies. Des hommes superficiels et légers, que la vie des cours avait corrompus, essayaient de tourner en ridicule cette simplicité; les cabinets étrangers étaient loin d'en plaisanter; et leurs envoyés, en entrant dans cette assemblée où l'on n'était ébloui ni par l'or ni par la pourpre, mais dont les armées triomphaient de l'Europe, et dont les principes effrayaient toujours les trônes, se sentaient saisis d'un respect bien différent de celui que leur inspirait l'éclat du diadême et la majesté royale. C'est alors qu'on était fier d'être Français, et que cet orgueil était légitime. Alors notre gloire était encore dans toute sa pureté. Nous avions pris les armes pour la plus noble de toutes les causes, la liberté; pour le plus saint de tous les droits, l'indépendance. Nos victoires n'avaient point opprimé les peuples, et leur consentement avait consacré nos conquêtes.

Les individus et les familles que la terreur avait isolés recommencèrent à se réunir; les sociétés se réformèrent. On donna des dîners, des bals, des concerts. La richesse n'étant plus un crime, le luxe reparut peu à peu, non plus avec sa profusion mo-

narchique , mais assez pour procurer les commodités et les jouissances de la vie. Au lieu de pompe
et de splendeur , il y eut de la propreté et de l'élégance.

Il n'y avait point de ces représentations obligées,
attachées aux rangs, aux places, aux dignités, ni
par conséquent de ces salons ouverts à tout venant,
où se disputent d'ennui celui qui reçoit et ceux qui
sont reçus. La richesse n'était point unie au pouvoir. Les représentans du peuple, premiers fonctionnaires de la république, n'avaient qu'un médiocre traitement en assignats; et les employés de
l'Etat les mieux payés avaient à peine de quoi
subsister, à cause de la dépréciation du papier-
monnaie.

La représentation était donc alors un goût et
non un devoir. Elle appartenait à ceux qui avaient
les moyens d'en faire les frais, comme les ban-
quiers, fournisseurs et gens d'affaires. Des familles
nobles, qui n'avaient point émigré, avaient aussi
leurs salons ouverts à côté de ceux de ces personnages nouveaux. Ici c'était le goût de la dépense, là le
besoin de la société, si impérieux en France et surtout à Paris. L'un cherchait à se faire des protecteurs pour ses entreprises, l'autre pour recouvrer
sa fortune séquestrée, ou pour obtenir la radiation
de ses parens ou de ses amis émigrés. Tous étaient
ambitieux de cette importance que donnent dans
le monde des relations avec les personnages puissans ou distingués par leurs talens. L'égalité la

plus parfaite régnait dans ces réunions. La révolution ayant abaissé les nobles et relevé la bourgeoisie, on se trouvait rapproché sur une ligne moyenne où personne n'humiliait ni n'était humilié, et où le raffinement monarchique et l'âpreté républicaine se tempéraient mutuellement. On a beaucoup déclamé contre le faste des nouveaux riches et plaisanté sur leur air gauche et emprunté, et sur le mauvais ton qui régnait dans les salons de la république. Cela pouvait paraître ainsi aux gens de l'ancien régime ou à l'esprit de parti qui dénature ou exagère tout. Le nom de *citoyen* valait bien celui de *monsieur*, et en dépit des critiques, nos ci-devant marquises ou comtesses ne trouvaient pas que nos officiers révolutionnaires eussent trop mauvaise façon, et ne dédaignaient pas, pour leur plaire, de se faire citoyennes.

Paris reprit l'empire de la mode et du goût : deux femmes célèbres par leur beauté, madame Tallien, et un peu plus tard madame Récamier, y donnèrent le ton. C'est à cette époque que se compléta, dans les usages de la vie privée, cette révolution qui avait commencé dès 1789. L'antique, introduit déjà dans les arts par l'école de David, remplaça dans les habits des femmes, dans la coiffure des deux sexes et jusque dans les ameublemens, le gothique, le féodal et ces formes mixtes et bizarres inventées par l'esclavage des cours. Si la commodité fut quelquefois dans les meubles sacrifiée à la pureté du dessin et au coup-d'œil,

l'un et l'autre se trouvèrent réunis dans le costume
des femmes. Ce qu'il y avait dans cet héritage des
Grecs et des Romains d'inconvenant pour nos
mœurs et pour notre climat, a disparu depuis, et
il n'est resté de cette imitation, trop servile dans
le principe, que ce qui était bon et raisonnable, et
l'Europe s'en est accommodée comme la France.

Madame Récamier dut ses succès à ses charmes
personnels. C'était la beauté, la grâce et la simplicité d'une vierge de Raphaël.

Madame Tallien, non moins belle, réunissait l'aimable vivacité française à la volupté espagnole. Fille
de M. Cabarrus, banquier de Madrid, épouse d'un
gentilhomme français, M. de Fontenay, arrêtée dans
le temps de la terreur, elle dut son salut à Tallien,
et le paya du don de sa main. Elle se trouva par
cette union associée à la révolution et jetée dans la
politique. Elle y joua le seul rôle qui convînt à
son sexe et prit le département des grâces. On l'appelait *Notre-Dame de thermidor*, car elle rendait
service aux malheureux de tous les partis. Cela
n'empêcha pas les royalistes, par une injure gra-
tuite et une ingratitude atroce, de la nommer
Notre-Dame de septembre, faisant allusion aux massacres des 2 et 3 septembre 1792, pendant lesquels
Tallien était secrétaire de la commune de Paris.
Madame Tallien était recherchée et courtisée à la fois
pour elle – même et pour l'influence de son mari
dans les affaires. Elle était l'ornement de toutes les
fêtes et l'âme de tous les plaisirs; elle régnait sans

avoir les embarras du trône; son empire sécha bien
des larmes et n'en coûta, que je sache, à personne.
J'en parle bien impartialement, car je ne l'ai jamais
vue que dans le monde, et je ne crois pas lui avoir
parlé une seule fois. Je n'estimais pas son mari,
je l'attaquai même ouvertement le 1ᵉʳ brumaire
an IV. Je l'avouerai, quel que soit le jugement que
l'on doive en porter, j'étais alors si scrupuleux sur
le maintien de l'égalité, que tout ce qui acquérait
de l'élévation politique me portait ombrage. L'in-
flexibilité de mon caractère ne me permettait pas
de rendre des hommages à la femme d'un homme
public auquel les événemens avaient donné une
grande importance, dont les principes m'étaient
suspects et dont je redoutais l'ambition. Cependant
des hommes très-sévères sous plus d'un rapport
me donnaient d'autres exemples. La veille de l'an-
niversaire du 9 thermidor, Lanjuinais, avec lequel
je me trouvais, me quitta pour aller chez Madame
Tallien à qui l'on donnait ce jour là une fête.

Une femme célèbre à d'autres titres, Madame de
Staël était aussi à Paris dans ce temps-là. La Suède
avait reconnu la république et envoyé M. de Staël
comme ambassadeur. C'était un bon homme, peu fait
pour la politique, plus Français que Suédois, et
plus occupé de conserver sa place que de tout autre
chose. Originaire de Genève, la famille de Madame
de Staël était devenue française. M. Necker, son
père, financier, homme de lettres, homme d'État,
avait fait une belle fortune, et joué un grand rôle en

France, et surtout au commencement de la révolution. Madame Necker, bel esprit et auteur, avait dignement soutenu par ses qualités personnelles le rang où l'avaient placée dans le monde les emplois de son mari. Madame de Staël née avec d'heureuses dispositions, s'était donc trouvée dans la situation la plus favorable à leur développement. Dans des temps ordinaires, avec la force de son esprit et la vivacité de son imagination, elle eût toujours obtenu du succès dans les lettres, mais la révolution lui ouvrit encore une autre carrière; elle devint un personnage politique et littéraire. Elle tenait à l'aristocratie par son éducation et par ses rapports de société, et à la liberté par ses sentimens et sa raison. Cette circonstance explique les contradictions qu'a plus d'une fois présentées sa vie. Elle avait connu tous les personnages célebres ou fameux de la cour et des assemblées nationales; elle fut témoin de la plupart des événemens. Elle avait partagé la bonne et la mauvaise fortune de son père, elle s'était enivrée de ses triomphes et l'avait accompagné dans ses revers. Son admiration pour l'homme d'Etat, exaltée par la piété filiale, était un véritable culte; pour elle les principes de son père étaient des oracles, ses plans le comble de la sagesse, ses vertus le beau idéal, ses talens du génie.

En France, on ne partageait pas cet enthousiasme. Les royalistes accusaient M. Necker d'avoir été le principal auteur de la révolution et d'avoir perdu le roi et la monarchie. Les républicains lui reprochaient d'avoir voulu arrêter le mouvement qu'il avait lui-même donné vers la liberté; son orgueil avait indisposé tous les partis, et un homme auquel on ne pouvait refuser de la probité, des idées libérales, de bonnes intentions et des lumières, avait trouvé le secret de n'être dans sa retraite regretté de personne, et d'être pour ainsi dire oublié. Les temps de son dernier ministère avaient été si difficiles que l'homme le plus fort en eût probablement été dominé; mais le tort ou le malheur de M. Necker fut de servir de bonne foi une cour qui trompait tout le monde, de subordonner sa conduite politique à son attachement sincère pour des princes qui le détestaient, et de vouloir soutenir un édifice qu'il avait ébranlé et qui s'écroulait de toutes parts.

Madame de Staël, quoique de l'école de M. Necker, n'avait pas la même candeur. Femme, sans devoirs ni responsabilité politiques, elle savait se plier aux circonstances. Elle était franchement républicaine, sans renier son père et sans abandonner ses amis royalistes. Son salon était ouvert à tous les partis. On le lui pardonnait en faveur de son sexe, de son esprit, de son talent, de ses principes. On avait vu à Paris des femmes réunir chez elles l'élite des hommes aimables, des littérateurs et des savans; mais, depuis la Fronde, aucune n'avait eu peut-être une influence politique aussi marquée.

M. Devaines, élève de Turgot et ancien receveur-général des finances, réunissait une société d'hommes peu nombreuse, mais d'autant plus agréable. Loin d'avoir les ridicules et les travers que l'on prêtait aux financiers de l'ancien régime, il avait des manières simples et polies, un caractère doux et aimable, de la bonhomie et de la finesse, un esprit orné et un goût délicat. Il avait vécu dans la haute société avant la révolution, il en connaissait les personnages et les anecdotes ; il donnait de l'intérêt à des bagatelles, par la grâce avec laquelle il les racontait, et apportait dans les choses sérieuses la gravité qui leur convient. C'était en tout un vieillard d'un excellent commerce et d'un fort bon conseil.

Madame Devaines était en beaucoup de points tout l'opposé de son mari. Elle avait une imagination ardente, une élocution vive ; elle aimait la discussion, la provoquait et l'animait par la chaleur avec laquelle elle soutenait une opinion. Sans posséder cette profondeur de connaissances que peuvent seules donner une éducation spéciale et une étude suivie, elle avait sur la plupart des matières de ces notions générales, qu'avec de l'esprit naturel on acquiert dans le commerce des hommes instruits, et qui suffisent pour jouer un rôle dans la conversation : elle effleurait ce qu'elle connaissait peu, elle s'abstenait de ce qu'elle ignorait ; la contradiction l'excitait sans la fâcher, et comme la discussion, malgré sa vivacité, ne dégénérait jamais en dispute, on ne s'en quittait pas moins bons amis, même en gardant chacun son opinion. Elle exécrait la révolution, mais elle s'y était résignée, et son salon était rempli de constituans et de conventionnels. Comme toutes les personnes passionnées, elle avait des antipathies, elle y était aussi constante que dans ses attachemens. Mais elle était incapable de nuire aux gens qu'elle n'aimait pas, et capable d'un rare dévouement pour ses amis, surtout dans leurs malheurs. Toute son ambition se bornait à pouvoir alors les servir. C'était le seul profit qu'elle voulût retirer de l'influence que pouvaient lui donner ses relations politiques. Ses nouvelles connaissances ne lui faisaient point négliger ses anciennes. Elle savait parfaitement concilier des amis de plus de vingt ans, tels que Suard et l'abbé Morellet, avec des amis de quelques jours, tels que Boissy-d'Anglas, Siméon et moi. Il y avait dans cette maison de vieux serviteurs, ce qui est toujours une bonne enseigne pour le caractère des maîtres. L'amitié de M. Devaines pour moi ne s'est éteinte qu'avec lui.

Je me liai non moins étroitement avec M. Lehoc. Il avait été premier commis de la marine et employé dans la diplomatie ; avec une figure et des manières nobles, de l'instruction, de l'esprit, du goût pour les arts et les lettres, il était propre aux affaires comme à la société. Son ame était fière et généreuse. Quoique d'un âge mûr, il avait la sensibilité et l'enthousiasme d'un jeune homme. Les fortes émotions le faisaient pleurer comme un enfant. Il aimait passionnément la liberté et en détestait les excès. L'injustice l'irritait au point de lui faire exécrer l'espèce humaine et de le rendre injuste lui-même. Il avait peu de bien et faisait de la dépense. Ses défauts provenaient de ses besoins. Il ne lui manquait pour conserver son caractère qu'une fortune indépendante. Il ne l'eut jamais; dans un temps où l'on parvenait avec moins de qualités et d'amis puissans qu'il n'en avait, il ne fut pas bien traité par le sort, et sa vieillesse ne fut pas heureuse.

Nous passions la plupart de nos soirées chez lui. Le général Menou, l'amiral Truguet, le baron de Staël, Signeul, consul général de Suède, Maret, Bourgoing, le général Faucher, formaient le fond habituel de la société. Il y venait aussi des personnages diplomatiques, quelques députés et des hommes de l'ancien régime, Talleyrand, quand il fut de retour des États-Unis, son ami Sainte-Foix, et autres individus de cette clique, gens du bon ton et de la meilleure compagnie, qui exploitaient la révolution à leur profit.

Ce fut après le 9 thermidor que je fis réellement mon entrée dans ce qu'on nomme à Paris la société. C'était, comme dans toutes les grandes capitales, un rassemblement fortuit, un mouvement journalier et une mutation rapide d'individus de tout état, de tout rang, de tout pays, à la différence de la société de province qui ne consiste qu'en réunions de familles ou en coteries. Je fus

recherché comme tous les membres de la Convention qui s'y étaient fait un nom. Accepter une
invitation, c'était s'en attirer dix autres. Une fois
lancé dans ce tourbillon de dîners et de soirées,
on ne savait à qui répondre, on ne pouvait y suffire. Je cédai à ces prévenances. Les salons *dorés*,
on appelait ainsi ceux de l'ancienne noblesse,
exerçaient une influence immense. Ce n'était pas
pour leur mérite personnel, ni pour le plaisir
qu'ils procuraient, qu'on y attirait les révolutionnaires; on ne les caressait, on ne les fêtait que
pour en obtenir des services ou pour corrompre
leurs opinions. En face on les accablait de toutes
sortes de séductions, et par derrière on se moquait
d'eux. C'était dans l'ordre. Mais il y en avait beaucoup qui ne le voyaient pas : ils croyaient augmenter d'importance et de considération en fré-
quentant des gens de l'ancien régime, et se laissaient prendre à ces trompeuses amorces. Devant
eux on hasardait d'abord quelques plaisanteries
sur la révolution. Comment s'en fâcher? C'était
une jolie femme qui se les permettait. Leur républicanisme ne tenait pas contre la crainte de dé-
plaire ou de paraître ridicule. Après les avoir ap-
privoisés au persifflage, on les façonnait insensiblement au mépris des institutions. Ils justifiaient
le proverbe : *Dis-moi qui tu hantes, je te dirai qui
tu es.* En effet, il est impossible, de quelque fermeté de caractère qu'on soit pourvu, de n'être pas
influencé par la société que l'on fréquente. On

cède d'abord par politesse, une fausse honte empêche ensuite qu'on ne revienne sur ses pas, et l'on
finit par épouser, pour ainsi dire, malgré soi les
opinions des autres. C'est ainsi que le parti républicain éprouva beaucoup de défections, que les uns
firent des concessions, et que d'autres se vendirent
entièrement au royalisme. Je n'oserais pas me
vanter de n'avoir pas été quelquefois, sans m'en
apercevoir, atteint de cette contagion, mais elle ne
m'enleva jamais mon indépendance; et, dans les
circonstances graves, je retrouvais toujours la vigueur nécessaire pour attaquer et combattre nos ennemis. Il est vrai que, sans être un sauvage farouche,
je ne pouvais me faire à l'éclat, au bruit et à l'agitation du grand monde, me soumettre à la contrainte et aux égards qu'il impose, ni me plier à
la fausseté qu'il exige. J'étais mal à l'aise avec les
gens que je n'estimais pas, ou dont le ton et les
principes contrastaient trop ouvertement avec les
miens. Je passais rapidement entre eux. Je ne
formai de liaison et je ne contractai d'habitudes
que dans un cercle limité de personnes vers lesquelles je me sentais attiré par une conformité
d'opinions, et dans le commerce desquelles je pouvais goûter les douceurs de la liberté, de la confiance et de l'estime réciproques.

CHAPITRE XII.

PROCÈS FAIT AUX TERRORISTES CARRIER ; BARRÈRE, BILLAUD-VARENNES ET COLLOT-D'HERBOIS. — JOURNÉE DU 12 GERMINAL.

Lorsque le pouvoir eut changé de mains et que l'influence des thermidoriens fut augmentée par le rappel des 73, on commença sérieusement à faire le procès aux chefs des terroristes; ils disaient qu'en révolution il ne fallait jamais regarder en arrière ; mais la nation y regardait. Des adresses arrivaient de toutes parts, les sections de Paris venaient chaque jour à la barre pour demander leur punition. Des membres de la Convention joignaient leur voix à celle des pétitionnaires. Les députés menacés, leurs adhérens et les jacobins, convaincus qu'ils étaient perdus s'ils se bornaient à se justifier ou à se défendre, réunissaient toutes leurs forces pour conjurer l'orage et prévenir leurs accusateurs. Ils opposaient des adresses, où, n'osant pas prendre ouvertement leur parti, on se plaignait de la persécution exercée contre les patriotes, de l'audace des royalistes, et l'on réclamait vivement la mise en activité de la constitution de 1793.

La position de la Convention était extrémement

difficile. Si elle refusait de poursuivre les terroristes, elle semblait s'associer à leurs crimes et se
perdait dans l'opinion publique qui les avait en
horreur. Si elle leur faisait leur procès, elle devait
s'attendre à ce que les accusés lui répondissent
qu'ils n'avaient agi qu'en vertu des ordres du comité de salut public, qu'ils lui avaient rendu compte
de toutes leurs opérations, qu'elle les avait ap-
prouvées formellement ou par son silence. Alors la
Convention se trouvait à son tour comme accusée ;
les royalistes, par haine, et une foule d'ambitieux
par jalousie, s'emparaient de cette accusation. Qu'a-
vait-elle à répondre ? Qu'elle avait été opprimée ?
C'était la vérité. Mais il était naturel de lui répli-
quer : Ce qui est arrivé une fois peut arriver encore. Pour réparer l'outrage fait, le 31 mai, à l'inviolabilité des représentans, on allait lui porter
une nouvelle atteinte, et il était impossible qu'une
assemblée, qui se mutilait ainsi elle-même, ne per-
dît pas beaucoup de sa considération : d'ailleurs,
les poursuites une fois commencées, où s'arrête-
rait-on ? Comment faire une distinction entre les
terroristes ? Comment condamner les uns et ab-
soudre les autres ?

On ne fit point d'abord toutes ces réflexions.
Entraînée par le besoin de se laver aux yeux de la
France des excès de la terreur, la Convention
adopta le parti qui satisfaisait à la fois la justice
éternelle et les passions des ennemis de la révolution, mais que lui imposait la nécessité.

Dès le 8 fructidor, Le Cointre de Versailles attaqua vigoureusement Barrère, Collot - d'Herbois, Billaud - Varennes, Vadier, Amar, Vouland et David. Sa dénonciation fut déclarée calomnieuse. Legendre la reproduisit un mois après, mais seulement contre les trois premiers ; elle fut prise en considération et renvoyée à une commission. C'étaient les mêmes faits, mais le temps avait marché , et l'opinion publique s'était fortement prononcée.

Carrier , qui s'était acquis à Nantes une si effroyable célébrité , et qui, depuis le 9 thermidor, loin de s'ensevelir dans la plus profonde obscurité , avait déclaré une guerre à mort aux thermidoriens, fut attaqué non moins vivement et décrété d'accusation (4 frimaire) : « Tout est coupable ici, dit-il en se justifiant, tout jusqu'à la sonnette du président. » Personne n'osa le défendre, excepté Bourbotte qui le fit même faiblement. Les terroristes eux-mêmes crurent prudent de le sacrifier pour apaiser la justice. La presque unanimité le dévoua à la mort. Il monta avec courage à l'échafaud (26 frimaire), protestant de son innocence.

Le parti était entamé , on voulut le frapper au cœur et l'on continuait les poursuites contre les trois membres du comité de salut public. Mais c'était un combat plus rude et une victoire plus difficile à remporter. L'instruction marchait lentement au gré de ceux qui la poussaient, et trop vite

encore pour les prévenus et leurs nombreux partisans. En gagnant du temps ils croyaient tout gagner. On décréta d'abord qu'il y avait lieu d'examiner la conduite des prévenus (25 frimaire). Ils
furent ensuite décrétés d'accusation (12 ventose.)

Cependant les accusés et leur parti, croyant
leur perte inévitable, ne virent de salut pour eux
que dans un complot contre la Convention. Les
thermidoriens allaient se trouver sur la défensive.
De part et d'autre on se préparait au combat. J'é-
tais alors président de la Convention. Des adresses
et pétitions spontanées ou provoquées arrivaient
chaque jour à la barre. C'était des boulets qu'on se
tirait de loin, en attendant qu'on fût à portée et
qu'on en vînt aux mains. Le rappel des députés
victimes du 31 mai, qui venait d'avoir lieu précisément pendant ce procès, fournissait aux sections
de Paris un prétexte pour flétrir cette journée et
demander la punition des chefs de la terreur. Il
n'était pas douteux que le royalisme ne cherchât
à profiter des conjonctures pour faire le procès à
la république. Tous les hommes de la révolution
étaient flétris comme terroristes par les hommes
de la contre-révolution. Ils se faisaient orateurs
des sections, et leurs troupes légères se composaient de bandes de jeunes gens, se disant du bon
ton, qui se distinguaient par des cadenettes pou-
drées, des cravattes vertes et des collets noirs à
leurs habits.

Dans mes réponses aux pétitionnaires, je cherchais à tenir un juste milieu entre les deux écueils sur le penchant desquels nous étions placés, et à écarter tout ce qui pouvait préjuger la décision de la Convention sur les accusés. Mais cela n'était pas facile. Les jacobins m'honoraient de leur haine et ne me le cachaient pas. On votait à haute voix pour le choix du président, et lors de l'appel nominal par le résultat duquel j'avais été nommé, un de leurs coryphées s'était écrié : « Pourquoi ne nomme-t-on pas Charette (1)? » On faisait donc tout ce que l'on pouvait pour me jeter hors des bornes et me faire verser tout-à-fait du côté de la réaction. Mes réponses aux adresses prouveront mieux que tout ce que je pourrais dire, jusqu'à quel point je parvins à tenir une juste balance entre les extrêmes, et si je fis parler à la Convention un langage convenable à la fois à sa politique et à sa dignité (2).

----

(1) Général vendéen.

(2) A une députation de la ville de Lyon, qui dénonçait Collot d'Herbois, un des accusés : « Une funeste expérience nous a prouvé que vingt-cinq millions d'hommes pouvaient être opprimés au nom de la liberté par quelques scélérats ambitieux. Mais la même génération ne retombe pas deux fois sous le joug affreux de la terreur, et l'attitude imposante de tous les citoyens rassure les amis de la liberté contre les tentatives criminelles des sectateurs du système de destruction. Le peuple n'est point, comme les tyrans, avide de vengeance; il l'est seulement de la justice. Il remet aux lois le soin de punir ses oppresseurs. Les droits de la justice sont impérissables; elle atteindra tôt ou tard les coupables. Les modernes

Mais des députations des sections du Finistère et de l'Oratoire, lancées par les terroristes, tenaient un autre langage (27 ventose).

« Le pain nous manque, s'écria leur orateur;

despotes de la France voulaient, disaient-ils, venger la Providence; pour nous, nous consolerons l'humanité des maux qu'ils lui ont faits. Habitans de Lyon, d'une cité qui fut si long-temps le théâtre des plus cruels fléaux et des plus grands malheurs, reposez-vous sur les principes connus de la Convention nationale. »

A une députation de la section du Théâtre-Français, dont l'orateur Fiévée, quoique connu antécédemment par des écrits révolutionnaires, passait pour être royaliste :

« Dans un gouvernement représentatif la liberté du peuple est fondée sur la liberté de ses représentans, et l'indivisibilité de la république sur l'indivisibilité de la représentation. C'est la violation de ces principes qui a confondu toutes les notions de la politique, et dénaturé toutes les idées. C'est elle qui a créé toutes les craintes, qui a substitué la faiblesse au courage, l'esprit de domination au sentiment de l'égalité; c'est elle qui a érigé le crime en vertu, qui a mis l'arme horrible de l'échafaud dans la main des factions, ensanglanté la justice, couvert la France d'un crêpe funèbre, et conduit la patrie sur les bords de l'abîme. Les malheurs publics doivent être une grande leçon pour les peuples comme pour les législateurs. Que l'expérience du passé nous guide pour l'avenir, et que le sang des victimes ne soit pas au moins perdu pour la liberté !

» La représentation nationale existe maintenant dans toute sa plénitude. Long-temps mutilée, elle a recouvré tous ses membres. Cette circonstance lui rendra toute son énergie pour combattre les ennemis de la république et pour établir sur des bases solides la gloire et la prospérité nationales. »

nous sommes à la veille de regretter tous les sacrifices que nous avons faits pour la révolution. Ne
laissez pas flotter au milieu de nous l'étendard de la
famine. Déployez tous les moyens que le peuple a
mis entre vos mains et donnez-nous du pain. Huit
cents de nos camarades attendent notre réponse.
Quand vous aurez satisfait à notre demande, nous
crierons *vive la république !* »

Des murmures d'improbation éclatèrent dans
l'assemblée. Les pétitionnaires répliquèrent par les
cris : *Du pain ! du pain !*

Après leur avoir répondu (1), au lieu d'inviter les

---

(1) « La Convention nationale s'est toujours occupée avec la
plus pressante sollicitude des subsistances de Paris. La France
entière fait des sacrifices sans nombre pour l'approvisionnement
de cette commune. Il n'y a point de département où le pain
ne soit plus rare, ne soit plus cher, et cependant les citoyens
ne murmurent pas ; ils se soumettent aux privations pour assurer vos besoins. La Convention a senti qu'il fallait donner
une ration plus forte à l'homme utile, à l'homme laborieux ;
c'est une des dispositions de la loi qu'elle a rendue : elle en
maintiendra l'exécution et la fera respecter.

» Les ombres des tyrans planent encore dans cette enceinte ;
la malveillance s'agite en tout sens pour produire des soulè-
vemens ; ils n'auraient d'autre résultat que d'augmenter la
disette, et de détruire, en interrompant les moyens d'approvisionnement, les mesures prises par la Convention pour assurer à chacun la portion de subsistances qu'elle a promise.
Mais elle compte sur le zèle des bons citoyens pour déjouer
toutes les intrigues ; et, quoi qu'il arrive, son énergie et son
courage seront toujours supérieurs aux événemens. Éclairée
par l'expérience, forte de la puissance du peuple entier, elle

pétitionnaires aux honneurs de la séance, suivant l'usage, même quand les pétitions déplaisaient, je leur dis : « La Convention fera examiner vos réclamations ; elle est à son poste, *retournez à vos travaux.* »

Les pétitionnaires sortirent furieux, échauffèrent leurs huit cents camarades qui essayèrent de forcer les portes de la salle. Mais on leur résista, ils furent dispersés et se retirèrent.

Les terroristes ne se rebutèrent point. Le scandale recommença le 1er germinal. Une députation de la section des Quinze-Vingts et de Montreuil (faubourg Saint-Antoine) vint dénoncer l'agiotage, la pénurie des subsistances, l'agitation, l'effervescence des esprits, et demanda que, pour y remédier, on mît en activité la *constitution de* 1793.

C'était le mot d'ordre des terroristes ; je répondis aux pétitionnaires que la Convention ne composerait point avec ses devoirs et qu'elle les remplirait avec courage, malgré les murmures et les dangers (1).

---

périra plutôt que de rétrograder par la crainte, et elle ne cessera de marcher d'un pas assuré vers le but de ses travaux : la réparation des maux que les derniers tyrans ont faits à la patrie, et la répartition égale de l'aisance et du bonheur entre les communes de la république.

» Non, les sacrifices que le peuple a faits pour conquérir la liberté ne seront point perdus ; la famine ne dévorera point la France, lorsque tous les citoyens secondent les efforts de leurs représentans. Le désespoir n'appartient qu'aux lâches et aux esclaves. »

(1) « La Convention nationale fut trop long-temps opprimée par des espèces de corporations qui semblaient n'avoir

Le coup paraissait manqué pour le moment. Les trois accusés furent amenés dans la Convention et commencèrent leur défense (3 germinal). C'étaient

---

renversé les priviléges de la monarchie que pour se mettre à leur place. Les représentans du peuple, qui avaient le sentiment de leur dignité et de l'indépendance de leurs fonctions, étaient traités comme des conspirateurs. Alors on appelait *insurrection du peuple* l'agitation d'une poignée d'hommes égarés ou payés. C'est avec ces maximes absurdes qu'on était parvenu à dénaturer toutes les idées, à confondre tous les élémens de l'ordre social, à comprimer la pensée, à pratiquer la tyrannie en professant la liberté. On paraît vouloir employer aujourd'hui les mêmes moyens. La douloureuse expérience du passé n'aurait donc pas éclairé les habitans de Paris? Mais les ressources des factions sont usées, leur point d'appui est brisé, les jongleurs politiques démasqués. Que les bons citoyens se rassurent, les représentans du peuple ne donneront plus que des exemples de fermeté.

» La fureur des partis a déchiré la république : il n'y a que le calme, la sagesse et la justice qui puissent la consolider et réparer tous ses maux.

» Le malade qui, dans son délire, veut se précipiter, s'indigne contre la main bienfaisante qui le retient sur le bord de l'abîme ; mais il la bénit lorsqu'il a recouvré sa raison.

» La Convention fera tous ses efforts pour réparer les malheurs de la patrie ; elle prendra tous les moyens qu'elle croira utiles pour maintenir la liberté, l'égalité, et pour répartir également les subsistances ; mais elle ne composera point avec les devoirs que la nation lui a imposés ; elle bravera les murmures et les dangers pour les remplir avec courage.

» La Convention nationale n'a jamais attribué les pétitions insidieuses qui lui sont présentées aux robustes et sincères défenseurs de la liberté qu'a produits le faubourg Saint-Antoine. »

Barrère, Collot-d'Herbois et Billaud-Varennes. On avait cru prudent de restreindre le nombre des accusés. Mais leurs collègues repoussèrent cette espèce de grâce comme une injure, réclamèrent la solidarité dont on voulait les décharger; essayèrent de justifier les actes des deux comités du gouvernement, et conclurent au rejet de l'accusation. On a vu de tout temps, et principalement depuis cette époque, tant de lâches complices du pouvoir l'abandonner dans le malheur, et se réunir même à ses ennemis pour l'outrager abattu, qu'on ne put s'empêcher d'admirer un aussi rare dévouement. Quoiqu'il ne servît de rien aux accusés, il fit alors une vive impression. Robert Lindet, et Carnot en donnèrent les premiers l'exemple. Ils étaient l'un et l'autre estimés par tous les partis. Carnot avait été, comme je l'ai déjà dit, exclusivement chargé de la guerre. Sur les listes de proscription il n'avait, disait-on, apposé sa signature que de confiance après celle de Robespierre, et tous ses torts, quels qu'ils pussent être, étaient effacés par le triomphe des armées, qu'on attribuait justement en partie à son zèle et à son habileté.

Les trois accusés imputèrent tout le mal aux circonstances, aux propres lois de la Convention (celle du 17 septembre 1793 sur les suspects) et à un bureau de police générale dirigé par Robespierre, Couthon et Saint-Just, où se préparaient les proscriptions. Ils étaient morts sur l'échafaud et n'étaient plus là pour répondre.

Les accusés dirent qu'ils avaient souvent signé de confiance des arrêtés que leur présentait Robespierre ; et cependant Collot-d'Herbois convenait d'avoir signé en connaissance de cause des mandat d'arrêt, qu'il se reprochait même, contre Antonelle, juré au tribunal révolutionnaire, et contre la dame Cabarrus épouse de Tallien ; il se justifiait à son égard en alléguant sa qualité d'étrangère qui la rendait suspecte. Il était reconnu d'ailleurs que, plusieurs semaines avant le 9 thermidor et dans les temps les plus sanglans du tribunal révolutionnaire, Robespierre n'allait plus au comité.

Ils prétendaient que, quatre mois avant le 9 thermidor, ils avaient conspiré contre Robespierre. Si le fait était vrai, et plusieurs de leurs collègues en rendaient témoignage, c'était pour leur sûreté et non pour mettre un terme à la tyrannie.

Cambon, dictateur des finances, qui n'était point impliqué dans le procès, mais qui y était contraire, assurait qu'il avait préparé un acte d'accusation contre Robespierre dans le temps de sa puissance, qu'il l'avait communiqué à quelques membres des comités du gouvernement, mais que Barrère le fit échouer en venant à la tribune faire l'éloge du tyran. Cela ne justifiait pas les accusés et inculpait encore plus Barrère.

Ils ajoutaient que s'ils avaient été les complices de Robespierre, ils ne l'auraient pas attaqué, le 9 thermidor ; qu'ils ne l'avaient pas fait plus tôt, parce qu'ils craignaient de succomber sans utilité pour la chose publique. Mais, après l'avoir abattu, ils avaient voulu continuer la terreur.

Carnot porta le dernier coup par cette phrase éloquente et hardie : « Tel qui mourrait avec joie au champ de bataille, ne veut pas périr avec ignominie, et vous traîniez à l'échafaud les hommes courageux. » Il eût été plus exact de dire : Vous *laissiez* traîner à l'échafaud. D'ailleurs ce reproche qu'aurait pu se permettre un membre de la Convention, étranger aux comités de gouvernement, et à la fois victime et instrument muet de leur tyrannie, était déplacé dans la bouche d'un membre de ces comités qui l'avait plus ou moins exercée. Enfin, on aimait mieux être entaché de faiblesse que de cruauté, et passer pour avoir été témoin silencieux de pareils forfaits, que pour en avoir été complices : et c'était la vérité.

Il n'y eut pour ainsi dire que Carnot qui, dans tout le cours du procès, déploya un noble et grand caractère. La contenance des accusés fut misérable. En adoptant un système de justification ils donnèrent prise sur eux ; ils tombèrent dans une foule de contradictions ; tantôt ils firent cause commune, tantôt ils s'isolèrent. C'était peine perdue que de discuter les chefs d'accusation. Dès le premier jour de l'instruction, chaque membre de la Convention avait son opinion faite ; les uns avaient résolu de sauver les accusés, les autres de les condamner. On ne jugeait pas, on combattait. Sans doute ils étaient coupables ; mais innocent ou criminel, dans les accusations politiques, quand on a de l'élévation dans l'ame et quelque soin de sa renommée, il faut moins s'occuper de se justifier, que de renverser ses accusateurs ou de succomber avec dignité. Ils avaient l'exemple de la Gironde, de ce Valazé qui se perça le cœur devant ses juges ou plutôt ses bourreaux, de ce Ducos qui, en marchant à la mort, chanta :

> Allons, enfans de la patrie,
> Le jour de gloire est arrivé ;

enfin, de leur patron Robespierre qui prouva du moins qu'il ne voulait pas tomber vivant au pouvoir du vainqueur, tandis que Saint-Just et Dumas furent amenés, à pied, en plein jour, de l'Hôtel-de-Ville aux Tuileries, attachés ensemble par une corde comme deux filoux.

La discussion durait depuis dix jours. C'étaient de violentes personnalités entre les terroristes et les thermidoriens, des débats très-passionnés sur la constitution de 93, l'oppression des patriotes, la disette des subsistances, entremêlés d'adresses audacieuses des sections, symptômes avant-coureurs de mouvemens populaires.

En effet, le 12 germinal, un attroupement composé, pour la plus grande partie, de femmes, investit toutes les avenues de la salle et y fit irruption en demandant à grands cris du *pain, la constitution de 1793, la liberté des patriotes.* Ces cris furent encouragés et appuyés par la montagne,

Les autres représentans voulurent en vain ramener l'ordre, leur voix fut couverte par les vociférations, leurs places furent envahies, ils furent assaillis d'imprécations et de menaces ; la confusion et le tumulte furent tels que les séditieux eux-mêmes ne pouvaient ni parler ni s'entendre. Ce désordre dura quatre heures. Épuisé par une lutte inutile, et l'ame accablée par ce tableau déplorable, je sortis dans le jardin, laissant au hasard le dénouement d'une catastrophe où la meilleure volonté était devenue impuissante. Je rencontrai l'abbé Sieyes, et nous nous livrâmes ensemble aux plus sombres réflexions.

L'excès du mal en fournit le remède. La Convention ayant été dissoute de fait par l'envahissement du lieu de ses séances, et les montagnards se trouvant en trop petit nombre, ils manquèrent d'audace et n'osèrent délibérer. Fatigués de l'inutilité de leurs propres excès, les séditieux s'écoulèrent peu à peu et abandonnèrent le champ de bataille. La Convention reprit sa séance. Ysabeau, au nom du comité de sûreté générale, proposa le décret suivant : « La Convention nationale déclare au peuple français qu'il y a eu aujourd'hui attentat contre la liberté de ses délibérations, et que les auteurs de cet attentat seront traduits au tribunal criminel de Paris. »

C'était une mesure bien insignifiante après un si grand scandale. Cependant la montagne l'accueillit par des murmures. Sergent dit qu'il fallait chercher en Angleterre les auteurs des troubles ; que c'était la minorité de l'Assemblée constituante, les Lameth, les Duport, etc.

Tant de mauvaise foi ou de niaiserie d'une part et d'insolence de l'autre, excitèrent mon indignation et je l'exprimai en ces termes :

« Je déclare à la nation entière, que pendant quatre heures de cette désastreuse journée, je me suis retiré hors de cette enceinte, parce que je n'y ai plus vu la Convention. Toutes les fois que le lieu de ses séances sera violé par une force quelconque, je déclare que je n'y verrai plus la représentation nationale, jusqu'à ce que le peuple entier se lève pour lui rendre sa liberté. J'appuie le projet qui vous est présenté. C'est la faiblesse de la Convention qui a jusqu'à présent encouragé une faction criminelle. Je l'ai dit, il y a quelques jours, du haut de ce fauteuil (étant président), le temps des faiblesses est passé ; et dût cette tribune devenir notre tombeau, comme celui de tant de victimes, nous nous y précipiterons encore pour dire la vérité et sauver la patrie. Je ne connais point tous les détails de cette journée, mais il ne faut pas en aller chercher les auteurs en Angleterre. Elle est en France la minorité qui conspire. Quelles que soient les plaintes du peuple de la capitale, le gouvernement ne doit pas faire plus pour Paris que pour les départemens. Il doit sans doute pourvoir aux subsistances, mais il est bon d'éclairer les départemens et de leur dire que ces hommes qui ont crié *du pain*, se sont annoncés pour les hommes du 31 mai, qu'ils ont demandé la liberté des patriotes détenus et la mise en activité de la constitution de 1793. Ces demandes ont déjà retenti plusieurs fois dans cette enceinte, vous en connaissez les auteurs, et la nation jugera facilement de la pureté de leurs intentions. Je ne veux pas pour le moment sonder la profondeur de nos plaies. Les comités vous présentent un décret suffisamment motivé par les événemens de cette journée. Il n'y a pas un membre de la Convention qui osât nier que la représentation nationale n'ait été violée et avilie; il n'y a donc pas de doute que tous les représentans du peuple n'adoptent un décret qui peut concourir à sauver la liberté publique. J'espère qu'on trouvera facilement les diverses ramifications des mouvemens qui nous agitent depuis plusieurs jours. Le salut de la patrie est aujourd'hui dans vos mains; si vous faiblissez, vous la perdez avec vous. »

Cette sortie, toute vague qu'elle était, produisit un grand effet dans l'assemblée. Presqu'à chaque phrase je fus interrompu par des apostrophes injurieuses de la montagne, et par des applaudissemens du plus grand nombre qui s'écriait en la montrant du doigt : « Les assassins du peuple, ils sont ici, les voilà ! »

Le décret fut adopté. La montagne ne prit point part à la délibération.

Les esprits étaient extrêmement échauffés, la

discussion continua. André Dumont attaqua ouvertement les montagnards qui avaient dit hautement de lui, pendant qu'il occupait le fauteuil, au moment où les séditieux avaient envahi la salle, *que le royalisme présidait la Convention.* Il les accusa de vouloir sauver Collot-d'Herbois, Billaud-Varennes et Barrère, et demanda leur déportation. Elle fut décrétée d'enthousiasme. On n'en resta pas là, on décréta de la même manière l'arrestation et la translation au château de Ham des représentans (1) qu'on regardait comme leurs protecteurs, qui avaient provoqué la sédition et dirigé les séditieux.

Rien n'était plus irrégulier que ce procédé; lorsqu'on déportait les trois accusés, leur culpabilité paraissait du moins assez prouvée; il n'en était pas ainsi de celle des autres. Leurs opinions étaient connues et les rendaient suspects, mais on ne savait pas jusqu'à quel point chacun d'eux avait pris part à l'outrage fait dans la journée à la représentation nationale. On les condamnait en masse, sans instruction, sans examen. Telle était la fatalité des circonstances. La Convention était une arène où chaque parti ne pouvait suivre les formes de la justice sans se perdre, ni se sauver que par l'arbitraire.

Le général Pichegru se trouvait dans ce mo-

---

(1) Châles, Choudieu, Foussedoire, Huguet, Léonard-Bourdon, Ruamps, Duhem, Amar.

ment à Paris, la Convention lui donna le commandement général de la force-armée pendant la durée du danger.

Les décrets une fois rendus, il n'y avait pas à reculer sur leur exécution. Cependant il y eut de l'hésitation. Il faillit en arriver autant qu'au 9 thermidor. Les députés décrétés d'arrestation circulaient dans Paris et cherchaient, avec le reste de leur parti, à soulever le peuple. L'agitation continua, et le 13 au soir il n'y avait encore rien de décidé. On répandait même que la voiture, qui transportait les trois déportés à Rochefort, avait été arrêtée dans un faubourg et qu'on s'y opposait à leur départ. Un membre du comité de sûreté générale vint à la séance de la Convention pour rassurer les esprits. La montagne était déserte. Louvet demanda qu'on rendît un compte plus positif. Je dis à ce sujet :

« La Convention a frappé des hommes qu'elle a cru dangereux pour la liberté. Il ne s'agit pas de nous endormir par un rapport insignifiant. Les décrets sont-ils exécutés ? Non. Quels sont les obstacles ? Voilà ce qu'il faut savoir. Toute mesure dilatoire ou évasive ne tendrait maintenant qu'à perdre la république. Il faut que nous sachions si l'on a réellement arrêté le départ des hommes que vous éloignez de Paris. Je demande qu'on dise à la Convention quelle est sa véritable situation, quelle est celle de la capitale, afin que si la représentation nationale est poussée dans ses derniers retranchemens, elle emploie cette mesure terrible (1) qui, semblable à la foudre, écrase le coupable au moment où il lève un bras parricide, et le place sous le glaive du premier citoyen qui veut venger son pays. C'en est trop de deux jours de révolte. Il faut savoir enfin à qui demeurera la victoire, si c'est au crime ou à la justice. Représentans, voyez cette place, siége ordinaire des factieux (l'extrême gauche), elle est vide. Où sont-ils ? »

L'assemblée resta en permanence pendant la nuit. J'occupais le fauteuil du président. A trois heures du matin un huissier vint m'annoncer le général Pichegru. J'ordonnai qu'il fût reçu à la barre. J'avais à peine eu le temps de prévenir l'assemblée, qu'il y était déjà entré; je me préparais à lui faire une réponse appropriée à sa mission et digne d'un guerrier qui était dans toute la plénitude de sa gloire. Il ne dit que ces mots : « Représentans, vos décrets sont exécutés. » Surpris par son laconisme, je l'imitai et lui répondis : « Le vainqueur des tyrans ne pouvait manquer de triompher des factieux. »

Les trois déportés furent conduits à Rochefort. Sur toute la route ils protestèrent de leur innocence. Ils se flattaient que le peuple ne tarderait pas à revenir de l'erreur dans laquelle il était sur leur compte. Ils disaient que le gouvernement leur

____

(1) La mise hors la loi.

avait offert de l'or pour se sauver en pays étranger, mais que la pureté de leur conscience leur
avait fait rejeter ces offres. Comme le peuple sur
leur passage les accueillait fort mal, ils montraient
de l'effroi et paraissaient croire que l'on avait envoyé des courriers en avant pour les assassiner.
Barrère séparait quelquefois sa cause de celle de
ses collègues, il gémissait même sur la journée du
31 mai. Il fit si bien, qu'il resta dans le port lorsqu'ils furent embarqués; l'on dit à ce sujet que
c'était la première fois qu'il n'avait pas *suivi le
vent.* Dans son malheur, il excitait encore quelque intérêt parce qu'on n'imputait ses torts qu'à sa
faiblesse. On citait de lui des mots à effet, il y vi-
sait ordinairement. *Il n'y a que les morts qui ne reviennent pas; on bat monnaie sur la place de la
Révolution,* étaient des vérités plus qu'acerbes. Il
avait été le rapporteur en titre du comité de salut
public, et s'entendait parfaitement à donner aux
choses les plus déplorables une couleur flatteuse, et
à faire mousser les victoires. On appelait ses discours
et ses rapports des *carmagnoles.* Il avait de l'esprit
et de la facilité, des formes polies et de la douceur
dans le langage. Quand on le rencontrait en société sans le connaître, on était séduit, on le prenait pour un homme bon et aimable. Mais, déjà
trop connu dès l'Assemblée constituante pour pouvoir peut-être garder impunément le silence, la
peur l'attira dans le parti dominant. Il serait devenu
thermidorien si on ne l'avait pas repoussé. De

semblables caractères ne peuvent insp'rer ni haine ni estime.

Ce n'était pas assez pour la France d'avoir obtenu la punition de quelques chefs de la terreur. Chaque département demandait celle des proconsuls qui l'avaient opprimé, et chaque jour la Convention ordonnait l'arrestation de quelques-uns d'entre eux. Les royalistes auraient voulu qu'elle s'anéantît elle-même en condamnant jusqu'au dernier de ses membres. Elle ne se dissimulait pas ce danger. Mais, je le répète, elle n'avait pas pu être sourde aux cris qui s'élevaient de toutes parts sur les mitraillades de Lyon et les noyades de Nantes. La mort de Couthon et la déportation de Collot-d'Herbois, quoique occasionées par d'autres faits, avaient déjà vengé Lyon; elles sauvèrent Fouché.

J'ai déjà signalé le caractère de l'insurrection de Lyon. Il fut le même à Marseille et à Toulon, républicain dans le principe, royaliste à la fin. Que ces mouvemens eussent été légitimes ou non, ce n'en fut pas moins pour la Convention un devoir et une nécessité de les réprimer. Ainsi les représentans qui avaient présidé au siége de ces villes, n'étaient pas pour cela plus coupables que les généraux et les soldats qui avaient renversé leurs murailles et enfoncé leurs portes. Le droit de la guerre excuse du moins, s'il ne les justifie pas, les coups portés durant le combat et dans le premier moment de la victoire. Mais égorger le vaincu désarmé, prolonger le sac et la dévastation pendant plusieurs mois, c'était une barbarie préméditée, un outrage au droit des gens, il est vrai malheureusement moins respecté dans la guerre civile que dans la guerre étrangère. L'État avait-il le droit de déporter des prêtres qui refusaient de reconnaître ses lois? Ce n'est point ici le lieu d'examiner cette question. Mais il était atroce d'engloutir dans un fleuve, de sang-froid et méthodiquement, des prêtres condamnés à la déportation.

CHAPITRE XIII.

JOURNÉE DU 1ᵉʳ PRAIRIAL. — ASSASSINAT DE FERRAUD. — SUPPLICE DE BOURBOTTE, ROMME, ETC.

On devait croire que la victoire remportée par la Convention, sur la montagne, le 12 germinal, avait entièrement abattu ce parti; au contraire, irrité de sa défaite, il résolut de se venger. Il était encore fort du nombre de ses adhérens et de son audace; il conspirait ouvertement. Dans les lieux publics, dans les rassemblemens du peuple, on parlait hautement de la proscription des thermidoriens. Les comités de gouvernement, paralysés par leur détestable organisation, dénués de forces sur lesquelles on pût compter, n'opposaient au danger que des mesures incohérentes et illusoires. La Convention était dépopularisée; depuis le 9 thermidor tout ce qu'on appelait *sans culottes* était contre elle. La disette et la cherté des subsistances qu'ils avaient supportées si patiemment lorsque Robespierre les flattait, leur servaient de prétexte pour crier et s'armer contre un pouvoir qui ne les dédommageait plus de la rareté du pain, au moins par des caresses et de l'influence. Les ennemis de la révolution, dont la réaction avait exalté les espérances et facilité les complots, soufflaient la discorde et observaient les mouvemens pour en profiter. Ils excitaient la Convention contre les jacobins, et les jacobins contre la Convention, pour les entraîner dans une ruine commune ; et lorsque la peur les ramenait au parti modéré, ils en exigeaient, pour prix de leur service, des concessions qui ébranlaient de plus en plus la république. Les amis de la liberté, divisés entre eux par des dénonciations nées du malheur des temps et de l'esprit de faction, avaient de la peine à se reconnaître, et flottaient dans l'incertitude. La nation, fatiguée, abreuvée de dégoûts, était presque indifférente à toutes ces agitations, et semblait assez aveugle sur ses vrais intérêts, pour se laisser enchaîner par un parti qui lui aurait donné de la tranquillité au prix d'une liberté aussi orageuse.

Tel était l'état des choses au 1ᵉʳ prairial. A peine quelques membres de la Convention étaient réunis,

qu'un rassemblement assiége le lieu de ses séances,
et force tous les postes extérieurs. Nous fermons
les portes de la salle, pour donner au moins aux
comités de gouvernement le temps de venir à notre secours. Le président confère le commandement à un général qui se trouvait accidentellement
à la barre. On décrète, sur ma proposition, que
ce général est autorisé à repousser la force par la
force. La nôtre se réduisait à quelques grenadiers
de notre garde, renfermés avec nous. La porte de
la salle est enfoncée, nous faisons bonne contenance, chaque représentant, quoique sans armes,
s'oppose à l'irruption des insurgés; ils hésitent et
sont repoussés, on en arrête même quelques-uns;
mais ils se renforcent, ils reviennent à la charge;
le tumulte recommence. Le représentant Delmas
est chargé de commander la force armée, on propose de lui adjoindre le général Cavaignac, Ferraud et Barras. Je m'écrie qu'il n'est pas question
de délibérer, mais d'agir. La porte de la salle est
de nouveau enfoncée, en vain nous nous opposons
à l'irruption des insurgés, rien ne peut les arrêter.
Ferraud leur dit qu'ils ne violeront le sanctuaire
des lois qu'en passant sur son corps; ils l'étendent
mort, envahissent la salle et s'emparent de tous
les bancs. Le corps de Ferraud est traîné au dehors; des cannibales coupent sa tête, et reviennent
la porter en triomphe dans l'assemblée. Ils la présentent au président, en le menaçant du même
sort. Il l'écarte d'une main, en détournant ses re-

gards de ce sanglant trophée. C'était Boissy d'Anglas qui, dans cette horrible journée, immortalisa
son nom par le courage et la dignité qu'il opposa
aux lâches fureurs de la multitude.

Épuisé par ces cruelles épreuves, il céda le fauteuil à Vernier. Une circonstance aussi difficile
était au-dessus des forces de son âge et de son caractère. Avec les intentions les plus pures, il devint
l'instrument des insurgés : ils ne se bornèrent point,
comme le 12 germinal, à souiller la salle ; le reste
de la montagne, qui les dirigeait, s'était rallié et
ne perdit pas cette occasion de prendre sa revanche. Des hommes ivres de vin et de fureur, des
femmes altérées de sang, parcourent la salle, la
font retentir de leurs hurlemens, montent sur les
siéges, et accablent d'outrages les représentans
confondus dans la foule. Les montagnards, parmi
lesquels se montrent au premier rang Bourbotte,
Goujon, Romme, Duroi, Duquesnoi et Soubrani,
applaudissent d'abord à ces excès ; ensuite ils prennent la parole, comme si dans ce désordre il y avait
eu une ombre de la Convention ; ils font des motions ; les révoltés les appuient de leurs bravos et
de leurs cris, délibèrent avec eux, outragent les
représentans qui essaient de s'y opposer. Le commandement des forces est décerné, par acclamation, à Bourbotte. Il est nommé membre d'une
commission extraordinaire créée pour remplacer
le comité de sûreté générale. Alors il fait décréter
l'arrestation de tous les folliculaires, dont les écrits,

disait-il, avaient empoisonné l'esprit public depuis le 9 thermidor, et la réintégration, dans les prisons, de tous ceux que cette journée avait rendus à la liberté. Le président Vernier met aux voix et prononce les décrets de cette multitude, à laquelle désormais il est impossible de résister. Enfin, dans quelques heures, tout ce qui s'est fait depuis le 9 thermidor est anéanti. On a fait le procès à cette journée, et la proscription plane sur ses auteurs et ses partisans. Un peu plus de prévoyance et d'audace, c'en était fait, la terreur relevait les échafauds, inondait encore une fois la France de sang, et l'enveloppait de son crêpe funèbre.

Les montagnards, aveuglés par la facilité de leurs succès, ne firent point ce qui était nécessaire pour en recueillir les fruits. Tandis qu'ils péroraient et qu'ils rendaient des décrets, les comités de gouvernement, revenus de leur première surprise, rassemblaient des forces. Les thermidoriens parcouraient les sections. Les républicains honnêtes, par amour de la liberté, les gens qui avaient quelque chose à perdre par la crainte du pillage, des royalistes même, pour sauver leurs têtes, arrivèrent au secours de la Convention. D'un autre côté, à mesure que l'on avançait dans la nuit, la plupart des insurgés qui étaient dans la cour et dans le jardin des Tuileries, se retirèrent peu à peu, par la raison que les Parisiens, suivant l'expression du cardinal de Retz, *ne savent pas se desheurer.* Il ne restait dans la salle et les tribunes que les plus acharnés. Les comités forment un plan d'attaque. Quatre colounes arrivent à la fois par les quatre entrées de la salle, et y pénètrent au pas de charge. Les factieux surpris essaient de les repousser, le représentant Kervélégan, qui était à la tête d'une des colonnes, est légèrement blessé ; mais la multitude, que l'épouvante rend incapable de résistance, cherche son salut dans la fuite. Elle ne trouve point d'issues libres, car elles étaient remplies par les défenseurs de la Convention. Pendant quelque temps on resta confondu pêle-mêle, vainqueurs et vaincus, jusqu'à ce qu'enfin, pour faire cesser ce désordre, on déblaya une porte et l'on forma deux haies au travers desquelles les révoltés se retirèrent sans autre punition que quelques coups de pied que la garde nationale leur distribua en passant. C'est une chose remarquable que, dans ce tumulte qui dura au moins douze heures, il n'y eut de sacrifié que l'infortuné Ferraud. Les révoltés ne lui en voulaient pas plus qu'à tout autre représentant. C'était un homme peu connu, quoique rempli d'honneur, de courage et de dévouement. Il l'avait prouvé dans différentes missions qu'il avait remplies aux armées. Il fut assassiné parce qu'entendant prononcer le nom de *Ferraud* celui qui le tua le prit pour *Fréron*. Il emporta les regrets de tous les partis.

Lorsque la Convention fut délivrée (il était minuit passé), Legendre proposa de déclarer que les décrets rendus pendant la journée étaient l'ouvrage des factieux et non celui de la Convention.

Je parlai après lui : « On fait, dis-je, injure aux principes et à la Convention en lui proposant de rapporter des décrets qu'elle n'a point rendus. Quoi! serait-ce lorsque les conspirateurs qui étaient dans cette enceinte et qui y sont encore (la montagne) nous menaçaient de leurs poignards, lorsqu'ils avaient les mains teintes du sang de notre infortuné collègue et qu'ils vous préparaient le même sort, que la Convention aurait pu délibérer? Et quels décrets aurait-elle rendus ? Grands dieux ! des décrets de sang, de pillage, de carnage et de guerre civile ! Non, la Convention n'a rien fait, elle n'a rien pu faire; elle n'existait plus lorsqu'une foule égarée ou coupable votait avec quelques représentans ses complices, lorsque les représentans fidèles étaient outragés et égorgés. Mais puisque ces hommes, par la réaction la plus audacieuse, ont voulu rétablir la tyrannie plus terrible encore qu'avant le 9 thermidor, la Convention ne doit pas hésiter à les frapper. Vous n'avez pris jusqu'à présent que des demi-mesures; il n'y a plus d'espoir de conciliation entre vous et une minorité factieuse. Puisque le glaive est tiré et que le fourreau a été jeté si loin, il faut la combattre et profiter de la circonstance pour établir la paix dans la Convention et dans la république. Jamais un plus grand crime n'a été commis contre la nation et ses représentans, que de rendre des décrets pendant que la Convention était opprimée, égorgée par des scélérats. Je demande que ces mandataires infidèles et qui ont trahi le plus saint des devoirs soient mis en état d'arrestation ; que les comités de gouvernement, qui, malgré les prétendus décrets qui les cassent, recouvreront sans doute leur énergie, vous proposent des mesures justes et sévères contre ces députés traîtres à leurs sermens ; que sur la demande de rapporter des décrets qui n'ont jamais pu valablement exister, la Convention passe à l'ordre du jour motivé dans un considérant qui présentera le tableau historique de ce moment d'oppression et de crime, afin que le peuple et la postérité puissent juger entre nous et nos assassins. »

Il n'y avait pas moyen de reculer. En leur pardonnant nous eussions joué nos têtes, celles d'un grand nombre de Français et peut-être le sort de la république.

La Convention décréta d'arrestation, Bourbotte, Duquesnoi, Duroi, Goujon, Romme et Soubrani. Ils furent arrêtés.

Le lendemain, Genissieu proposa de déclarer traître à la patrie tout représentant qui, lorsque la salle des séances de la Convention serait violée, ferait des propositions qui pourraient être converties en décrets. Dugué-Dassé renchérit encore et proposa la mise hors la loi. Je crus entrevoir que l'on voulait appliquer cette mesure aux représentans arrêtés.

« Mon intention, dis-je, n'est pas de dissimuler

les crimes de ceux dont vous avez ordonné hier l'arrestation ; mais autant j'applaudirai à l'énergie de la Convention pour sauver la patrie, autant je m'opposerai à son enthousiasme qui lui ferait violer les principes. Sans doute il n'y a pas de plus grand crime que de se servir du caractère sacré de représentant du peuple, pour attenter à sa dignité, à sa sûreté et à celle de la représentation nationale. Hier, lorsque vous étiez en état de guerre, tout eût été légitime pour détruire vos ennemis ; maintenant qu'ils sont vos prisonniers, vous ne pouvez plus user des mêmes droits. Mais vous devez les faire juger ; leur arrestation est insuffisante : tant qu'ils vivront, vous verrez renaître les réactions et vos dangers. Je demande donc le décret d'accusation contre les députés décrétés d'arrestation, et que votre comité de législation vous fasse un rapport sur le tribunal qui devra les juger. »

La Convention les décréta d'accusation.

Rouyer demanda la même mesure contre Barrère, Billaud-Varennes et Collot-d'Herbois, déjà condamnés à la déportation ; Hardy, qu'il fût déclaré qu'ils avaient mérité la mort. Ainsi entraînés par la passion et aveuglés par l'esprit de parti, de vrais républicains, de très-honnêtes gens, victimes de la terreur, se faisaient à leur tour terroristes, et au besoin, si on ne les avait pas retenus, se seraient faits bourreaux.

La Revellière-Lépeaux combattit ces diverses

propositions, et demanda le maintien de la déportation.

Je l'appuyai aussi : « Un jugement, dis-je, a été
rendu contre ces trois représentans, ils ont été condamnés à la déportation ; il faut qu'ils soient vomis
au-delà des mers. Pourquoi les remettrait-on encore en jugement? Veut-on fournir aux malveillans un prétexte pour dire que vous ne voulez que
du sang? Des hommes jugés n'appartiennent plus
à la justice, mais à leur jugement (1). »

La Convention passa à l'ordre du jour.

Barras, investi dans les circonstances critiques
du commandement de la force publique, se présenta avec Tallien devant le faubourg Saint-Antoine
qui était alors tranquille, avec un appareil imposant et tout ce qu'il fallait pour faire un siége. Ils
délibérèrent un instant si l'on n'y jetterait pas quelques bombes. Ils se bornèrent cependant à désarmer cette population que, dans d'autres temps,
ils avaient eux-mêmes armée.

---

(1) On lit dans la *Galerie historique des contemporains*,
Bruxelles, 1817, article BARRÈRE : Que la Convention décréta
qu'il serait, ainsi que Billaud-Varennes et Collot-d'Herbois,
traduit devant le tribunal criminel de la Charente-Inférieure,
pour y être jugé ; que lorsque le décret arriva à Rochefort,
les deux derniers étaient déjà partis pour le lieu de leur destination ; et que Barrère seul fut transféré à Saintes où il resta
dans les prisons.

Si cela est vrai, cette mise en jugement fut sans doute décrétée plus tard.

Cette mesure fut imitée dans toutes les sections, et les passions et les vengeances s'y couvrirent plus d'une fois du manteau du bien public.

Le 14, la Convention célébra une fête funèbre en l'honneur de Ferraud, et lui fit ériger un tombeau. Louvet y prononça un discours; je pris la parole après lui : « Je profiterai, dis-je, de l'impression profonde que vous venez de recevoir, pour vous proposer de donner un grand témoignage de reconnaissance et de regrets à d'illustres victimes.

» Le 31 octobre 1793 fut le jour affreux où les assassins de la patrie dévoilèrent entièrement leurs complots en traînant sur l'échafaud des représentans fidèles. Qu'il soit pour eux le chemin de l'immortalité. Ombres de Vergniaud et des républicains qui l'accompagnèrent au supplice, que ce jour vous apaise ! La vertu pour laquelle vous élevâtes vos voix éloquentes, a enfin triomphé du crime audacieux qui vous donna la mort. Pour nous, représentans, nous qui les avons vu périr sans pouvoir les sauver, réparons autant qu'il est en nous ce coup fatal de l'aveugle destinée. Consolons des veuves, rendons à des orphelins la mémoire de leurs pères intacte et révérée. Je demande que, dans toute la république, il soit célébré, le 31 octobre prochain, une pompe funèbre en l'honneur des amis de la liberté qui ont péri sur l'échafaud. »

La proposition fut décrétée en principe, et le

comité d'instruction publique chargé de présenter le mode d'exécution.

Lorsqu'on crut avoir réduit entièrement le parti terroriste et n'en avoir plus rien à craindre, les accusés, transférés le 2 prairial au château du *Taureau* dans le département du Finistère, furent ramenés à Paris, livrés à une commission militaire spéciale et condamnés à la peine capitale (le 26). Le courage qu'ils avaient montré dans leur défense, redoubla en présence de leur supplice. Ils résolurent de s'y soustraire par la mort, et se frappèrent l'un après l'autre avec le même couteau. Goujon, Romme et Duquesnoi perdirent sur-le-champ la vie. Duroi, Soubrani et Bourbotte, moins heureux, grièvement blessés, furent traînés mourans à l'échafaud et exécutés. Par cet héroïsme ils rachetèrent autant qu'il était en eux leur culpabilité politique, ils honorèrent leurs derniers instans, apaisèrent le parti qui les avait vaincus et recommandèrent au moins leur mémoire à la pitié de leurs contemporains et de la postérité. Romme avait un rang parmi les mathématiciens; Soubrani s'était fait aimer aux armées par son courage et sa frugalité; Goujon était estimé pour ses qualités personnelles, ses connaissances et ses vertus républicaines. Enfin, si nous avions été vaincus, c'est nous qui aurions été coupables, c'est pour nous qu'aurait été dressé leur échafaud. C'était une pensée bien propre à inspirer quelques regrets et à tempérer l'orgueil de ces sortes de victoire.

CHAPITRE XIV.

PROJET D'ORGANISATION DU GOUVERNEMENT RÉVOLUTIONNAIRE.

Plus le pouvoir avait été concentré avant le 9 thermidor, plus il fut ensuite dispersé. L'autorité se relâcha partout. En renversant la tyrannie, on fut près de tomber dans l'anarchie. Chaque membre de la Convention était jaloux de sa portion de souveraineté, et s'effarouchait de tout ce qui paraissait en limiter l'exercice. Au nom du *comité de salut public*, on eût dit qu'ils voyaient l'ombre de Robespierre planer de nouveau sur l'assemblée. Parlait-on de donner de la force au gouvernement, les thermidoriens disaient qu'on voulait rétablir la tyrannie; et la montagne demandait qu'on mît en activité la constitution de 93. La majorité de la Convention n'en voulait plus, elle était bien résolue de la laisser dans l'arche où l'avaient eux-mêmes renfermée ses auteurs, et cependant on n'osait pas le dire. Le 1er germinal an III, Châles, ex-prêtre et jacobin fougueux, réclama l'exécution de l'article 124 de cette constitution, d'après lequel la déclaration des droits devait être gravée dans la salle des séances et sur les places publiques. Tallien combattit cette motion et conclut à ce qu'on s'occupât auparavant des lois organiques. Je parlai également pour m'opposer à tout commencement d'exécution de la constitution, j'en critiquai amèrement plusieurs dispositions, et j'insistai pour qu'en attendant les lois organiques on donnât plus de force au gouvernement. Il avait déjà créé plusieurs commissions spéciales pour s'occuper de tous ces objets, mais elles n'avaient encore fait aucun rapport. L'on établit alors la commission dite des *Onze* dont je fus membre et qui présenta dans la suite une nouvelle constitution.

Tous les bons esprits sentaient que, soit qu'on travaillât à des lois organiques de la constitution de 93, soit qu'on en fît une autre, ce travail exigerait un délai pendant lequel il était nécessaire de resserrer les liens du pouvoir qui s'échappait de toutes parts. Il s'agissait de donner au gouvernement révolutionnaire une forme plus rapprochée d'un gouvernement régulier ; je poursuivais vivement ce but.

On discutait (22 ventose) un projet relatif à la direction des relations extérieures qu'avait conservée le comité de salut public. On voulait l'obliger à soumettre les articles secrets des traités à une commission de membres de la Convention. J'en pris occasion d'énoncer quelques idées sur le gouvernement.

« Il s'agit dans ce moment de savoir si vous aurez un gouvernement ou si vous n'en aurez pas. La simple proposition de l'article prouve qu'il y a des vices dans le gouvernement actuel. Je vais dire une chose qui étonnera peut-être, mais qui n'en est pas moins vraie ; c'est que l'ancien comité de salut public était une bonne institution ; qu'il gouvernait bien et qu'il aurait toujours bien gouverné, s'il n'avait pas usurpé la puissance de la Convention, et s'il n'avait pas eu le droit de vie et de mort sur tous les citoyens et sur la Convention même (1). La création d'une commission pour connaître concurremment avec votre comité de salut public des articles secrets des traités, lui ôterait toute la confiance dont il a besoin et le dégraderait aux yeux de l'Europe. »

Quelque temps après j'abordai directement l'organisation du gouvernement. Mon système était simple ; il consistait, en laissant tous les pouvoirs dans la Convention, à en séparer l'exercice. Ainsi je voulais donner le pouvoir exécutif à un comité dont les membres n'auraient point eu de voix dans l'assemblée pendant la durée de leurs fonctions. Lorsqu'on discuta mon projet on prétendit qu'il était dangereux, destructif de la liberté et le pendant du gouvernement de Robespierre. Les plus modérés le trouvaient trop fort, et ceux qui l'ap-

---

(1) Des Biographies publiées depuis cette époque, à l'occasion de ces expressions, m'ont imputé d'avoir fait l'éloge de l'ancien comité de salut public, voulant faire croire, sans doute, que j'avais loué ses opérations. On voit qu'il ne s'agissait que de l'institution qui me paraissait en effet bonne pendant la durée du gouvernement révolutionnaire.

puyaient y faisaient un amendement qui le dénaturait; ils voulaient que le pouvoir exécutif fût confié à des personnes prises hors de la Convention. Cette dernière idée avait peu de partisans. On soupçonnait de royalisme ceux qui la mettaient en avant. Rien en effet n'eût mis la Convention dans un état plus périlleux que de se dessaisir du pouvoir exécutif. Car, dans ces temps orageux, elle eût été, elle et la république, à la discrétion de ceux qui auraient exercé ce pouvoir.

Je réfutai ce système et les objections faites contre le mien (11 et 20 floréal). La commission des *Onze* en présenta un qui fut amendé par Cambacérès et adopté. Les choses restèrent à peu près dans le même état, et la Convention se traîna, de secousses en secousses, jusqu'en brumaire an IV, où fut établi le régime constitutionnel. Les thermidoriens appelaient anarchie le règne de la terreur; ce fut le leur qui, sous beaucoup de rapports, mérita ce nom.

Je fus membre un moment du comité de sûreté générale. Je le quittai pour entrer à la commission des *Onze*.

CHAPITRE XV.

CONSTITUTION RÉPUBLICAINE DE L'AN III. — DÉCRETS
DES 5 ET 13 FRUCTIDOR. — RÉVOLTE ROYALISTE
DES SECTIONS DE PARIS.

LA commission des onze, établie pour faire *des
lois organiques de la constitution de* 93, *commença* ses travaux le 17 floréal. Elle était composée de Lesage, Daunou, Boissy-d'Anglas,
Creuzé-Latouche, Berlier, Louvet, La Revellière-
Lépeaux, Lanjuinais, Durand-Maillane, Baudin
des Ardennes et moi. Sieyes y avait été nommé
dans le principe; il était déjà membre du comité de salut public. La Convention ayant ordonné que les représentans, à la fois membres des
comités du gouvernement et de la commission
des onze, fissent leur option, Sieyes opta pour le
comité de salut public. Il était, dans l'opinion de
la France et de l'Europe, l'homme le plus capable de constituer une nation. On le regardait comme
le premier architecte politique. Les ennemis de la
révolution la lui attribuaient tout entière; à les
entendre, il n'y avait pas un mouvement, pas une
catastrophe à laquelle il eût été étranger; il avait
été et il était toujours la cause invisible qui dirigeait
tout. Cette réputation colossale, que lui faisaient à

l'envi ses adversaires et ses partisans, était exagérée.
Mirabeau y avait contribué en disant tout haut,
« *que le silence de Sieyes était une calamité publique ;* » mais il avait dit tout bas : « Je lui ferai
une renommée qu'il ne pourra supporter. » Il se
trompa ; Sieyes la conserva moins par ses faits et
ses discours, que par son inaction et son silence.
Ce ne fut point chez lui une affaire de calcul ; son
tempérament l'éloignait du mouvement et du bruit.
Son caractère le rendait incapable de discussion.
Il était organisé pour la pensée et la théorie, plus
que pour l'action et la pratique. La nature ne l'a-
vait point fait pour être orateur ; il ne parut pas
très-souvent à la tribune. Dans les comités il prenait rarement séance avec ses collègues ; pendant
les délibérations il se promenait en long et en
large ; et lorsqu'on le pressait de donner son avis,
il le donnait, et s'éloignait, comme s'il eût voulu
signifier par-là qu'il n'y avait rien à y retrancher,
ni à y opposer. Il avait refusé d'être président de la
Convention ; il refusa dans la suite sa nomination
au Directoire, lors de la première formation ; ce
qui fit dire à un plaisant : « C'eût été un bon né-
gociant, il aurait tiré volontiers des lettres de
change, mais il n'en aurait jamais accepté. » Il
avait traversé sain et sauf les époques les plus
orageuses de la révolution, parce qu'au lieu d'y
jouer, même en secret, le rôle principal, ainsi
qu'on le prétendait, il s'était prudemment tenu à
l'écart. Malgré la hauteur où l'avait élevé l'opi-

nion, la foudre révolutionnaire l'avait épargné, parce qu'il n'avait guère eu l'ambition de la lancer, et qu'il savait s'effacer ou se rabaisser lorsqu'elle grondait.

Sans avoir de liaison avec cet homme célèbre vers lequel je ne me sentais pas attiré, je m'étais souvent trouvé avec lui ; je l'avais observé et mesuré, et je croyais l'avoir bien jugé. Dans la discussion sur la constitution, je combattis peut-être avec un peu de passion ses systèmes, parce que, sans mettre en doute le genre de mérite qui lui était propre et les services qu'il avait rendus à la liberté, je n'aimais pas qu'on lui fît, en bien et en mal, une réputation outrée. Il le sentit, et m'accusa parmi ses affidés d'être vendu au royalisme. Je n'imitai point son injustice, car je ne l'avais jamais cru vendu à la terreur.

Il y avait dans la commission des onze un parti monarchique. Il se composait de Lesage d'Eure-et-Loir, Boissy-d'Anglas et Lanjuinais. Je ne parle pas du vieux Durand-Maillane dont l'opinion ne comptait pas. Mais ils n'étaient pas pour cela Bourbonniens. Boissy-d'Anglas fut cependant l'objet de quelques soupçons. Je ne les partageais pas. Les événemens postérieurs les ont éclaircis. Les autres membres de la commission étaient de bonne foi républicains.

La commission décida unanimement de mettre de côté la constitution de 1793. Elle fut donc prise plutôt comme point de départ que comme base du travail. Beaucoup de publicistes, ou soi-disant tels, apportèrent leurs idées et leurs projets. Rœderer fut distingué de la foule et admis aux séances. Les discussions furent amicales et les délibérations calmes. On cherchait une voie moyenne entre la royauté et la démagogie. Mon dessein n'est point de faire ici le journal des séances de la commission. Des choses, qui paraissaient graves alors et qui l'étaient en effet, présenteraient aujourd'hui bien peu d'intérêt. La constitution républicaine a péri, et quand un habit est hors de service, on s'inquiète fort peu de la façon dont il a été fait. Je ne rappellerai donc que quelques articles principaux propres à faire connaître nos opinions et nos vues qui furent d'ailleurs modifiées en plusieurs points par la Convention.

Déclaration des droits. Lesage d'Eure-et-Loir et Creuzé-Latouche n'en voulaient pas, parce qu'elle donnerait lieu à de fausses interprétations, et qu'elle serait une source de troubles et d'agitations anarchiques. Ces motifs ne prévalurent pas. On crut remédier à ces inconvéniens par une sorte de commentaire ou de contre-poison, sous le nom de *Déclaration des devoirs.*

Pour ne pas remettre en délibération dans les assemblées primaires la forme de gouvernement, la république, on adopta cette rédaction : *La république française est une et indivisible*, au lieu de celle-ci, qui avait été proposée : *Le peuple français se constitue en république.*

Division du territoire. On éleva la question de savoir si la législature aurait le droit de l'agrandir ou de le démembrer. C'était un point d'un haut intérêt. Les uns ne voulaient donner ce droit qu'à une Convention, les autres qu'au peuple même. On rappela tous les crimes dont la soif des conquêtes avait souillé le nom romain et les coups funestes qu'elle avait portés à la liberté de Rome. On semblait craindre qu'un jour la même cause ne produisît les mêmes effets en France. La majorité de la commission voulait prévenir ce fléau. Toute faible qu'était une barrière constitutionnelle, c'était cependant quelque chose. Mais alors la Belgique était déjà réunie à la France ; on ne pouvait pas, on ne voulait pas l'abandonner. Nous voulions au contraire consacrer cette réunion par la constitution. Nous convoitions la rive gauche du Rhin, et le système des limites naturelles avait de nombreux partisans dans la Convention. On laissa donc cette grande question indécise, et on prit les choses dans l'état où elles étaient, sans s'occuper davantage de l'avenir.

On conserva la division en départemens, et l'on substitua aux *districts* de grandes municipalités ou administrations municipales, presque par la seule raison donnée par Boissy, que les administrations départementales avaient toujours été *pour* le maintien de l'ordre établi, et les administrations de district *contre.* Il cita le 20 juin 1792, le 31 mai 1793. Il ajouta que les administrateurs de district

avaient été agens de la terreur. Quoique le fait
fût vrai, la conséquence n'en était pas moins
mauvaise.

Exercice des droits politiques. Les uns, tels que
Lesage et Lanjuinais, voulaient le subordonner à
la condition de payer une contribution; Baudin à
celle de savoir lire et écrire; les autres, laisser à
l'égalité sa plus grande latitude. Cet avis prévalut.

Législature. L'Assemblée constituante, en rejetant l'établissement de deux chambres, avait fait
une innovation contraire aux doctrines des plus
grands publicistes, consacrées par l'exemple de
l'Angleterre, et celui plus récent encore des États-
Unis d'Amérique. Cet essai avait été malheureux,
car on ne pouvait méconnaître qu'il n'eût contribué à précipiter le renversement de la monarchie.
La commission n'avait pas la prétention d'être plus
sage que les fondateurs de la république améri-
caine: la Convention était éclairée par sa propre
expérience; le système des deux chambres fut
donc adopté presque unanimement. Berlier seul
ne fut pas de cet avis. On les nomma sénat et
chambre des représentans. Le mot *sénat* ayant un
son aristocratique, la Convention appela les chambres, l'une *Conseil des cinq cents*, du nombre des
membres dont il se composait, et l'autre *Conseil
des anciens*, à cause de l'âge requis pour y entrer.
Toute condition de propriété ou de contribution
fut rejetée; il n'y eut d'autre distinction que celle
de l'âge, que l'on regarda comme une garantie

suffisante de maturité et de sagesse : car il n'entrait, dans cette division de la législature, aucune idée de suprématie ou d'aristocratie. Baudin dit que la chambre des représentans serait *l'imagination*, et le sénat la *raison* de la nation. Il ne voulait que quarante membres pour représenter cette raison. On opposa que ce nombre n'aurait ni assez de dignité, ni assez de force. On décida que les deux chambres seraient composées de sept cent cinquante membres, malgré Lesage et Lanjuinais qui trouvaient ce nombre trop grand. C'était juste celui des membres de la Convention.

Pouvoir exécutif. Baudin et Daunou voulaient *deux* magistrats suprêmes ou consuls biennaux, dont l'un gouvernerait pendant la première année, et l'autre pendant la seconde. Lesage, Lanjuinais et Durand-Maillane *un* président annuel ; les autres, un conseil d'au moins *trois* membres. On finit par en adopter *cinq*. Chacun se décida pour tel ou tel nombre, suivant qu'il était plus ou moins effrayé de tout ce qui pouvait rappeler la royauté. Le mode de nomination du pouvoir exécutif fut l'objet des plus sérieuses méditations. Il n'y avait guère à opter qu'entre deux partis : le choix médiat ou immédiat du peuple, ou celui de la législature. Le dernier l'emporta. Louvet craignait qu'autrement les assemblées primaires ou leurs délégués pour l'élection ne nommassent un jour un Bourbon. La majorité se détermina par la crainte que le pouvoir exécutif ne fût trop puissant s'il sortait de l'élection populaire. On s'occupa ensuite de lui donner des garanties. Lesage proposa qu'il fût inviolable. C'était une idée inconciliable avec la nature du gouvernement républicain. Elle ne fut point appuyée. Mais on environna la responsabilité de formes protectrices, du moins on en eut l'intention; d'un autre côté, on écarta le pouvoir exécutif de tout concours à la confection des lois, et on attribua au peuple la nomination des administrateurs de départemens. Plusieurs membres de la commission trouvaient que c'était un contre-sens; mais le peuple avait joui de ce droit; on n'osa pas l'en priver. On examina sérieusement si les séances des administrations ne seraient pas publiques, et, en rejetant cette publicité, on décida qu'un double du registre de leurs arrêtés serait ouvert à tous les citoyens.

Résidence de la législature. Pour assurer son indépendance on proposa de l'établir hors Paris. J'étais de cet avis. L'expérience faisait justement craindre l'influence de la capitale; on opposait que les mouvemens qui l'avaient agitée appartenaient à un temps de révolution, et qu'un gouvernement constitutionnel saurait les prévenir; qu'on anéantirait Paris, que sa population diminuerait, que les arts en souffriraient, qu'abandonner cette ville ce serait une faiblesse, que la chouanerie s'en emparerait, etc. Ces motifs ne me paraissaient pas très-concluans. Je répondais que, sous un régime constitutionnel, la police aurait encore moins de force que sous le gouvernement révolutionnaire pour prévenir les mouvemens d'une grande population toujours facile à remuer ; qu'outre les agitations inhérentes aux républiques, la France serait encore long-temps exposée aux combats des factions que la révolution y avait créées, et travaillée par les manœuvres du royalisme et de la démagogie ; que celle-ci aurait des auxiliaires dangereux dans les faubourgs, et celui-là dans les salons où l'aristocratie corrompait les mœurs républicaines par ses maximes, son luxe et tous les genres de séduction ; que la capitale, privée de la présence d'un gouvernement sans faste, ne perdrait pas grand'chose, qu'elle avait bien prospéré sous le gouvernement royal qui n'y résidait pas ; que, dût-on établir la législature seulement à Versailles et laisser le pouvoir exécutif à Paris, c'en serait assez pour que la représentation nationale ne fût pas surprise, envahie et dissoute de fait, comme cela était arrivé plusieurs fois à la Convention ; enfin que, lorsque cet arrangement mettrait un terme à l'agrandissement toujours croissant de la capitale, et le ferait même rétrograder, je n'y verrais qu'un résultat heureux pour le reste de la France. La question resta indécise. On convint qu'il n'en serait plus parlé. On donna seulement au conseil des anciens le droit de transférer où il le jugerait convenable le siége de la législature.

Boissy, rapporteur de la commission des onze, présenta le 5 messidor le projet de constitution à la Convention. La discussion s'ouvrit le 16; elle était déjà avancée lorsque, le 2 thermidor, Sieyes apporta son projet (1). Il renversait le nôtre de fond en comble. Outre l'amour-propre qui m'y attachait, je trouvai ce procédé un peu étrange. Sieyes avait refusé de prendre part à nos travaux; la Convention en avait déjà adopté une partie. Je parlai donc après lui, cependant je m'expliquai avec ménagement. J'essayai de prouver que son plan rentrait à beaucoup d'égards dans le nôtre, et j'en demandai le renvoi à la commission des onze, sans que la discussion fût pour cela interrompue. Ces propositions furent adoptées. Sieyes avait imaginé, sous le nom de *Jurie constitutionnaire*, un corps de censeurs qui, supérieur à tous les pouvoirs, devait préserver la constitution de toute atteinte et y proposer des réformes (2). Cette institution fut la seule partie de son projet prise en considération. La commission voulut l'accommoder à son plan de constitution et la proposa à la Convention. La jurie y trouva des défenseurs et des adversaires. Je la combattis (le 24 thermidor), et elle fut rejetée à la presqu'unanimité. Elle me parut une superfétation inutile et dangereuse.

Cet incident ne retarda que de quelques jours la discussion du projet de la commission des onze.

---

(1) Ses principales dispositions se sont trouvées depuis dans la constitution de l'an VIII dont il fut un des auteurs.

(2) C'était le sénat conservateur de l'an VIII.

Je ne rappellerai point ici les modifications que la Convention fit à ce projet.

Je ne parlerai que des mesures transitoires par lesquelles elle dérogea à quelques-uns des principaux articles constitutionnels, des motifs qui dictèrent ces dérogations et de l'effet qu'elles produisirent.

Lycurgue, après avoir donné des lois à Sparte, abdiqua le pouvoir; mais en même temps il quitta sa patrie et se donna même la mort. Il avait auparavant mis en vigueur ses institutions. Les membres de l'Assemblée constituante se retirèrent sans avoir essayé leur constitution; ils restèrent simples citoyens, furent témoins de sa ruine et plusieurs même y furent entraînés. C'était une grande leçon. La Convention en profita, et garda le gouvernail du vaisseau qu'elle venait de lancer. Cette prévoyance lui était commandée, autant par l'intérêt public que par sa propre sûreté. Si elle ne sauva point sa constitution, elle en retarda du moins la ruine; car si elle s'était retirée tout entière comme l'Assemblée constituante, la constitution n'aurait pas duré six mois, ou le 18 fructidor, qui lui porta une mortelle atteinte, aurait eu lieu beaucoup plus tôt.

Les décrets des 5 et 13 fructidor, qui conservaient les deux tiers de la Convention dans la prochaine législature, excitèrent les plus vives clameurs. Ils devinrent le prétexte de violentes séditions qui placèrent de nouveau la France entre la royauté et la terreur.

Ces décrets avaient été adoptés à la presqu'unanimité. Il n'y eut de débats sérieux dans la Convention, que sur le mode de désignation des deux
tiers de ses membres. Les uns voulaient le sort
comme la voix la plus impartiale, les autres que la
Convention fît elle-même ce choix; c'était mon
avis. Le plus grand nombre trouva plus conforme
aux principes, de renvoyer cette opération au
peuple. Les décrets furent donc soumis à son acceptation avec la constitution.

Ils avaient pour adversaires les royalistes et quelques ambitieux de tous les partis. Les royalistes,
réunis à la Convention depuis le 9 thermidor pour
abattre le terrorisme, levèrent tout-à-coup le
masque et nous déclarèrent la guerre. Les jacobins en tirèrent avantage, et se rallièrent à leur
tour à la Convention qui accepta leurs services.
La masse de la nation, qui inclinait pour le repos et
qui espérait le trouver dans un régime constitutionnel, était disposée à accepter la constitution et
les décrets. Saladin, fougueux révolutionnaire dans
l'Assemblée législative, et fougueux réacteur dans
la Convention, dénonça ces décrets au peuple dans
un écrit imprimé.

L'opposition se manifesta d'abord dans les sections de Paris avant qu'elles ne fussent convoquées
en assemblées primaires pour délibérer légalement.
Le royalisme avait cependant si peu de confiance
dans sa cause, qu'il ne mettait pas en avant des
nobles que le peuple eût repoussés, mais des écri-

vains, des roturiers infatués de leur mérite et irrités de n'être rien.

Parmi les agitateurs des sections, on remarquait
le général Miranda, Lemaître, ancien secrétaire-
général au conseil des finances, Archambaud, avocat, ensuite des hommes de lettres et des journalistes, tels que Laharpe, Quatremère de Quincy,
Lacretelle le jeune, Fiévée, Cadet-Gassicourt
pharmacien, Langlois, Richer-Serizy, etc.

Il était facile de prévoir que cela ne finirait pas
sans déchirement. Les conseils du gouvernement,
ne pouvant plus trop compter, pour le maintien
de l'ordre, sur les citoyens de Paris divisés entre
eux, firent venir quelques troupes dans la capitale.

Le 11 fructidor, Lacretelle le jeune vint à la
barre, au nom de la section des Champs-Élysées,
demander avec insolence et menace qu'on éloignât
les troupes de la capitale. C'était une caricature de
la fameuse adresse de Mirabeau. Tallien accusa
de royalisme les meneurs des sections. Je parlai
vivement dans le même sens à l'orateur section-
naire, qui se plaignait de ce qu'on voulait gêner
la liberté du peuple par des baïonnettes, j'opposai
pour preuve de sa mauvaise foi la licence de son
propre discours. Je lui dis : « Lorsque les décemvirs vous présentèrent la constitution de 93, qu'ils
établirent la terreur et les échafauds, vous cour-
bâtes la tête sous la plus détestable tyrannie, et aujourd'hui que la Convention a établi le règne des
lois, vous attaquez les fondateurs de la république

et ses défenseurs ! » L'Assemblée improuva les adresses.

Dès l'ouverture des assemblées primaires à Paris, le 20 fructidor, la section Lepelletier arrêta la formation d'un comité composé d'un commissaire de chaque section, pour rédiger et envoyer dans toute la France, une déclaration authentique des sentimens des citoyens de Paris. La Convention décréta que ceux qui se réuniraient au comité central seraient coupables d'attentat contre la souveraineté du peuple et la sûreté de la république.

La section Lepelletier, bien loin de se soumettre délibéra : « que les pouvoirs de tout corps constitué cessaient en présence du peuple assemblé, et arrêta que tout citoyen avait le droit d'émettre librement son opinion sur la constitution et les décrets, et *généralement sur toutes mesures de salut public ;* qu'à cet effet chaque citoyen en particulier et tous les citoyens de Paris, en général, étaient placés sous la sauvegarde spéciale et immédiate de leurs assemblées, et des quarante-sept autres assemblées primaires de la Cité. »

Dans cet acte, l'absurdité le disputait à l'audace. Le comité de sûreté générale, en le dénonçant, proposa à la Convention de rester en permanence pour surveiller les projets des meneurs des sections. Cette proposition en amena plusieurs autres.

» J'ai, dis-je, une toute autre idée que les préopinans du caractère dont nous sommes revê-

tus, pour jamais consentir à ce que la Convention
entre en procès avec une petite fraction du peuple. Nous sommes les représentans de la France
nous nous soumettrons à sa volonté et non à celle
d'une section de Paris. Je ne me suis point dissimulé la difficulté des circonstances, mais mon
ame s'est agrandie à l'idée que le peuple français
allait enfin fixer ses destinées, et je n'ai point été
effrayé de voir se renouveler cette lutte qui a toujours eu lieu depuis le commencement de la révolution entre une commune et la république entière. Je déclare donc qu'avec le même courage
que j'ai poursuivi l'anarchie sans-culotte, je pour-
suiverai l'anarchie nouvelle qui veut livrer la
France à la royauté. Que la Convention reste donc
digne d'elle-même, qu'elle ne fasse point de déclaration! Elle ne veut point attenter à la liberté
du peuple; elle le voudrait, qu'elle ne le pourrait
pas dans le moment où il est assemblé tout entier. Ceux qui répandent cette grossière calomnie
mentent à leur propre conscience. Je demande
l'ordre du jour sur toutes les propositions, et qu'il
soit seulement recommandé aux comités de gouvernement de veiller plus que jamais à la sûreté
publique et à celle de la représentation nationale. »

La Convention décida seulement qu'il y aurait
séance le soir.

Une députation de la section du Temple vint
(23 fructidor) dire à la barre qu'elle était chargée

de démentir les calomnies répandues par la Convention contre les assemblées primaires de Paris, et qu'elle avait délibéré une adresse aux départemens et aux armées.

Le président fit une réponse insignifiante.

« Loin de vouloir fixer, dis-je, l'attention de la Convention sur ce qui se passe dans les assemblées primaires de Paris, j'aurais désiré qu'il n'en eût jamais été question dans cette enceinte, et que le président de la Convention n'eût fait aux différentes députations d'autre réponse que celle-ci : *Nous respecterons le volonté du peuple, et nous vous y ferons obéir*. Voilà pourquoi j'ai toujours cru qu'il fallait fermer les yeux jusqu'à un certain point sur les écarts que l'on se permettait dans certaines assemblées, quels qu'en fussent les motifs. J'ai pensé aussi que la Convention, au moment où elle témoignait d'une manière si éclatante son respect pour la liberté, en gardant le silence sur les calomnies dont elle est l'objet, devait se servir de la puissance nationale dont elle est revêtue, pour réprimer les actes extérieurs de quelques assemblées qui voudraient usurper la souveraineté. Je demande que la Convention conserve l'attitude qui lui convient, qu'elle charge ses comités de gouvernement d'observer tout, et que, sur l'adresse de la section du Temple, elle passe à l'ordre du jour.» Cette proposition fut adoptée.

J'occupais le fauteuil le 27. Dupont, l'acteur du Théâtre-Français et l'orateur de la section de ce nom, dans un préambule virulent d'insultes fit connaître son vote, et se disposait à lire une adresse. Je l'interrompis et lui répondis : « La Convention ne craint point le jour de la vérité; elle appelle de ses calomniateurs au peuple français; elle reçoit le vote de l'assemblée; je vais la consulter sur la lecture de l'adresse. » La Convention refusa de l'entendre.

D'un autre côté, des patriotes venaient aussi se plaindre des manœuvres employées pour les empêcher de voter dans les sections. Les meneurs en avaient expulsé un assez grand nombre comme terroristes. Rien ne pouvait justifier ces actes illégaux. Je dis à cet égard (1er complémentaire) : « Que la Convention devait attendre avec calme le résultat des votes et ne point recruter de suffrages, et que si l'on procédait irrégulièrement dans quelques assemblées, les opérations seraient annulées quand on les examinerait. » La Convention passa à l'ordre du jour. Mais tout ce que les sections repoussaient, accourait auprès d'elle, occupait les tribunes publiques, appuyait par ses applaudissemens les propositions les plus virulentes et appelait la vengeance. Une partie de l'assemblée n'y était que trop disposée, et il faut convenir que ce n'était pas sans motifs.

Des représentans venaient opposer aux votes des sections de Paris qui rejetaient les décrets, des votes qui les adoptaient dans les départemens. On y applaudissait comme à une victoire. Je trouvai ce procédé peu digne et irrégulier. Je demandai (23 fructidor) qu'on établît un mode uniforme de constater les votes, qu'on n'y mît point de précipitation et qu'on attendît que le résultat exact en fût connu par le dépouillement des procès-verbaux. Ma proposition fut adoptée.

Les attaques des sections de Paris contre la Convention la poussaient à des mesures violentes de défense. Les comités de gouvernement mettaient en liberté des terroristes qu'ils avaient fait incarcérer quelques mois auparavant, et l'on proposait chaque jour de rétablir des lois révolutionnaires de la rigueur desquelles on venait de se relâcher. Je ne partageais point ce système. Je m'y opposai vivement, convaincu qu'il n'ajoutait rien à nos forces.

Je voulais que la Convention, en usant de son pouvoir pour se faire respecter ainsi que le vœu du peuple, respectât aussi la liberté des citoyens et les principes de la justice; qu'en réprimant les actes extérieurs des assemblées primaires, elle eût l'air de fermer les yeux sur ce qui se passait dans leur sein; qu'elle gagnât du temps, qu'elle ne gâtât pas sa cause; qu'elle mît tous les torts du côté de ses ennemis, et qu'elle ne les frappât qu'à la dernière extrémité, s'ils persistaient dans leur révolte après que le vœu général du peuple serait connu et proclamé.

Je combattis donc (1er fructidor) la proposition faite par trois comités réunis, de chasser de Paris tous les individus portés sur des listes d'émigrés, qui y sollicitaient leur radiation définitive ; l'amendement de Garrau, tendant à ce que tout individu porté sur la liste des émigrés antérieurement au 31 mai, se constituât prisonnier avant de demander sa radiation, et la proposition faite par Roger-Ducos (3ᵉ complémentaire) de réviser toutes les radiations accordées.

Une députation de la section Lepelletier, qui s'était mise en permanence, vint demander qu'on jugeât enfin deux anciens ministres, Pache et Bouchotte, accusés depuis long-temps. On venait au contraire de les mettre en liberté. On réclama l'ordre du jour. Lanjuinais l'appuya, mais sur le motif qu'une mise en liberté ne pouvait mettre obstacle à l'action des tribunaux.

« J'appuie l'ordre du jour, dis-je, mais par des motifs bien différens : d'abord parce que nous ne devons point reconnaître à une assemblée primaire le droit de se déclarer en permanence ; ensuite parce qu'elle n'a point celui de s'occuper d'objets étrangers à sa convocation. Maintenant, qu'il me soit permis de manifester mon opinion sur une opération des comités de gouvernement et sur les dangers dont elle menace la république. On ne peut pas se dissimuler que c'est par un relâchement extrême qu'on a mis en liberté des individus qui devaient être traduits devant les tribunaux. Je ne puis m'accoutumer à cette idée que, dans un temps que l'on appelle le règne de la justice, elle soit si timide envers des hommes que la France entière accuse. Quel est celui d'entre nous qui ne se rappelle avec horreur les crimes commis par un nommé Héron! Eh bien, il n'a pas été traduit devant les tribunaux! Depuis quand la justice est-elle si lente à punir les coupables, quand elle a été si prompte à assassiner des innocens? Je désire que mes craintes soient chimériques, et que pour s'affermir la république n'ait plus à combattre aucun factieux. Mais je déclare que, quelles que soient les manœuvres des royalistes, je ne m'associerai jamais aux infâmes terroristes que nous avons terrassés; que toujours uni avec les amis sincères de la liberté, on ne me verra jamais m'allier en même temps avec des élémens impurs. J'aime mieux être égorgé qu'égorgeur. Dans les temps où nous vivons, un homme sincèrement attaché à son honneur, à celui de son pays, et qui ne veut pas qu'on soupçonne ses principes, vous doit, se doit à lui-même cette explication. »

Alors, comme depuis le commencement de ma carrière, je parlais d'après ma propre impulsion, sans ménagement pour aucun parti, sans autre intérêt que ce que je croyais l'intérêt national. Depuis mon arrivée à la Convention je n'étais d'aucun club, ni initié dans les délibérations des comités de gouvernement. Membre, pendant très-peu de temps, de celui de sûreté générale, je l'avais quitté pour la commission des Onze dans laquelle je restai pendant toute sa durée, c'est-à-dire presque jusqu'à la fin de la session conventionnelle.

Après le 9 thermidor, les thermidoriens quittè-rent la montagne et siégèrent du côté droit. Ils y furent renforcés par les soixante-treize victimes du 31 mai. Ceux-ci, après avoir été rappelés dans la Convention, étaient tout simplement retournés à leur place; ceux-là en avaient changé. On vit alors combattre dans les mêmes rangs Tallien et Lanjui-nais, Fréron et Boissy-d'Anglas, Legendre et Henri de Larivière, Barras et Lesage d'Eure et Loire, Rovère et Louvet. Sur ces mêmes bancs où la Gironde avait péri sous les coups de la mon-tagne, les déserteurs de l'une et les restes de l'au-tre, les oppresseurs et les opprimés, faisaient cause commune. Ces alliances bizarres, qui ne sont pas rares dans les révolutions, ne sont ni sincères ni solides. Le crédit des chefs thermidoriens avait un peu baissé déjà par la rentrée des soixante-treize, reparaissant sur la scène, forts de l'intérêt qu'ins-pirait un malheur non mérité; et, sans la révolte des sections de Paris, qui sépara de nouveau des élémens aussi opposés, Tallien et son parti se se-raient éteints avec le gouvernement révolutionnaire.

Outre les séances de la Convention, où les ther-midoriens et les soixante-treize siégeaient ensemble, ils avaient des réunions chez un nommé Formala-guez qui leur donnait à dîner une ou deux fois par semaine; j'y fus aussi attiré. Cet homme-là me paraissait une énigme que je n'ai jamais bien pu m'expliquer. Il se mêlait, je crois, de banque; je ne sais s'il n'était pas Espagnol, et lié d'affaires avec Lafond Ladébat. Il avait un logement modeste à un troisième étage; son ameublement et sa table annonçaient seulement de l'aisance; il était ouvert et accueillant; il n'était pas très-fort sur les matières politiques, il n'avait aucune influence dans les discussions, et n'y prenait que la part nécessaire pour ne pas y paraître étranger ou indifférent; il paraissait n'avoir d'autre but que de réunir les hommes les plus influens de la Convention, pour se concilier et s'entendre. Il venait aussi à ces dîners des personnages qui n'étaient pas représentans, entre autres, les généraux Servan et Miranda, ce dernier Espagnol et aventurier, et son compatriote Marchena, écrivain politique, qui courait aussi les aventures.

Dans un corps faible et chétif, Marchena cachait, sous un extérieur sale et repoussant, une ame ardente et énergique, des connaissances étendues, un enthousiasme désintéressé pour la liberté, et du talent pour le pamphlet. Servan, frère du célèbre avocat-général, était un homme médiocre à la guerre et dans les affaires civiles; mais il passait pour honnête homme. Miranda (1) joignait à des connaissances militaires, de l'esprit et de l'intrigue.

____

(1) Miranda, pour se soustraire à la déportation prononcée contre lui au 18 fructidor, passa en Angleterre. Il était natif du Pérou. Dès la guerre d'indépendance de l'Amérique du Nord, il avait conçu l'idée de délivrer l'Amérique du Sud, sa patrie, du joug espagnol. Appuyé par l'Angleterre et les États-

Du reste, dans ces réunions on n'arrêtait point de plans secrets; on ne s'y engageait à rien, tout s'y passait en forme de conversation, et dans des explications qui avaient souvent un bon effet entre des personnes qui se suspectaient mutuellement, ou sur des objets qui avaient besoin d'être éclaircis.

La conduite des sections de Paris mit la division dans cette réunion comme dans la Convention. Les orateurs sectionnaires portaient aux nues les soixante-treize, et confondaient dans leurs menaces et leurs outrages, les thermidoriens et la montagne. Dans le fait, on en voulait à la Convention tout entière. On disait aux Boissy et aux Lanjuinais : Que vous importe que les décrets des 5 et 13 fructidor soient acceptés? S'ils sont rejetés, vous serez toujours réélus au corps législatif, et vous serez débarrassés de cette majorité de conventionnels que conservent les décrets.

Je ne donnai pas dans le piége, je ne me laissai point séduire par ces éloges dont j'avais aussi ma part, et je ne m'en élevai pas moins avec vigueur contre la révolte des sections. La plupart des soixante-treize gardèrent au contraire le silence : c'était de leur part une défection ou une faiblesse. Ils devinrent dès-lors suspects, et l'on finit par les accuser de complicité avec les sections. Qu'il y en eût plusieurs de vendus alors à la royauté, c'est ce

Unis, il avait fait plusieurs tentatives depuis 1806. A la fin, la fortune lui devint contraire : il fut pris par les Espagnols, et mourut en 1816 dans les cachots de Cadix.

que la suite a prouvé; mais ceux qui ne l'étaient pas, compromettaient par leur fausse politique la sûreté du corps dont ils faisaient partie, et l'existence de la république; car, enfin, si l'on avait, à leur exemple, laissé faire les sections de Paris, la Convention eût été égorgée, ou du moins décimée, comme au 31 mai, et les royalistes, maîtres du champ de bataille, n'eussent certainement pas respecté son ouvrage.

Ainsi, dans le côté droit de l'assemblée, chacun reprit sa couleur originelle; les soixante-treize et les thermidoriens s'attaquaient d'autant plus, qu'ils siégeaient encore les uns près des autres; Daunou et Louvet se réunirent aux derniers : c'était une véritable confusion. Louvet était entraîné par l'irritabilité de son caractère; il nous proposait chez Formalaguez de réarmer les terroristes, d'indiquer un point de réunion aux *patriotes opprimés*, de former enfin une société de *jacobins*, sauf à la dissoudre quand on n'en aurait plus besoin.

Les soixante-treize disaient au contraire de ne rien précipiter, de se tenir sur la défensive, de gagner du temps.

On protestait de part et d'autre, en se quittant, qu'on resterait uni, mais à l'assemblée on se séparait tous les jours davantage; l'influence des soixante-treize diminuait, celle des thermidoriens augmentait. Le royalisme était si discrédité qu'il compromettait ses partisans lorsqu'il les mettait en avant, et même les républicains modérés qui avaient le malheur de recevoir ses louanges.

Les thermidoriens voulurent écarter des comités de gouvernement, Henri Larivière, Lesage, Rovère, etc., que le vent de la réaction y avait portés et qui y régnaient. Ce dernier était regardé comme l'espion des royalistes. C'était un homme immoral, qui jouait la modération après s'être signalé par des excès révolutionnaires dans le Midi, et qui ne méritait aucune confiance. Roux proposa (le 4 vendémiaire), sous le prétexte de donner plus d'action aux comités, de réduire à onze le nombre de leurs membres. Tallien renchérit encore et demanda la création d'une commission de cinq membres chargée spécialement de la surveillance de Paris.

A la tournure que prenaient les choses, il me parut évident que les thermidoriens tendaient à s'emparer de tout le pouvoir, et leur versatilité était loin de garantir qu'ils n'en abuseraient pas.

« Lorsqu'on vient, dis-je, de donner à la France un gouvernement constitutionnel, après lequel nous soupirions depuis si long-temps, je trouve étrange que l'on propose des institutions temporaires et sous des formes qui nous retracent le régime atroce auquel nous venons à peine d'échapper. Je demande l'ordre du jour. » Il fut adopté sur la proposition de Tallien, et celle de Roux fut renvoyée à la commission des onze.

L'exemple des sections de Paris ne trouva point d'imitateurs dans les autres assemblées primaires de la république; malgré les intrigues et les efforts du royalisme, on n'y remarqua point d'autre agitation que celle qui accompagne ordinairement la liberté. Il y en eut quelques-unes qui rejetèrent les décrets des 5 et 13 fructidor, mais pas une seule ne se révolta. Elles se séparèrent toutes après avoir délibéré seulement sur l'objet pour lequel elles avaient été convoquées, et le résultat des votes donna une immense majorité pour l'acceptation de la constitution et des décrets. La Convention le fit proclamer. Les sections de Paris s'étaient révoltées pour s'opposer à cette acceptation, elles restèrent en révolte contre le vœu national. Elles prétendirent que les décrets n'avaient point été acceptés, qu'il était même douteux que la constitution l'eût été; qu'il y avait eu fraude dans le recensement des votes, qu'elles avaient le droit de venir vérifier les procès-verbaux et les calculs, etc. Elles demeurèrent donc en permanence, organisèrent des forces, se coalisèrent entre elles, et délibérèrent sur toutes sortes d'objets et en armes; chacune d'elles agit en souveraine; et après avoir outragé et menacé la Convention, elles se préparèrent à l'attaquer.

Les objections faites par les sections de Paris et qui ont été renouvelées depuis par le royalisme, dans toutes les circonstances où la nation a été appelée à voter, étaient sans fondement. Mais dans tous les cas nous aurions été des insensés, si nous avions consenti à traiter comme une affaire judiciaire l'établissement d'une grande république. Il n'y avait donc plus de ménagemens à garder. Il fallait réduire les révoltés par la force et vaincre ou périr.

Les rapports se multipliaient à la Convention sur les entreprises et l'audace des sections. Le 3 vendémiaire an IV, La Révellière-Lépeaux en fit un à ce sujet au nom des comités de gouvernement, et fit adopter un décret qui rendait la commune de Paris responsable de la sûreté de la représentation nationale, et qui ordonnait aux généraux de tenir les colonnes républicaines prêtes à marcher.

« Il ne suffit pas, dis-je, d'avoir pris des mesures pour l'avenir; il en faut aussi prendre pour le moment. Ce ne sont pas des rapports de police qui doivent diriger la Convention. Les attentats des factieux sont connus, puisqu'ils ont osé les proclamer à la face de l'Europe. La république n'est pas un jeu d'enfans, c'est la volonté du peuple; vous le trahiriez, si vous ne le faisiez pas respecter. Il était bon de prévoir les excès auxquels les factions pouvaient se porter, mais vous ne pouvez fermer les yeux sur les actes illégaux de quelques hommes qui usurpent le nom et la souveraineté du peuple. Tant que la constitution a été soumise à son acceptation, vous avez dû tout souffrir et donner par cette tolérance un grand exemple de votre respect pour les droits qu'elle consacre. Mais les circonstances ne sont plus les mêmes, et lorsque des sections ont l'audace de casser vos décrets, vous devez avoir au moins la force de casser leurs arrêtés. Les agitateurs disent maintenant que ce ne sont pas les citoyens de Paris qui ont fait le 31 mai; je le crois; mais cependant la population entière était sous les armes, lorsque l'on décimait la Convention. C'est ce qu'on veut encore faire aujourd'hui. Citoyens de Paris, prenez-y garde! Pour cette fois se réaliserait la prédiction d'Isnard (1); elle se réaliserait, j'en jure par le génie de la liberté. Je demande que les comités de gouvernement fassent demain un rapport sur les arrêtés pris par quelques sections, relativement aux lois du 1er de ce mois sur l'acceptation de la constitution et des décrets des 6 et 13 fructidor, ainsi que sur l'exécution du décret qui porte que ces lois seront proclamées dans le jour à Paris.»

Ma proposition fut décrétée.

La constitution exigeait l'âge de trente ans pour être membre du conseil des cinq cents, et portait que les membres du Directoire exécutif ne pourraient être pris dans le corps législatif. La Convention avait suspendu l'exécution de ces deux dispositions, de la première, pendant quelques années, sous le prétexte que des généraux distingués, qui n'avaient pas trente ans, se trouveraient exclus de la représentation nationale, mais, dans le fait, parce que trois ou quatre membres de la Convention, Penières, Gamon et surtout Tallien, n'avaient pas

______

(1) Il avait prédit, le 27 mai 1793, présidant alors la Convention, qu'il n'y resterait pas pierre sur pierre.

encore cet âge; de la seconde, pour la première
formation du Directoire, parce que quelques conventionnels y avaient des prétentions pour eux-
mêmes, et que le plus grand nombre y voyait une
garantie pour eux et la république. Cette suspension avait été prononcée sur le rapport de Lanjuinais au nom de la commission des onze qui n'en
avait pas même délibéré. Convaincu de l'indispensable nécessité de conserver les deux tiers de la
Convention dans la première formation du Corps
législatif, je ne l'étais pas du tout qu'il fallût nommer des conventionnels dans celle du Directoire.
Il me paraissait suffisant pour l'intérêt public que
les deux tiers de la Convention prissent part à cette
nomination. Je ne voyais donc, dans cette exception, que l'intérêt personnel et l'ambition de quelques hommes. J'avais voulu m'y opposer (le 28
thermidor). Mais Cambacérès et Lanjuinais la dé-
fendirent avec chaleur, et l'on ne me permit pas
de développer mes motifs. J'eus ensuite une explication à ce sujet avec Lanjuinais; il m'avoua qu'il
n'avait agi dans tout cela qu'à l'instigation de
Cambacérès : il espérait être nommé directeur, et il
était fait pour en avoir la prétention.

Les thermidoriens voulaient aussi nommer le Directoire avant l'arrivée du nouveau tiers. Baudin
qui votait avec eux fit convoquer à cet effet (8 vendémiaire an IV) la commission des onze et le comité de salut public. Suivant lui, la loi du 5 fructidor avait été rédigée dans l'intention que les

membres de la Convention se diviseraient pour former les deux conseils législatifs, sans attendre le nouveau tiers. Cette opération lui paraissait commandée par les circonstances où il lui semblait urgent de terminer la session de la Convention, et par la certitude que l'on nommerait alors un Directoire vraiment républicain. C'était l'opinion de Daunou, Louvet, Sieyes et Cambacérès. On répondait que la loi du 5 fructidor était muette sur ce point, que celle du 13 semblait exclure toute idée de cette organisation provisoire ; que le Corps législatif étant corps électoral du Directoire, il serait contraire à la constitution de le faire nommer par la *Convention* dont le tiers qui devait sortir n'avait pas le droit de concourir à cette élection ; que c'était au contraire en priver le nouveau tiers et l'indisposer d'avance contre les directeurs. Cet avis l'emporta ; c'était celui de Lanjuinais, Lesage, Boissy, La Révellière. J'en étais aussi par respect pour les principes ; c'eût été d'ailleurs les violer inutilement ; car j'étais persuadé, en supposant que le nouveau tiers tout entier fût royaliste, ce qui n'était pas vraisemblable, que les deux tiers conventionnels feraient l'élection du Directoire, et n'y nommeraient que des républicains. Bentabole demanda (30 vendémiaire) que, sans attendre le nouveau tiers, la Convention se divisât en deux conseils et nommât le Directoire. Les tribunes l'applaudirent avec transport ; il fut faiblement appuyé : sa proposition n'eut aucune suite.

CHAPITRE XVI.

JOURNÉE DU 13 VENDÉMIAIRE. — LES THERMIDORIENS
RETOURNENT A LA MONTAGNE.

LE 11 vendémiaire, la Convention rassemblée allait célébrer une fête funèbre en l'honneur des défenseurs de la liberté morts victimes de la tyrannie. Des pétitionnaires de Valenciennes vinrent se plaindre de ce qu'on laissait usurper la souveraineté par trois mille *faquins* composant les sections de Paris. Le président annonça le commencement de la fête.

« La Convention, dis-je, ne peut se dissimuler que les dangers de la patrie vont en croissant, et nous serions la risée de l'Europe, si, au lieu de les écarter, nous célébrions une fête. J'en demande l'ajournement. Nous nous occuperons des morts quand nous aurons sauvé les vivans. »

Mais Tallien répondit que les préparatifs étant faits, il voulait pleurer sur les mânes de Vergniaud, etc., et combattre ensuite la nouvelle horde de *Charette*.

La Convention se déclara en permanence.

La séance fut remplie par des hymnes et des

discours funèbres, des rapports et des décrets relatifs à la révolte des sections.

Elles avaient une attitude militaire, elles étaient en hostilité déclarée. La nuit leurs factionnaires se correspondaient et poussaient les mêmes cris que dans une place de guerre. Elles n'avaient encore nommé qu'une partie des électeurs ; ils se constituèrent en collége électoral au nombre de cent, sous la présidence du vieux duc de Nivernais, qui, lorsqu'on alla le chercher chez lui pour le conduire à cette assemblée, dit : Vous me menez à la mort. Cette réunion prématurée et illégale n'avait pour but que de donner aux colléges électoraux des départemens l'exemple de la désobéissance aux décrets des 5 et 13 fructidor, et d'opposer à la représentation nationale une sorte de représentation des sections.

La Convention rendit un décret pour casser cette assemblée et faire cesser la permanence des assemblées primaires. La proclamation en fut faite le soir même dans les rues, accueillie et interrompue sur quelques points par les huées et les violences des sectionnaires en révolte ouverte.

Les comités de gouvernement firent marcher la force armée contre les perturbateurs et le collége électoral. Mais les électeurs n'attendirent point. Pour leur donner le temps de se disperser d'eux-mêmes, on mit exprès de la lenteur dans les dispositions.

Jusqu'au dernier instant l'agitation était concentrée dans l'intérieur des sections; on ne s'en apercevait pas pour ainsi dire extérieurement. On allait et venait dans les rues, aux spectacles , à ses plaisirs , à ses affaires comme à l'ordinaire; le peuple se livrait à ses travaux habituels et ne prenait aucune part à ces discussions; aucun des partis n'osait s'en servir parce qu'ils craignaient de n'en être plus maîtres, si une fois ils le déchaînaient, et que d'ailleurs il n'était pas du tout disposé à servir le royalisme. La Convention, pour laquelle le peuple inclinait toujours, n'osait pas non plus l'employer par une sorte de pudeur, et parce qu'elle venait de le désarmer après les journées de floréal et de prairial. Les comités de gouvernement donnaient des armes seulement à quelques individus expulsés des assemblées primaires , à Paris ou dans les départemens, à quelques hommes incarcérés comme terroristes et récemment mis en liberté , parmi lesquels il y avait aussi des patriotes victimes de la réaction. Encore on n'accepta leurs secours qu'à la dernière extrémité (11 vendémiaire) : on ne pouvait pas éviter le combat; il n'y avait plus de scrupule sur les moyens de se défendre ; il fallait vaincre. Les restes de la montagne se ralliaient. On parlait hautement de toutes les mesures révolutionnaires connues, telles que la clôture des barrières, les visites domiciliaires, etc.

La force des sections se composait des compagnies de grenadiers et chasseurs de la garde nationale formées de propriétaires, de marchands, en un mot de citoyens en état de s'habiller et de s'équiper, au nombre d'environ vingt mille hommes ; tout le reste formait ce qu'on appelait *les basses compagnies*, n'était guère organisé que sur le papier, et n'avait pas l'honneur d'être appelé au service. Cette armée, car c'en était une du moins par le nombre, était commandée par le général Danican, qui, après avoir servi la république contre les Vendéens, avait pris parti pour le royalisme ; esprit inquiet et remuant, caractère inconstant et qui n'était pas de force à jouer un premier rôle.

La Convention avait pour sa défense quelques bataillons de ligne, forts de trois à quatre mille hommes, et quinze cents patriotes. Elle avait des canons, même ceux des sections, qu'elles lui avaient elles-mêmes remis après les événemens de prairial, comme un trophée conquis sur les terroristes ; et c'était la section Lepelletier, la plus audacieuse dans sa révolte, qui avait la première donné cet exemple.

Menou, général en chef de *l'armée de l'intérieur*, dont le quartier-général était à Paris, se trouva investi du commandement. Républicain, mais modéré et naturellement temporiseur, personne n'était moins propre que lui à ce genre de guerre qui exigeait plus de résolution et d'audace que de science. Il n'effrayait point les sectionnaires qui le trompaient par leurs protestations pacifiques, l'endormaient par leurs flatteries, et le nommèrent même, à la vérité sans son aveu, leur général. La Convention avait peu de confiance en lui; il n'en inspirait aucune aux patriotes. Une lettre qu'il m'écrivit, le 11 vendémaire, peint son caractère et son système.

« Mon brave et loyal représentant : L'assemblée se réunit aujourd'hui à neuf heures. Il paraît qu'on y fera un rapport sur les sections. Trouvez-vous-y, afin qu'avec votre sagacité et fermeté ordinaires, vous empêchiez qu'on ne prenne des mesures qui pourraient amener la guerre civile. Sagesse et fermeté. Tâchons d'arriver au but sans qu'il en coûte de sang : en gagnant du temps, on gagne tout, et j'espère que nous fonderons la république en dépit des malveillans et des intrigans. »

Des représentans du peuple, chargés de la direction de la force armée, ne faisaient qu'ajouter encore à la lenteur et à l'irrésolution du général. Ainsi, au lieu d'agir de vive force pour réduire celles des sections qui étaient les plus échauffées, on parlementait, on négociait, et on exaltait leur audace. Gagner du temps, c'était bien facile à dire : mais le temps nous gagnait, et il n'y avait plus moyen d'éviter le combat. La Convention avait usé tous les ménagemens, elle avait porté jusqu'à l'excès le sacrifice de sa sûreté, de sa dignité et de son honneur. D'ailleurs, les sections se levaient pour attaquer la représentation nationale ; elle était réellement sur la défensive. Le 13 vendémiaire, on n'alla pas chercher les sections; ce furent elles qui vinrent assiéger les Tuileries, et qui accoururent au-devant de leur défaite.

Les députés militaires, auxquels la Convention confiait, dans les momens critiques, le soin de sa défense, étaient Barras, Letourneur, Delmas; Menou fut enfin mis de côté au moment où on allait en venir aux mains; et, le 13 vendémiaire, Barras confia le commandement à Bonaparte qui, destitué comme terroriste par Aubry, végétait à Paris, pauvre et inconnu; ses dispositions firent triompher la représentation nationale.

Quoi qu'on ait dit depuis de la facilité de cette victoire, je la regardai comme un vrai miracle; car nos agresseurs étaient enfin des hommes, des Français, et au moins cinq contre un. L'attaque fut dirigée d'une manière ridicule; mais elle aurait pu l'être autrement. Car si les sectionnaires s'étaient emparés des rues et des maisons environnant les Tuileries, de ces retranchemens naturels, ils auraient foudroyé le peu de soldats qui défendaient les avenues du palais. Au lieu d'une manœuvre aussi simple que sûre, les sectionnaires se présentèrent en colonnes serrées et profondes qui ne pouvaient ni se déployer, ni faire aucun mouvement, et qui donnaient une prise immense aux tirailleurs et à l'artillerie des troupes conventionnelles qui eurent bientôt jeté le désordre et la confusion dans ces masses.

On a prétendu que la manœuvre des sectionnaires, précisément parce qu'elle était contraire aux premières notions militaires, prouve qu'ils n'avaient point de vues hostiles, et qu'ils ne venaient que pour présenter une pétition à la Convention. Quelle pitoyable dérision! Des pétitionnaires au nombre de vingt ou vingt-cinq mille, et armés de pied en cap!

Enfin, des citoyens inexpérimentés ne pouvaient pas, dit-on, tenir contre des troupes aguerries. Cela serait bon à dire s'il se fût agi d'une bataille rangée; encore les Vendéens avaient prouvé le contraire : mais pour une guerre d'escarmouche et de barricades dans une ville, ou pour le siége d'un château non fortifié et accessible de toutes parts, il ne fallait qu'un courage fort ordinaire et une adresse bien médiocre. Le peuple l'avait enlevé de vive force le 10 août 1792, quoique pour le moins aussi bien défendu que le 13 vendémiaire. Mais le peuple alors, entraîné par l'amour de la liberté, bravait tous les dangers. Le 13 vendémiaire, au contraire, une grande partie des citoyens réunis sous les drapeaux sectionnaires n'avait, par prudence ou par principes, aucune envie de se battre, et n'y avait été entraînée que par un faux point d'honneur. Leurs chefs leur avaient, en outre, persuadé que les fusils et les cartouches n'étaient là que pour la forme; que dès qu'ils se présenteraient aux Tuileries, les troupes fraterniseraient avec eux, et que la majorité de la Convention les accueillerait à bras ouverts. Ainsi, quand la mousqueterie et la canonnade se firent entendre, la plupart des sectionnaires se sauvèrent, en couvrant d'imprécations les intrigans qui les avaient trompés.

Le 14, les curieux affluaient dans les rues qui avaient servi de champ de bataille. Il n'y restait aucune trace. La nuit même on avait enlevé les morts. On en exagéra beaucoup le nombre. Il n'y en avait peut-être pas cent ; c'était beaucoup trop sans doute, car c'étaient tous des citoyens obscurs et innocens ; il ne périt pas un chef, pas un de ces orateurs furibonds qui avaient allumé l'incendie, et qui, tandis qu'on en venait aux mains, faisaient en sûreté des vœux pour le succès de leur parti. Le soir, les spectacles étaient remplis comme s'il ne fût rien arrivé.

Ce pauvre Menou fut accablé du coup qui l'avait frappé. Il adressa aux représentans du peuple, le 13 vendémiaire même, je ne puis dire si ce fut avant ou après la victoire, une profession de principes qui était sincère, mais qui, dans la circonstance, sentait un peu la peur : il m'en envoya une copie ; elle était ainsi conçue :

« Citoyens représentans, je ne chercherai point à justifier ma conduite ; elle a été pure, elle l'est et le sera toujours. J'ai fait ce que me dictait l'amour de mon pays ; mais je dois au public, à la Convention et à moi, de déclarer quelle est aujourd'hui et quelle sera toujours mon opinion.

» J'ai combattu pour la république, et ne cesserai de combattre pour elle.

» J'ai vécu et je mourrai républicain.

» J'ai voué respect et obéissance aux lois. Jamais je ne m'en écarterai.

» Je ne connais comme lois que celles faites par la majorité du peuple français, dans le cas où il délibère lui-même, ou celles faites par ses représentans librement et légalement élus. Jamais je ne reconnaîtrai celles faites par la minorité ou une section quelconque du peuple. La constitution décrétée par la Convention nationale, sur laquelle j'ai émis mon vœu, et qui a été acceptée par la majorité du peuple français, est sacrée pour moi ; j'emploierai tous mes moyens pour la défendre.

» Mon opinion particulière est pour la réélection des deux tiers de la Convention, parce que je regarde cette mesure comme conservatrice de la constitution, tandis qu'il est possible et probable qu'un corps législatif dont la majorité serait composée de membres nouveaux, porterait atteinte à la constitution.

» Jusqu'à l'établissement du corps législatif, fixé au 5 du mois prochain, je ne connais de véritable pouvoir et d'autre centre d'unité que la Convention nationale.

» Toute autre autorité quelconque, hors celles établies par la loi, est illégale et contraire à la souveraineté du peuple.

» Je n'écouterai aucune espèce d'insinuations ou de propositions qui me seraient faites par une portion quelconque du peuple.

» Je resterai ferme et inébranlable dans mes principes ; je mourrai, s'il le faut, pour les soutenir ; telle est ma déclaration, citoyens représentans ; vous me devez de la faire connaître, et je l'attends de votre justice.

» J. MENOU. »

A peine délivrée des royalistes, la Convention eut à se défendre des jacobins. Ils voulaient s'emparer de la victoire et recommencer la révolution. Les motions les plus violentes se succédèrent rapidement.

Dès le 14 au soir, Pérard, l'ami intime de Choudicu, lut une motion ainsi conçue :

« La république long-temps méconnue, trop long-temps avilie, a été véritablement sanctionnée hier et aujourd'hui par le courage des hommes de 89. Le canon de la Bastille a de nouveau retenti ; il faut que la victoire soit utile, et qu'enfin le royalisme soit comprimé pour ne se relever jamais. On a tardé long-temps à se décider à cette mesure ; il faut l'adopter ; il faut que tout ce qui combattit les patriotes soit puni ; que l'exemple soit marquant. Pour prendre des mesures promptes et efficaces, il faut centraliser les volontés et resserrer leur action. Le temps est précieux. Décrétez que les comités de salut public et de sûreté générale nommeront dans leur sein une commission de trois membres qui vous proposera séance tenante des mesures de gouvernement relatives au passé et au présent. »

Quoique très-applaudie par les tribunes, cette motion fut accueillie dans l'assemblée par de vifs murmures, combattue par Chénier, et rejetée.

Quirot et Gourdan demandèrent le rapport de la loi du 12 fructidor, parce qu'elle ne frappait, disaient-ils, que des hommes arrêtés la plupart pour cause de patriotisme.

Je crus devoir m'opposer de suite au torrent qui se débordait.

« La victoire que la Convention vient de remporter, n'est pas le triomphe d'un parti, mais de la Convention tout entière. Je la regarderais comme une calamité si elle devait jeter encore la division parmi nous. L'expérience a prouvé que rien n'est plus funeste que de marcher de réaction en réaction. Les regrets que cette crainte pourrait inspirer sont adoucis par la pensée que le terme approche où l'établissement de la constitution va faire taire tous les partis, et cesser le gouvernement arbitraire et absolu. J'espère que pendant le peu de temps qu'il a encore à durer, personne ne sera assez osé pour vouloir s'en ressaisir et le prolonger. Sans doute on a abusé du mot *terrorisme*, mais il ne faut pas croire pour cela qu'il n'ait jamais existé de système désastreux pour la république et déshonorant pour la révolution. Restons donc dans un juste milieu. Veut-on ouvrir les prisons à tout le monde ? (On répond du côté gauche : Non, non.) Eh bien ! cherchons les moyens de discerner les innocens des coupables. Je demande le renvoi de la proposition au comité de sûreté générale pour faire un rapport. »

Le renvoi fut décrété malgré l'opposition de la montagne, du haut de laquelle Garrau s'écria « que le règne des thermidoriens n'avait comprimé que les patriotes. » Colombel : « Que depuis le 9 thermidor on avait mis en liberté cent mille aristocrates dont dix mille, tout au plus, méritaient d'être élargis. » Ces phrases étaient le véritable manifeste du parti.

L'un demandait que l'on cassât les nominations d'électeurs faites par les sections de Paris; l'autre, que les prévenus d'émigration fussent contraints, sous des peines afflictives, de se constituer prisonniers jusqu'à leur radiation; celui-ci, qu'on exclût de Paris toutes les personnes qui n'y étaient pas domiciliées en 89, et qu'à l'avenir on ne pût y venir sans une autorisation du gouvernement; celui-là racontait les relations qu'avaient les royalistes de Paris dans les départemens, et montrait un drapeau blanc parsemé de fleurs de lis pris à Dreux sur des révoltés. On proposait la réintégration des militaires destitués depuis le 9 thermidor, et la mise en liberté des représentans décrétés d'arrestation après les événemens de prairial. Cette dernière proposition était importante pour la montagne. On lut, dans la séance du 16, une lettre de Thirion, l'un de ces représentans, qui demandait sa liberté ou un jugement. Il n'y avait rien à y opposer, et l'assemblée allait renvoyer sa lettre à un comité, lorsque Dubois-Crancé, demandant qu'il fût fait un rapport sur tous les autres représentans qui se trouvaient dans le même cas, dit : « Nous avons violé la constitution, il ne nous appartenait pas de déclarer que les députés qui n'étaient pas en état d'accusation, seraient inéligibles au corps-législatif. » C'était renverser d'un seul mot toutes les élections, et remettre en question des opérations qui étaient presque achevées dans toute la république. Cette sortie fut vivement contredite, et l'assemblée se borna à renvoyer la lettre de Thirion au comité de législation.

La montagne ne se tint pas pour battue ; dès le lendemain 17, elle essaya d'enlever une décision sur le même objet. Delahaye fit, au nom du comité de législation, un rapport par lequel il justifiait complètement J.-B. Lacoste, un des députés décrétés d'arrestation, proposait de le mettre en liberté, et d'ordonner qu'il rentrerait sur-le-champ dans la Convention. En rappeler un c'était les rappeler tous. La montagne crie aux voix. Le côté droit s'y oppose vivement et se lève en masse. Tallien, qui y siégeait encore, s'écrie : « Se moque-t-on de la volonté du peuple ? » On demande l'ordre du jour ; Tallien continue : « Avant de passer à l'ordre du jour, il faut faire voir au peuple qu'on veut attaquer la constitution et mépriser sa volonté. » En effet la proposition était contraire aux décrets des 5 et 13 fructidor acceptés par le peuple. C'est ce que démontra André Dumont. Il conclut à ce que la Convention rapportât son décret de la veille, relatif à la lettre de Thirion, à ce qu'elle interdît de lui faire aucun rapport sur cette matière, et à ce qu'elle déclarât formellement qu'elle ne changerait pas les époques fixées pour la convocation des assemblées électorales, la formation du corps législatif et l'établissement du gouvernement constitutionnel. Ces propositions furent adoptées aux cris de *vive la république !* Trente membres de la montagne ne prirent point part à la délibération. On censura en outre le rapporteur pour avoir présenté, sans la participation du comité, un projet de décret contraire à ceux des 5 et 13 fructidor.

Le 15 , je fus nommé membre du comité de salut public.

Les thermidoriens étaient restés jusqu'à ce moment réunis avec les 73, et l'on était parvenu par ce moyen à résister aux entreprises de la montagne. Mais cette union ne fut plus de longue durée.

Le 17 vendémiaire, il y eut dîner chez Formalaguez ; nous y étions environ une douzaine, savoir : Boissy, Lanjuinais, Larivière , Lesage, Legendre, Tallien , etc. Après dîner Legendre dit aux quatre premiers qu'il avait à leur reprocher le silence qu'ils avaient gardé pendant la révolte des sections, et sur les éloges que les royalistes leur avaient donnés dans leurs placards et leurs journaux. Ils répondirent qu'ils n'avaient pas dû repousser des éloges qu'ils croyaient mérités; qu'ils ne les avaient point recherchés; qu'ils avaient gardé le silence parce qu'ils avaient pensé qu'il valait mieux temporiser que brusquer une explosion, et qu'ils avaient craint le retour du terrorisme. Cette justification était bien faible, car si, pour éviter la terreur, la majorité de la Convention eût aussi gardé le silence, il n'est pas douteux qu'elle n'eût été culbutée par le royalisme. Cependant Legendre était quelquefois de bonne composition, et il se contentait de ces explications, lorsqu'en les donnant, Lanjuinais dit le *massacre* du 13 vendémiaire. A ce mot Tallien entre dans un excès épouvantable de fureur; il ne se possède plus, il accuse Lanjuinais et ses collègues de connivence dans la rébellion des sections, il les traite de conspirateurs et Formalaguez d'espion, il veut sortir pour aller les dénoncer à la Convention. On se jette au-devant de lui pour l'arrêter, on ferme les portes, on fait tout au monde pour l'adoucir et le calmer; on ne peut y parvenir : il menace de tout briser et ne veut entendre à rien. J'avais des raisons de croire que Tallien ne cherchait qu'un prétexte pour se séparer des 73 et retourner à la montagne. Dès ses premiers mouvemens, je crus m'apercevoir qu'il jouait la comédie : j'étais donc resté assis et je le regardais tranquillement vociférer et se débattre, lorsqu'enfin, fatigué de la prolongation de cette scène scandaleuse, je dis de sang-froid : « S'il veut absolument sortir, ouvrez-lui la fenêtre. » Ces mots produisirent sur lui l'effet d'un seau d'eau jeté sur un chien qui se bat; il reprit sa raison et se remit en place. Lanjuinais put enfin s'expliquer, il convint qu'il s'était servi d'un terme impropre, et dit qu'il appelait *massacre* toute affaire dans laquelle le sang coulait, mais qu'il n'avait eu aucune mauvaise pensée. Cette explication parut satisfaire Tallien; on se réconcilia, on se promit mutuellement de rester unis et de ne point parler de ce qui s'était passé. On ne se tint point parole; on en parla, et, selon l'usage, chacun à sa manière. Un député me confia à ce sujet que, dès le 14 vendémiaire, il avait entendu Lanjuinais dire en présence de deux autres, *l'horrible massacre du* 13, et que, sur ce qu'on lui avait fait observer qu'il ne parlait pas comme un républicain, il avait répliqué : « Votre république est une chimère, elle ne tiendra pas. Je suis de l'avis de J.—J. Rousseau ; la France est trop vaste pour être républicaine. Je me soumettrai à la constitution, parce que c'est la loi de l'État, mais sans changer d'opinion. » Lanjuinais, de son côté, niait tous ces propos.

Sur un rapport spécial fait le 23 par Delaunay d'Angers, la Convention décréta que Lemaître serait traduit, avec ses complices, devant une commission militaire établie à Paris. Le rapporteur avait lu des notes trouvées dans les papiers de Lemaître, et qui étaient relatives à plusieurs députés tels que Lanjuinais, Boissy-d'Anglas, etc. Elles étaient vagues, insignifiantes, et ne prouvaient rien; mais cela suffisait pour jeter des soupçons et de la défaveur sur des hommes que leurs ennemis étaient fâchés de voir réélus par le suffrage général de la France, et que l'on craignait de voir nommer au Directoire. Sieyes disait alors au comité de salut public que Barthélemy, ministre en Suisse, était dans la conspiration royaliste et qu'il fallait le rappeler. Au sujet d'un échec que notre armée avait éprouvé sur le Rhin, Letourneur et Louvet assuraient que Pichegru trahissait (1).

On demanda l'impression du rapport. Tout-à-coup on vit Tallien se lever au haut de la montagne où il venait de reprendre sa place après quatorze mois d'absence. Cet abandon subit du côté droit où il avait siégé depuis le 9 thermidor, parut d'un mauvais augure; ce changement de place annonçait un changement de parti ou de principe : « Et moi aussi, s'écria-t-il, je demande l'impression du rapport, mais je demande également celle des lettres dont des fragmens viennent d'être lus. Il faut que chaque représentant du peuple, chaque Français puisse les lire et s'y convaincre de toute la scélératesse des conspirateurs. Quant à moi, j'ose le dire, les comités de gouvernement n'ont pas nommé les

---

(1) Ils n'en avaient pas de preuve; cependant ils devaient avoir quelques données, ou ils étaient bien servis par leur instinct. En général, on ne croyait pas à ces trahisons.

hommes qu'ils auraient dû vous faire connaître. Il faudra cependant les signaler enfin; il faudra savoir pourquoi cette conspiration que je voulus, il y a deux mois, dévoiler à cette tribune, a été continuée avec plus de succès encore et a failli renverser la république. Il faudra savoir quels hommes étaient à la tête de cette conspiration; pourquoi ceux qui, le 13 vendémiaire, dirigeaient les rebelles contre la représentation nationale, sont encore libres au milieu de Paris; pourquoi on a paralysé l'énergie de ceux qui voulaient dénoncer et détruire ce repaire qui porte le nom d'assemblée électorale du département de la Seine, de cette assemblée au bureau de laquelle nous avons vu figurer les hommes que la correspondance saisie indique assez comme les agens les plus intéressés de la faction royaliste. J'ai consenti à me taire : j'ai eu tort, je m'en accuse devant les amis de la liberté. J'aurais dû, je l'avoue, dénoncer ceux qui, le 13 vendémiaire, conspiraient avec les factieux de Paris, ceux que les sections avaient pris sous leur protection, et qui, par une réciprocité facile à concevoir, prenaient sous leur protection les sections de Paris; ceux qui auraient été épargnés du massacre général de la représentation nationale; ceux pour lesquels des chevaux étaient prêts non loin d'ici; ceux qui recevaient les présidens et les secrétaires des sections rebelles; ceux auxquels les sections faisaient des appels, auxquels elles disaient : *dormez-vous?* Non sans doute ils ne dor-

maient pas, ils conspiraient le renversement de la république. Leurs chevaux, je le répète, étaient prêts,
et ils marchaient bientôt au-devant du nouveau roi
dont ils auraient été les principaux ministres. Oui,
j'ai eu tort de ne pas vous faire connaître plus tôt vos
dangers et les accusations qu'on prépare contre vous.
Oui, dans quelques jours on doit vous accuser d'a-
voir fait tirer sur le peuple, et déjà la journée du
13 vendémiaire a été nommée un massacre. »

Barras, avec qui ce discours avait été concerté,
s'écria à son tour : « Je demande que l'on fasse connaître enfin ceux, qui, siégeant parmi nous, ont
conspiré contre la république. »

Tallien reprit : « Je les connais ceux qui s'agitent encore, ceux qui sont unis aux conspirateurs
de l'intérieur. »

Un grand nombre de voix : « *Nommez-les*, *nommez-les.* »

Tallien : « Je les démasquerai à l'instant. Je demande que la Convention se forme en comité général. »

L'assemblée se leva en signe d'adhésion. Les tribunes retentirent des cris de vive la république ! Sauvez
la patrie ! A bas les royalistes ! Et le public se retira.

Tallien ayant déjà prononcé l'acte d'accusation,
il ne s'agissait donc plus que de faire connaître les
conjurés. Il nomma Lanjuinais, Boissy-d'Anglas,
Henri Larivière et Le Sage d'Eure-et-Loir.

La montagne éclata en transports d'approbation.
Mais la majorité de la Convention se montra froide.
Bergoing, un des 73, quoiqu'ami intime de Bar-

ras, défendit les inculpés et récrimina contre Tallien. C'était un homme bon et loyal, et ses liaisons avec les deux partis donnèrent du poids à ses paroles. Le temps se passait en discussions orageuses, il était déjà minuit. Tallien voyant que sa dénonciation tombait à plat, eut encore un accès de fureur, semblable à de celui qu'il avait eu chez Formalaguez quatre jours auparavant. Il s'écria, « qu'il fallait rendre la séance publique et discuter devant le peuple. » La montagne l'appuya de toutes ses forces. C'était, de la part de l'orateur, trahir son devoir, outrager la représentation nationale, et provoquer l'insurrection contre elle. Mais la majorité de la Convention méprisa ses clameurs, tint ferme, se refusa à rendre la séance publique, et décida qu'il n'y avait pas lieu à inculpation contre les quatre députés dénoncés.

C'était un grand échec : pour en diminuer l'amertume aux thermidoriens, et peut-être pour sauver plus sûrement ses amis, Louvet qui, en se liant fortement avec les premiers, n'en était pas moins resté fidèle aux 73, dénonça Rovère et Saladin comme les chefs ou premiers fauteurs de la révolte des sections.

« Que Larivière, Le Sage, Boissy et Lanjuinais, dit-il, aient trempé dans de tels complots, qu'ils aient à ce point oublié les vertus qui leur ont mérité la plus glorieuse infortune ; j'ose affirmer que la chose n'est pas possible, et je m'étonne que Tallien, qui est venu soumettre les soupçons que

lui inspirait la conduite de quelques-uns de ses
collègues, auxquels on ne peut reprocher que de
ne s'être pas assez fortement prononcés dans de
grandes circonstances, ait négligé de vous nommer
les véritables auteurs des dangers de la patrie, ceux
que j'accuse de tous nos maux. Qu'il m'est douloureux cependant que Lanjuinais et les autres aient
été dénoncés ! Je crois que Tallien n'a demandé
un comité général que parce que le soupçon portait sur des hommes jusqu'alors exempts de reproches ; car s'il ne s'était agi que d'accuser Rovère
et Saladin, il n'y avait point à balancer, on devait le
faire sur l'heure et en présence du peuple Français. »

L'assemblée prononça leur arrestation. Rovère,
fougueux terroriste, dont le nom se rattachait aux
massacres d'Avignon, avait été ensuite un des plus
ardens promoteurs de la réaction ; membre du
comité de sûreté générale, il s'était emparé de la police, il avait fabriqué des conspirations ridicules,
et persécuté à outrance les hommes de la révolution, innocens ou coupables. On reprochait à Saladin la publication d'une opinion séditieuse contre
les décrets des 5 et 13 fructidor. L'un et l'autre
avaient embrassé ouvertement le parti des sections.
Il n'y avait pas moyen de les défendre. Cependant
Saladin venait d'être nommé député par l'assemblée
électorale de Paris ; son arrestation me semblait une
violation des garanties accordées aux députés par
l'article III de la constitution. J'en fis l'observation,
mais inutilement.

Le 24, Louvet et Legendre firent connaître en séance publique le résultat du comité général. « Je déclare au peuple Français, dit Legendre, qu'hier j'ai manifesté mes inquiétudes à l'égard de nos collègues Lanjuinais et autres, que je leur ai demandé pourquoi les factieux des assemblées primaires leur prodiguaient des éloges en même temps qu'ils répandaient la calomnie sur les représentans les plus courageux. Je leur ai dit que les éloges des méchans flétrissaient l'homme de bien; je leur ai reproché d'avoir gardé le silence lorsque les factieux venaient à cette barre insulter la Convention nationale. Oui, Citoyens, voilà les reproches que je leur ai faits et que je leur adresse encore. Mais je déclare que mes soupçons ne s'étendent pas plus loin que ces reproches. »

Ces protestations officieuses ne raccommodèrent point les choses. Personne ne crut à leur sincérité. Chacun garda ses soupçons et ses ressentimens. La rupture fut complète entre les thermidoriens et les 73. A dater de cette époque, ceux-là firent cause commune avec le parti qu'ils avaient abattu au 9 thermidor, et opprimé depuis, et persistèrent de plus en plus dans le dessein de rappeler dans la Convention les montagnards qui en avaient été expulsés en prairial, d'annuler les opérations des assemblées électorales, d'ajourner la mise en activité de la constitution, et de continuer le gouvernement révolutionnaire.

Dans le comité général on avait décrété l'impression des pièces trouvées chez Lemaître, et sur la demande de Defermon, en récrimination contre Tallien, des lettres trouvées à bord du paquebot anglais *La princesse Royale*, pris le 24 ventôse an III, allant de Hambourg à Londres. Dans la correspondance dont il était porteur, il y avait une lettre de LOUIS-STANISLAS-XAVIER à son cousin le duc d'Harcourt, datée de Vérone le 3 janvier 1795, et ainsi conçue :

« Je ne puis m'empêcher, mon cher duc, de joindre quelques mots à ma lettre ostensible, pour vous témoigner mes inquiétudes au sujet de l'affaire de M. de Puisaye. Elles ne portent pas sur le ministère, quoique sa conduite au commencement de cette affaire eût quelque chose de louche; les facilités qu'il a fini par vous donner pour vous et M. de Puisaye, sont bien propres à dissiper tous les soupçons du monde. Mais je vois avec peine le peu de connexion qu'il y a entre cette armée et la Vendée proprement dite, et je crains qu'en favorisant trop la première, on ne donne peut-être des jalousies à la seconde. Les rapports peu favorables que les agens de M. de Puisaye en ont faits à mon frère, m'affligeraient beaucoup si j'y ajoutais une foi entière ; mais comme ils contredisent d'autres rapports auxquels j'ai bien autant de confiance, ils m'inquiètent en un autre sens, et je crains que M. de Puisaye ne veuille, comme on dit, tirer toute la couverture à lui, ce qui serait extrêmement fâcheux. Car je doute que ceux qui combattent depuis deux ans avec tant de gloire, fussent d'humeur à se laisser enlever le fruit de leurs travaux par de nouveaux venus, et une dissension dans le bon parti serait tout ce qu'il y aurait de pire au monde. Il faut tout employer pour prévenir ce malheur. Le meilleur moyen à mon avis est d'approfondir les faits par le ministre même, et je crois que les facilités qu'il vous a données pour voir M. de Puisaye (1), vous en doivent donner pour savoir où en sont les relations que nous ne pouvons douter qu'il a eues avec M. de Charrette et les autres chefs de l'ancienne Vendée ; et si je ne me trompe fort, cette connaissance doit vous mener à la solution de cet important problème.

» Ne perdez pas de vue non plus les constitutionnels (2). Je sais que, dieu merci! leur fatale influence est fort atténuée en Angleterre. Cependant voici l'instant où ils redeviendront peut-être dangereux. *Je ne peux pas douter que Tallien ne penche vers la royauté; mais j'ai peine à croire que ce soit la royauté véritable;* et quelque modification qu'il y apporte, il n'est pas douteux que tous les constitutionnels s'y accrocheront, et pourront recommencer leurs intrigues avec d'autant plus d'avantage, qu'ils paraîtront s'appuyer sur une base solide.

» On dit aussi qu'il est question de faire passer le corps de M. d'Hervilly aux îles ; veillez à ce que

(1) M. de Puisaye était chef de l'insurrection de Bretagne.
(2) Sans doute les constituans.

cela ne soit pas. Rien ne serait plus fâcheux que de donner à aucun des nouveaux corps une autre destination que la France même. S'il n'était question que d'un seul, cela aurait moins d'inconvéniens; mais vous connaissez le danger de faire planche, et il faut absolument empêcher celle-là de se faire.

» Adieu, mon cher duc, recevez de nouveau les assurances de mon amitié.

» Signé Louis-Stanislas-Xavier. »

On saisit aussi sur ce paquebot d'autres lettres du même prince, de la même date, à M. Pitt et aux autres ministres britanniques, pour demander la faculté de se rapprocher du théâtre des grands événemens, et d'y jouer le rôle auquel il était appelé; de faire reconnaître par l'Angleterre sa qualité de régent, et de le tirer de l'inaction dans laquelle il était.

Il n'y avait rien dans les papiers de Lemaître qui approchât de la gravité de cette pièce. Puisque le prince disait qu'il ne pouvait pas douter que Tallien ne penchât vers la royauté, il était naturel d'en conclure qu'on était entré en négociation avec lui, et qu'il avait donné de fortes espérances. Ce n'était pas la royauté véritable, c'est-à-dire l'ancien régime tout pur; mais enfin c'était la royauté, c'était le rétablissement des Bourbons; et, dans ce temps là, quelque modification qu'on apportât à leur restauration, c'était une insigne.

trahison. Ce document seul eût suffi pour perdre tout autre député que Tallien; mais ce n'était pas le seul témoignage qui déposât contre lui. Il y avait des rapports absolument conformes des agens diplomatiques de la France en Italie, et d'un agent secret à Londres. On avait une lettre de M. d'Entraigues, dans laquelle il disait, en parlant des révolutionnaires : « D'après la conduite de Tallien à Quiberon, comment se fier à leurs promesses (1) ? » Lorsque Rewbell et Sieyes revinrent de leur mission en Hollande, ils dirent qu'ils y avaient recueilli des renseignemens précieux contre Tallien (2) et Fréron. J'avais entendu Louvet dire qu'étant

____

(1) On l'accusait d'avoir, au mépris d'une capitulation, fait fusiller les émigrés vaincus à Quiberon. Hoche les avait battus et acculés à la mer; on parlementa. Y eut-il une capitulation ? que portait-elle ? Était-elle définitive ou subordonnée à l'approbation du gouvernement ? Ce sont autant de points pour moi encore dans l'obscurité. Quoi qu'il en soit, les émigrés étaient pris les armes à la main. D'après les lois, on ne pouvait leur faire quartier. Elles étaient formelles, inexorables. Hoche et Tallien en référèrent cependant au comité de salut public qui ordonna l'exécution des lois. Elles furent exécutées. Les Anglais qui les avaient débarqués sur le sol de la république les abandonnèrent à sa vengeance. On les en a accusés du moins. Ces émigrés étaient la plupart des officiers de marine, et leur extermination était une victoire pour l'Angleterre.

(2) Ils parlaient très-mal de Sieyes dans la réunion chez Formalaguez, et s'opposaient à ce que Chénier y fût admis, parce qu'il était l'ami de Sieyes. Depuis ils se raccommodèrent.

en Suisse pendant sa proscription, il avait connaissance de conciliabules d'émigrés, dans lesquels on arrêtait des résolutions qu'il voyait ensuite dans les journaux présentées par Tallien à la Convention.

Les députés inculpés, qui s'étaient promis de ne pas répondre aux provocations de leurs adversaires, ne purent y tenir. Lanjuinais demanda la parole; mais la Convention, jugeant qu'il n'était pas de la dignité d'un représentant du peuple de se justifier pour des notes aussi vagues, termina tous ces débats en passant à l'ordre du jour.

Elle avait ordonné que les auteurs ou complices de la révolte du 13, seraient jugés par des conseils militaires qui ne devaient durer que dix jours. C'était une exception au droit commun qui justifiait cependant assez la nature du délit dans un moment où le régime constitutionnel n'était pas encore en activité. On devait croire que la vengeance serait éclatante et que des ruisseaux de sang allaient couler. Mais on fit plus de bruit que de mal; on décréta de mauvaises lois qui exhérédaient des classes

---

avec lui; et Sieyes, qui était au comité de salut public de la section des Relations extérieures, où étaient déposées toutes ces pièces contre Tallien, les lui remit sans doute comme gage de réconciliation, et répondit à Boissy, qui lui demanda à la fin de la session conventionnelle, ce qu'elles étaient devenues, qu'il les avait communiquées à Tallien par ordre du comité : *Communiquer* ce n'est pas *donner*, lui répliqua Boissy. Les pièces ne se retrouvèrent plus.

entières de leurs droits politiques, et il y eut peu
d'exemples faits sur les individus. Les orateurs des
sections et les chefs militaires des révoltés avaient
pris la fuite, ou s'étaient cachés. On ne les pour-
suivait pas avec une grande ardeur. On ne mettait
aucun empressement à les rechercher ; ou quand
on en trouvait, on les laissait échapper. Les conseils militaires en condamnèrent plusieurs à mort
par contumace. Mais ils se représentèrent ensuite
devant le tribunal criminel de la Seine, qui les ac-
quitta, parce qu'il n'y avait point eu de révolte
le 13 vendémiaire. Le canon en avait jugé autrement ; enfin on se montra si peu sévère, que le
comte de Castellane, condamné à mort par contumace, ne quitta point Paris, se montra publiquement, et que rencontré par une patrouille, la nuit,
il répondit au cri de *qui vive?* « Eh parbleu, c'est
moi Castellane, contumace ! » A force d'indulgence,
la Convention manqua à ce qu'exigeaient la justice,
sa propre dignité et la sûreté de la république.

Les chefs thermidoriens, alors réunis à la montagne, haïssaient plus leurs propres collègues que
les royalistes. Tallien et Barras craignaient, en faisant punir les vrais coupables, de s'ôter les moyens
de frapper Boissy, Lanjuinais, etc.; car c'était là
le but qu'ils se proposaient. En condamnant les
boute-feux des sections qui n'avaient plus la moindre importance, on ne satisfaisait qu'à la justice, on
ne faisait rien pour les passions, l'orgueil et la soif
du pouvoir. Au contraire, en proscrivant les repré-

senlans, on écartait des rivaux incommodes que l'on redoutait, et des défenseurs du régime constitutionnel que l'on voulait ajourner.

On s'acharna aussi contre le général Menou. Il n'était coupable que d'irrésolution, si un défaut naturel peut jamais être un crime. On l'accusa de trahison. Heureusement pour lui, le conseil de guerre devant lequel il fut traduit, était composé d'honnêtes gens, et présidé surtout par un homme loyal et juste, le général Loison, qui avait contribué à battre les sections. Menou m'avait indiqué comme témoin à décharge. Je parus au conseil de guerre, et je rendis hautement devant les juges et le public la plus éclatante justice au patriotisme et à la fidélité de l'accusé. Il fut acquitté; je ne doute pas qu'il ne l'eût été sans mon témoignage; mais il mit à leur aise les juges, en m'associant pour ainsi dire à leur responsabilité. Cette circonstance resserra les liens de l'amitié qui nous unissait déjà, et qui a duré jusqu'à sa mort, et me valut des témoignages de reconnaissance de la part de sa famille (1).

---

(1) Le frère du général m'écrivit, le 13 brumaire :

« Citoyen, permettez que je me réunisse à toute ma famille, et que je vous offre avec elle tous les remercîmens que nous vous devons pour les marques d'intérêt que vous avez données au général Menou, mon frère, si injustement accusé : ce sont des actes de vertu qui, sans doute, n'ont rien coûté à votre cœur; vous vous y livrez trop habituellement pour qu'ils vous fassent faire le moindre effort; mais ils ne nous en font pas

Madame de Staël avait eu des liaisons avec les orateurs les plus marquans des sections, et avec les députés qu'elles avaient comblés d'éloges. Elle avait d'ailleurs témoigné beaucoup d'intérêt pour les constituans, surtout pour Montesquiou et Talleyrand que l'on considérait alors comme émigrés. Elle devint donc suspecte; on l'accusa même d'avoir excité la révolte. D'après une insinuation faite à son mari par le comité de *salut public*, elle se retira à la campagne près de Paris. Mais on insista pour qu'elle sortît de France, et, comme elle n'y paraissait pas disposée, le comité prit un arrêté formel (le 23), pour le lui ordonner dans un délai de dix jours, et l'adressa à son mari. Le baron de Staël se rendit au comité, se plaignit d'abord de la forme de cette mesure, qu'il regardait au fond comme contraire au droit des gens, attendu que l'on ne pouvait pas expulser la femme d'un ambassadeur sans prouver qu'elle était coupable, et offrit de rendre l'arrêté. Il se présenta d'un air embarrassé, et parla avec peu de dignité. Plusieurs membres du comité lui répondirent; après quoi il se retira, et la discussion s'ouvrit. Boissy dit que l'ar-

---

moins un devoir impérieux et bien doux de vous vouer jusqu'à notre dernier soupir la reconnaissance la plus vive et l'attachement le plus inviolable. Heureux, en vous offrant l'hommage de ces sentimens , d'imiter la patrie que vous servez si bien contre les factieux qui voudraient la déchirer encore.

» PHILIPPE MENOU. «

rêté était en effet contraire au droit des gens; qu'il
y avait en Suède deux partis, celui du jeune roi et
celui du grand duc régent; que le parti du roi voulait le marier à une princesse russe, ce qui serait contraire aux intérêts de la France ; que le régent pro-
jetait un mariage avec une princesse d'Allemagne,
que c'était lui qui avait envoyé M. de Staël à Paris;
que si l'arrêté était connu à la cour de Suède, le
parti du roi ferait rappeler l'ambassadeur; qu'il
croyait d'un autre côté que M. de Staël, pour n'être
pas rappelé, renverrait plutôt sa femme; qu'il con-
viendrait alors de retirer l'expédition de l'arrêté,
pour qu'il n'en restât pas de trace. Le comité auto-
risa la section des relations extérieures à négocier
cet arrangement.

Le résultat des élections pour les conseils législatifs, fut alors connu et publié : je fus élu par
trente-deux départemens (1), j'optai pour le mien,
celui de la Vienne.

---

(1) Cantal, Charente, Charente-Inférieure, Cher, Côte-
d'Or, Dordogne, Eure-et-Loire, Finistère, Gard, Gironde,
Indre, Jura, Loire, Loire-Inférieure, Lot, Lot-et-Garonne,
Maine-et-Loire, Manche, Meuse, Meurthe, Montblanc,
Nord, Oise, Pas-de-Calais, Rhin (haut), Saône (haute),
Saône-et-Loire, Seine, Seine-Inférieure, Sèvres (deux),
Vendée, Vienne.

CHAPITRE XVII.

RÉACTION ET ASSASSINATS ROYALISTES.

QUAND les terroristes criaient qu'il n'y avait point eu de terreur, et qu'elle n'avait été qu'un prétexte imaginé pour persécuter les patriotes, la France entière leur donnait un démenti. Quand les républicains signalaient la réaction à laquelle se livraient le royalisme et l'esprit de vengeance, ils n'avaient que trop raison. En effet, sans parler de la guerre de brigandage que les chouans faisaient aux acquéreurs de biens nationaux et aux patriotes, il y avait presque partout une réaction violente contre eux et contre la république. A Paris, comprimés par la présence du gouvernement, les réacteurs n'assassinaient pas, mais ils insultaient, ils vexaient, ils calomniaient, ils flétrissaient, et, au 13 vendémiaire, ils montrèrent de quoi ils étaient capables, si on les eût laissés faire. Dans plusieurs départemens, les réacteurs, excités et favorisés par les autorités locales et par des représentans en mission, égorgeaient au nom de l'humanité et de la justice. Le midi surtout était le théâtre de leurs sanglans exploits. Leur association impie s'étendait depuis Lyon jusqu'à Nîmes, Marseille et Toulon. Ils y étaient organisés, et pour ainsi dire enrégimentés ; ils y obéissaient à des chefs, et ceux-ci recevaient l'impulsion d'agences royalistes existantes en France et à l'étranger. Les assommeurs prenaient le nom de *Compagnie de Jésus et du soleil*.

A Lyon, ils poignardaient en plein jour l'homme qu'il leur plaisait de désigner comme terroriste, et, sans plus de façon, ils jetaient son cadavre dans le Rhône. La police, la justice étaient muettes ou complices. La terreur fermait toutes les bouches, enchaînait toutes les langues.

En Provence, les pieux soldats des compagnies de Jésus égorgeaient en détail et en masse. Ils avaient entassé plusieurs centaines de citoyens, signalés comme terroristes, dans les cachots du fort Saint-Jean à Marseille, sous le prétexte de les livrer aux tribunaux. A un jour convenu, les égorgeurs précédés d'un crucifix, allèrent avec du canon assiéger le fort, y firent irruption, immolèrent tous les détenus, et renouvelèrent de sang-froid l'épouvantable hécatombe des prisons de Paris en septembre 1792. Les mêmes massacres eurent lieu dans le château de Tarascon. Du haut des tours, les assassins jetèrent dans le Rhône jusqu'à des cadavres de femmes auxquelles ils avaient coupé les mamelles.

Pendant toutes ces horreurs, deux représentans du peuple, Chambon et Cadroy, étaient en mission dans ces départemens ; tous les deux dévoués au royalisme, Chambon d'un caractère faible, Cadroy violent et cruel. Non-seulement ils ne prirent aucunes mesures pour prévenir ces attentats, ou en faire punir les auteurs ; mais Leblanc–Serval les ayant dénoncés à la Convention (3 messidor), en présence de Chambon, de retour de sa mission, il eut le front de le nier ; et plus tard, (29 vendémiaire), Pélissier ayant renouvelé cette dénonciation, Cadroy essaya de s'en laver, elle n'eut aucune suite.

Comment la Convention ne tira-t-elle pas vengeance au nom des lois, de ces crimes abominables ? Comment, après avoir fait justice des noyades de Nantes, laissa-t-elle impunis les égorgemens non moins atroces de Marseille ? Comment fut–elle plus impitoyable envers les terroristes révolutionnaires qu'envers les terroristes royaux ? C'est qu'elle craignait moins les uns que les autres. Les premiers la menaçaient de plus près, ils l'entouraient, ils la cernaient, ils siégeaient jusques dans son sein ; ils l'attaquaient, ils ne visaient à rien moins qu'à s'emparer du pouvoir pour régner encore par les lois révolutionnaires. Comme ils se donnaient pour les défenseurs de la révolution et de la république, ils avaient encore une sorte de popularité. Les seconds n'étaient pas nombreux, commettaient leurs excès loin de la capitale ; et comme ils ne dissimulaient pas qu'ils agissaient pour la royauté, ils répandaient l'épouvante, mais ils avaient peu de partisans, et rien ne semblait faire craindre qu'ils pussent établir leur domination. La révolte du 13 vendémiaire avait un autre caractère ; telles sont, du moins en y réfléchissant, mes conjectures à cet égard sur la conduite de la Convention ; car, dans le temps même, on ne raisonnait pas toujours ce que l'on faisait, et on ne se rendait guère compte des motifs pour lesquels on n'agissait pas. La Convention eût dû faire un exemple des assassins royaux. Rien de plus juste, rien de plus vrai en théorie. Mais j'ai déjà dit souvent combien il était difficile qu'elle tînt un milieu entre les deux écueils sur le bord desquels elle se trouvait. Peut-être un homme juste et vigoureux l'aurait-il pu ; cela était impossible à une assemblée en guerre avec elle-même. Je ne crois pas avoir eu alors de craintes pour moi-même, et je pense qu'il en était ainsi de la plupart de mes collègues ; mais pour la république, je craignais bien plus les terroristes de l'an II, que les terroristes royaux de l'an III. Il ne me venait pas à la pensée que le royalisme pût renaître de ses cendres, ni que les armées étrangères pussent triompher des nôtres. C'était une erreur, sans doute, mais elle était partagée par beaucoup d'autres ; elle était fondée sur la confiance aveugle que nous avions dans la solidité inébranlable de la révolution, la durée de la république, et la bonté de notre cause.

On a imputé la terreur royale aux thermidoriens, à Tallien, à Fréron, à Barras même, qui, dans les premiers mois après leur victoire, déchaînèrent toutes les fureurs et employèrent toutes sortes d'instrumens contre les terroristes. Quoique Tallien fût vivement suspecté d'avoir prêté l'oreille au royalisme, et que Barras fût capable de le faire, comme il le prouva dans la suite, je ne crois pas ce reproche fondé. Il en fut de cette terreur comme de celle de 93; elle vint insensiblement et sans préméditation; elle commença aussi par la violence des discours et des accusations, et finit par des égorgemens.

Du reste, leur impunité n'absout point le parti qui les a commis. En vain a-t-il essayé de justifier ses excès par le sentiment d'une vengeance légitime et d'une juste représaille; l'homme en société n'est point juge de sa propre offense; celui qui se fait bourreau par représailles n'est jamais qu'un lâche assassin, et le sang du coupable égorgé dans le cachot, malgré la garantie de ses fers, crie éternellement vengeance. Le sang du coupable? qui oserait dire qu'il l'était? Tant qu'un jugement ne l'avait point condamné, il était innocent.

En rapportant les crimes de la réaction, je n'ai point l'intention d'y chercher une excuse pour ceux qui la précédèrent et lui servirent de prétexte. Je n'ai voulu qu'être narrateur impartial et fidèle; loin de sentir une satisfaction secrète à prouver, par le seul récit de faits notoires, que le parti qui se disait le soutien du trône n'a rien à reprocher à celui qui l'avait renversé, je voudrais de tout mon cœur, et pour l'honneur de l'humanité, que les contre-révolutionnaires ne lui eussent jamais fait cet outrage. Que d'autres calculent lequel des deux partis, vu sa force et le temps pendant lequel il a été le maître, a le plus ensanglanté la France. Pour moi je déplore également, quels qu'en aient été les auteurs, les taches imprimées au nom français et les plaies faites à la patrie.

CHAPITRE XVIII.

JOURNÉE DU 1ᵉʳ BRUMAIRE. — PROJET DE CONTINUER LE GOUVERNEMENT RÉVOLUTIONNAIRE DÉJOUÉ. — FIN DE LA SESSION DE LA CONVENTION NATIONALE.

LES journaux vendus à la montagne continuaient d'attaquer les opérations des assemblées électorales dans toutes leurs conversations et leurs discours. Tallien, Barras, Chénier, Louvet ne parlaient que de les annuler. Daunou fut un de ceux qui s'y opposa avec le plus de constance et de courage, et le suffrage d'un républicain aussi pur avait une grande influence sur tous les partis.

On essaya de rétablir la terreur dans le sein de la Convention. On fit des rapports et des discours virulens, on exagéra les dangers, on accusa la Convention d'avoir laissé perdre les fruits de la victoire du 13 vendémiaire. On fit arriver des pétitions où l'on disait que les patriotes de 89 avaient gémi *sous le prétexte ridicule d'une terreur imaginaire;* où l'on demandait l'annulation des élections et la déportation de tous les royalistes. On ne parlait plus que du salut du peuple, des mesures de salut public et de toutes ces formules banales, présages funestes de la tyrannie. La barre et la tribune ne retentissaient plus que des propositions les plus révolutionnaires. La montagne était d'une audace inouie. Les tribunes publiques étaient garnies d'affidés qui l'applaudissaient avec fureur, et outrageaient les députés qui invoquaient le respect dû à la constitution, et luttaient de toutes leurs forces pour arrêter ce torrent.

Tallien et Barras régnaient et se partageaient la dictature. La montagne devait suivre exactement leur impulsion, et ils la morigénaient vigoureusement lorsqu'elle voulait agir d'elle-même. Ayant échoué dans la proscription de Lanjuinais et de Boissy d'Anglas, ils se rabattirent sur les députés Aubry et Lomont, et, sans discussion, emportèrent, quoiqu'ils vinssent d'être réélus, leur arrestation et celle de Gau, député du nouveau tiers, et du général Miranda, tous quatre prévenus de complicité dans la révolte des sections.

Aubry, chargé, au comité de salut public, du personnel de la guerre, avait, par des destitutions souvent injustes, introduit la réaction dans l'armée, et accumulé beaucoup de haines sur sa tête. Bonaparte, à qui la Convention devait en grande partie son salut, et qu'elle venait de confirmer dans le commandement de l'armée de l'intérieur, avait été une victime de ce représentant. Lomont était compromis par les papiers de Lemaître, et sa haine de la terreur semblait le pousser vers le royalisme. Gau était peu connu , et Miranda ne l'était que trop pour jouir d'une grande estime. Cependant la représentation était encore une fois entamée, la brèche s'agrandissait, il ne fallait qu'un coup d'audace pour s'emparer de la place.

Quoique les meneurs eussent la haute-main dans les comités, ils y étaient encore gênés par la présence de leurs collègues, tels que moi, qui ne partageaient pas leurs projets. Sous prétexte de centraliser l'action du pouvoir dans ce moment de crise et de danger, ils emportèrent aussi la création d'une commission de cinq membres parmi lesquels étaient Tallien, Dubois-Crancé et l'abbé Roux, chargée de présenter des mesures de salut public.

Le 3o, Barras, général et représentant, dictateur au camp, dictateur à la tribune, fit le récit des événemens du 13 vendémiaire, de ce qui avait précédé et suivi cette journée.

Dans ce rapport, il avança que depuis le 9 thermidor, on n'avait rien fait que pour la contre-révolution, et dit que *terroriste était un mot insignifiant*. Il accuse Menou de complicité avec les meneurs des sections rebelles , et assura que la colonne qui débouchait par le quai des Quatre-Nations, dans la journée du 13, s'avançait en criant *vive le roi* (1).

______

(1) Il n'était pas nécessaire de mentir pour prouver que le

Il termina par cette phrase : « Puissions - nous n'avoir pas à regretter un jour, une défaite, et à pleurer sur le sommeil étrange qui a suivi nos premiers succès. Paris est désarmé. Mais je pense que la Convention nationale, toujours juste, ne différera pas long-temps de réarmer ceux qui l'ont si vaillamment défendue et sur l'amour desquels elle peut toujours compter.

Que faisait la commission des cinq ? je l'ignorais, mais son existence seule me donnait de vives inquiétudes.

Le soir j'étais rentré chez moi l'ame abreuvée d'amertume. En récapitulant les progrès immenses qu'avait faits la montagne dans si peu de jours, je désespérais, pour ainsi dire, de la chose publique. Depuis le 13, la Convention ne délibérait plus qu'au milieu d'un camp. Les alentours, les tribunes, la salle même étaient investis de militaires et de terroristes. D'après les bornes que nous avions mises nous-mêmes à la durée de notre session, nous n'avions plus que quatre jours d'existence, mais je tremblais que ces bornes ne fussent renver-

---

royalisme avait poussé les sections à la révolte. Mais j'avais vu de très-près s'avancer vers le Pont-Royal la colonne qui débouchait par le quai des Quatre-Nations ; avant que le combat ne se fût engagé, et dans le morne silence qui régnait alors, je n'avais pas entendu le cri de *vive le roi!* ni un cri quelconque. Lorsque la fusillade et la canonnade eurent commencé, si les sectionnaires poussèrent un cri, ce ne put être que celui de *sauve qui peut !*

sées et que l'on nous rejetât encore dans l'océan révolutionnaire.

Le 1er brumaire, je me rendais plein de ces tristes pressentimens à la Convention. Je rencontrai sur la terrasse des Tuileries un groupe de représentans montagnards, arrêtés en prairial, et que les comités de gouvernement venaient de mettre en liberté. Ils m'entourèrent et me dirent : « C'est aujourd'hui que la commission des cinq doit proposer des mesures de salut public, de casser les élections et d'ajourner la réunion du corps législatif. Les patriotes comptent sur toi. — Ils ont raison d'y compter, leur répliquai-je, et je vais de ce pas confondre ces détestables projets. » J'entre dans la salle, exalté par l'imminence du danger et parcourant dans ma pensée les moyens de le prévenir. Je ne pouvais ni mettre de l'ordre dans mes idées, ni me contenir.

Un pétitionnaire était à la barre ; un membre invite le président à lui accorder la parole ; aux premières phrases de sa pétition, qui portaient sur les élections, je l'interrompis et j'éclatai.

« Il est bien étrange qu'au moment où l'assemblée prête à terminer sa session s'occupe de lois urgentes qui intéressent toute la république, on prétende lui faire perdre un temps aussi précieux à entendre des pétitions particulières dont le président n'a pas même pris la précaution de reconnaître l'objet. Le droit de pétition est-il donc celui que s'arrogent quelques individus de venir à chaque instant nous détourner des travaux importans, pour nous entretenir de tout ce qui leur passe par la tête? C'est une tactique astucieuse qu'il est temps de dévoiler.

» Il est évident qu'on veut vous forcer à juger dès-à-présent les opérations des assemblées électorales. Toutes les questions qui y sont relatives sont hors de votre compétence. Vous ne pouvez en connaître sans vous rendre coupables d'attentat envers la constitution ; je sais bien que ce n'est pas le premier qu'on aurait essayé de commettre, mais je déclare que je périrai plutôt que de la laisser violer.

» Fidèle à mon pays, je défendrai avec le même courage, avec la même énergie, jusqu'au dernier jour de cette session, la volonté bien exprimée du peuple.

» Je dénonce donc à la nation la nouvelle tyrannie qu'on lui prépare; en vain créera-t-on des dictateurs, je me dévouerai à leur proscription, je braverai leurs poignards, et je serai toujours *la barre de fer* contre laquelle viendront se briser les complots des factieux.

» Déchirons le voile qui couvre d'horribles manœuvres ; une nouvelle terreur plane déjà dans cette enceinte ; il faut qu'elle disparaisse avant la fin de cette séance, et que la sécurité règne dans tous les esprits.

» Quelques hommes dont l'amour-propre s'irrite de n'avoir pas obtenu la priorité dans la confiance du peuple, veulent aujourd'hui s'en venger sur lui, en jetant parmi vous les brandons de la discorde, et en décimant la représentation nationale pour l'opprimer, en usurper les pouvoirs et asservir encore la république.

» Tout est préparé. N'avez-vous pas remarqué depuis quelques jours le développement de leurs audacieuses combinaisons, les huées et les applaudissemens séditieux des tribunes remplies de leurs affidés, les discours concertés, les insinuations perfides, les dénonciations calomnieuses, tout cet appareil militaire qui vous environne?

» N'avez-vous pas vu un homme qui a changé de masque à toutes les époques marquantes de la révolution, se placer naguère à droite pour dénoncer à gauche, et se placer il y a peu de jours à gauche pour dénoncer la droite? Ai-je besoin de le nommer? Ne reconnaissez-vous pas Tallien? Je le dénonce au peuple français comme l'auteur des troubles qui nous agitent, et des dissensions qui nous déchirent. Oui, Tallien, je vais dévoiler tes complots; écoute et réponds si tu le peux aux faits que je vais articuler.

(Plusieurs membres crièrent qu'il fallait le faire avertir et l'attendre.)

» Certes, je n'entends point profiter de son absence, et je consens à ne prendre la parole que lorsqu'on l'aura fait prévenir, ainsi que les comités de gouvernement, de se rendre à la séance.

(L'assemblée arrête que je continuerai.)

» Puisque l'assemblée l'ordonne, je continue.

» Rappelez-vous, représentans du peuple, la dénonciation faite par Tallien contre plusieurs membres de cette assemblée. Redoutant les regards du peuple et la puissance de l'opinion publique, il provoqua une mesure inusitée jusqu'à ce jour, un comité général. Cependant sa dénonciation n'eut aucun succès, les membres inculpés furent complétement justifiés; mais sans respect pour votre décision et comme pour violenter votre conscience, cette dénonciation a été reproduite en séance publique; on a exagéré les dangers de la patrie, pour vous arracher l'établissement d'une commission chargée de présenter des mesures de salut public. Pouvez-vous ignorer quelles sont ces mesures, lorsque des espérances criminelles et des inquiétudes patriotiques qui se répandent sourdement aux environs de cette salle et jusques dans cette enceinte, vous annoncent qu'elles ne peuvent être que sinistres? On veut en effet vous proposer l'arrestation des représentans du peuple dénoncés, l'annulation des choix faits par les assemblées électorales, la suspension de l'installation du corps législatif, l'ajournement de la mise en activité de la constitution, et la prolongation du gouvernement révolutionnaire.

(Interruptions.)

» Il y a de la part de ceux qui m'interrompent plus que de l'impudeur à nier ce que la voix publique proclame en frémissant, et ce que chacun de vous n'a pu entendre sans indignation.

» Dénoncer cette horrible conspiration contre la volonté nationale, c'est l'avoir déjà déjouée.

» Je me suis opposé autant qu'il était en mon pouvoir à l'arrestation de quelques membres de l'assemblée ; je regarde comme une telle calamité que la Convention ait encore été entamée, que je m'opposerais même à tout ce qui pourrait atteindre le membre que je vous dénonce.

(Murmures.)

» Il est étrange que cette profession de foi trouve ici des improbateurs ; pour sentir tout ce qu'elle renferme de généreux, vous qui écoutiez si paisiblement Tallien lorsqu'il dénonçait ses collègues, entendez donc aussi leurs défenseurs ; entendez donc ceux qui veulent démasquer leur dénonciateur.

» Je croyais qu'il n'appartenait qu'à la vertu et au patriotisme d'intenter une accusation : et cependant, apologiste au moins des massacres de septembre, Tallien ose s'ériger en accusateur, il accuse ses collègues de royalisme ; et vous, dont l'impatience murmure si officieusement, il y a long-temps que vous avez formé contre lui la même accusation, et je vous dois cette justice d'avouer qu'elle paraissait bien fondée ; car s'il y a eu une réaction après le 9 thermidor, n'est-ce pas Tallien qui l'a créée et exécutée ? Ces compagnies de jeunes furieux qui parcouraient les rues, s'instituaient les législateurs

turbulens des spectacles, qui assiégeaient vos comités et jusqu'à votre garde, et qui formèrent le
noyau de la révolte qui attaqua à forces ouvertes la
représentation nationale au 13 vendémiaire; n'est-
ce pas Tallien et Fréron qui les avaient formées et
recrutées? Les écrivains virulens qui firent la
guerre aux jacobins et bientôt après aux républicains, ne commencèrent-ils pas leur carrière sous
les auspices de ces deux illustres patrons? N'étaient-
ils pas leurs aides-de-camp, ne formaient-ils pas
leur avant-garde? Tandis que tout cela se passait à
Paris, et que des compagnies de Jésus et du Soleil
organisées sur le même plan, égorgeaient dans le
midi vos envoyés à Venise, à Gênes et à Basle,
n'écrivaient-ils pas à vos comités que les ennemis
de la république comptaient sur Tallien, pour le
rétablissement de la royauté?..... N'avait-on pas
saisi une lettre écrite tout entière de la main du
prétendant, dans laquelle il annonçait les mêmes
espérances ?

» Je consens à ne pas voir dans cette foule de
fortes présomptions, des preuves d'une conspiration contre la république; mais convient-il à celui
contre lequel elles s'élèvent, d'accuser des hommes
dont la conduite privée et publique fut toujours
irréprochable? Est-ce à lui, qui se trouve compromis par des pièces aussi authentiques et par des
faits aussi notoires, à bâtir une dénonciation capitale sur des notes insignifiantes qui n'ont aucun
sens et aucun caractère d'authenticité? Je consens

à croire que ce n'est que l'ambition du pouvoir qui le tourmente, ou le dépit de n'avoir pas été réélu un des premiers, qui excite sa fureur. Mais vous penserez peut-être, représentans du peuple, que ceux que Tallien veut bien haïr comme ses rivaux, sont aussi nécessaires que lui au maintien de la république, et que vous pouvez sans crime vous dispenser d'être les complices de ses honorables persécutions. Je suis même persuadé que ceux qui ne cessent de m'interrompre, ne se montreront plus si favorables pour lui, lorsqu'ils sauront que quelques jours avant le comité général, lorsque quelqu'un disait à Tallien : La montagne se relève ; il répondit : Bah ! c'est la faction des mâchoires, ils n'ont pas un seul orateur. Et c'est le lendemain qu'il se constitua le leur.

» Il y a des hommes pour qui rien n'est sacré. Dans une de ces réunions où plusieurs membres de cette assemblée discutaient fraternellement et dans l'épanchement de la confiance réciproque des matières d'intérêt public, il échappa à notre collègue Lanjuinais un mot qui lui causa bien des regrets par la scène épouvantable à laquelle il donna lieu. Mais on s'était promis de l'oublier ; c'est cependant ce mot que Tallien a révélé, qu'il a empoisonné et dont il a fait le texte de son accusation.

» On pouvait lui répondre, qu'un jour vivement piqué de ce qu'on ne partageait pas son avis, il dit avec humeur : « Puisqu'il en est ainsi, tirez-vous-en comme vous pourrez, je vous abandonne ;

j'aurai toujours un endroit pour me réfugier, je ne suis point embarrassé. »

» Mais c'est assez s'occuper de détails minutieux et indignes de la gravité des circonstances qui nous menacent. Je les terminerai en disant à Tallien :

» Compare ce que tu es à ce que tu étais naguère ! Autrefois dans la médiocrité, aujourd'hui gorgé de richesses ! Et les hommes que tu accuses, qu'ont-ils gagné à la révolution ? les chaînes, les proscriptions. Pendant dix-huit mois ils ont erré de caverne en caverne, abreuvés d'opprobre, voués à la mort et ne vivant que pour l'échafaud. Jouis en paix si tu le peux des dons de l'aveugle fortune, mais cesse d'accuser des hommes irréprochables, des hommes que leurs malheurs et les services qu'ils ont rendus à leur patrie, recommandent au respect de leurs concitoyens. Veux-tu renouveler cette affreuse ingratitude d'un peuple inconstant et corrompu, qui, las d'entendre appeler du nom de juste un de ses citoyens, le condamna à l'exil, et ne pardonneras-tu pas à quelques membres de cette assemblée d'avoir réuni et mérité les suffrages de la nation !

» Eh quoi ! l'on accuse de royalisme cette nation tout entière dans ses assemblées électorales, et c'est par elle que les deux tiers de la Convention ont été réélus.

» Non, on ne parviendra pas, par des suppositions aussi absurdes, à réaliser le projet bien certainement combiné, et très-maladroitement révélé, de faire annuler des opérations que la loi, la volonté nationale et l'intérêt public commandent également de maintenir et de respecter.

» On croyait pouvoir atteindre progressivement ce but en attaquant d'abord les élections du département de la Seine ; plusieurs des députés qui avaient été décrétés d'arrestation en prairial, et qui doivent leur liberté aux derniers événemens, viennent de me l'avouer dans la cour du palais national ; ils m'ont dit encore que le décret qui fixe l'installation du corps législatif au 5 brumaire n'étant point accepté par le peuple, la Convention pouvait le rapporter et ajourner cette installation, qu'il n'y avait que ce moyen de sauver la patrie.

» Représentans, souvenez-vous que c'est sur la foi de ce décret que la nation vient de nommer ses députés. Si l'on prétend prolonger dans nos mains l'exercice du pouvoir constituant, je repousserai loin de moi cette odieuse usurpation, et je déclare qu'aucune puissance ne me forcera de rester le 5 brumaire membre de la Convention nationale.

(Legendre m'interrompt pour quelques faits.)

» La déclaration de mon collègue Legendre qui vient de m'interrompre, justifie le représentant Roux que je n'ai point inculpé personnellement, mais elle ne détruit pas les faits que j'ai cités et qui ont heureusement acquis une salutaire notoriété : ne faudrait-il point remercier la commission des cinq, de la grâce qu'elle paraît disposée à nous faire, de proposer que la Convention soit formée

en corps législatif au jour irrévocablement fixé ?
Est-il une puissance qui osât l'empêcher, quand
la Convention, quand le peuple Français l'ont
voulu ?

» Je ne peux quitter cette tribune sans demander
à Tallien ce que signifient ces expressions que j'ai
remarquées hier dans un de ses discours :

» La victoire n'a été utile qu'aux vaincus ;
qu'avons-nous fait pour détruire les conspirateurs
du 13 vendémiaire ? Rien. Qu'avons-nous fait pour
les encourager ? Tout.

» Quelles mesures énergiques a-t-il proposées que
la Convention ait rejetées ? Quelle proposition a
été présentée par les comités, qui n'ait été adoptée,
pour ainsi dire, sans discussion ? Fallait-il, comme
il le proposait après la victoire de prairial, incen-
dier un quartier de Paris et égorger les vaincus ?
Ce langage est d'autant plus perfide qu'il tend à
insinuer que la Convention protégeait les royalistes,
et que la victoire remportée sur eux le 13 vendémiaire ne fut pas son ouvrage.

» Je demande que la commission des cinq nous
fasse son rapport, séance tenante, qu'on discute
les projets qu'elle proposera, et qu'elle soit dissoute
immédiatement.

» Il est impossible de rester plus long-temps dans
un état d'angoisses aussi alarmant. La liberté de la
Convention ne peut exister avec une commission
qui ressemble à une chambre ardente, et qui tient
le glaive levé sur la tête de chaque représentant.

Je vois dans tout ce qui nous environne tous les symptômes d'une fameuse journée qui fut fatale à la république. J'espère que pour cette fois vous déjouerez les complots ourdis contre elle.

» Ah ! s'il ne s'agissait, dans ces luttes affligeantes des partis, que de nos intérêts personnels, de notre influence, de notre gloire, je remettrais volontiers à ceux qui s'en montrent si avides, ma portion de pouvoir, et avec elle les inquiétudes qui en sont inséparables.

» Mais il s'agit des destinées de la république, nous en sommes responsables, nous devons transmettre intacte la constitution à ceux que le peuple a chargés de recevoir ce dépôt sacré. Nous devons écarter tous les ennemis de son berceau.

» Sont-ils les seuls exposés aux fureurs des royalistes, ceux qui affectent si hautement de les redouter ? Ne devons-nous pas autant qu'eux craindre leurs vengeances ? Est-il un fondateur de la république qui peut espérer de trouver grâce à leurs yeux ? Me pardonneront-ils d'avoir voté la mort du dernier de nos rois ? Ne sommes-nous pas tous solidaires dans cette grande révolution ? C'est donc à nous tous qu'il appartient de prendre publiquement les dernières mesures qui doivent la consolider. »

Tallien essaya de se justifier, et, au nom de la commission des cinq, proposa à la Convention de se déclarer en permanence jusqu'au 5 brumaire.

Je répondis : « J'avais déclaré que j'attendrais,

pour parler, que Tallien et les comités de gouvernement fussent présens à la séance. L'assemblée en
a jugé autrement, j'ai dû lui obéir. J'ai allégué des
faits contre Tallien, et à cet égard j'ai usé du droit
que Tallien lui-même s'est arrogé de dénoncer
plusieurs de ses collègues. Voilà tout ce que je
dois lui répondre. Je viens maintenant au projet
de décret qui vous est proposé.

» Décréter en ce moment la permanence de la
Convention, c'est décréter la permanence de l'a-
narchie dans le gouvernement. Si les membres
des comités restent à l'assemblée, la marche du
gouvernement est arrêtée; s'ils s'en absentent, ils
sont privés du droit de voter. D'ailleurs, quels
sont les motifs de cette permanence? Tout ce qu'on
vient de vous dire sur l'étendue de la conspiration
du 13 vendémiaire ne nous apprend rien de nouveau. Tout le monde sait qu'elle embrassait une
grande partie de la république et surtout qu'elle
date de très-loin. Tallien le sait mieux qu'aucun
autre.

» Il est remarquable que le rapporteur de la
commission, bien loin de l'avoir justifiée du reproche que je lui ai fait de méditer l'annulation des
opérations électorales, ait prouvé, par ce qu'il a dit
sur ce point, que ce reproche était fondé. Mais, je le
répète, une pareille mesure, la commission n'a pas
le droit de la proposer, la Convention ne peut pas
l'adopter. On nous en impose lorsqu'on vient nous
dire que les députations sont venues se plaindre à

la commission des violences exercées dans les assemblées électorales. Ce n'est point, au surplus, sur des déclarations individuelles de quelques députés, intéressés sans doute, que la Convention peut examiner les opérations des assemblées électorales ; c'est au corps législatif seul qu'appartient le droit de prononcer sur la validité des élections. Tout ce qu'on pourrait faire de contraire à ces principes serait autant d'actes tyranniques que je dénonce d'avance à la nation.

» Je m'oppose à la permanence de la Convention. La lassitude ferait déserter de la séance la plus grande partie de ses membres, et on profiterait de leur absence pour donner le caractère de la loi à la volonté d'un petit nombre.

» Quoi qu'on en dise, le danger n'est pas aussi pressant qu'on pourrait le croire : je conclus donc à la question préalable sur la permanence, et je persiste dans mes précédentes propositions. »

Chénier, dans une opinion assez mesurée, défendit Tallien et dit que son nom passerait à la postérité, comme ayant, le 9 thermidor, sauvé la république.

Barras : « Je demande aux calomniateurs de Tallien ce qu'ils faisaient au 9 thermidor, et ce qu'ils ont fait long-temps après, en soutenant les complices des conspirateurs. »

Thibaudeau : « Je demande à Barras s'il m'adresse la parole. »

Barras ne répondit rien.

J'ai retranché de ce discours une foule d'interruptions, de murmures, d'apostrophes, d'applaudissemens, et tous les incidens qui constituent la
peinture dramatique d'une de ces scènes vives et
animées qui ont lieu dans une grande assemblée.
Sans rien changer au fond, j'ai mis seulement dans
mes paroles un peu plus d'ordre que ne me permit d'en mettre alors la situation violente où me
plaçaient les mouvemens contraires des partis et
ma propre agitation ; car il ne s'agissait pas d'une
de ces questions, dans la discussion desquelles,
quelqu'importantes qu'elles soient, une sorte de
pudeur commande aux esprits les plus échauffés
une certaine tolérance. Ce n'était pas une guerre
d'opinion, mais un combat personnel. Ce fut pendant une demi-heure une véritable mêlée dans laquelle on s'attaqua corps à corps, s'inquiétant bien
moins de faire des dispositions savantes, que de
porter des coups assurés et de rester maître du
champ de bataille. Cramponné à la tribune, rien
ne m'ébranlait, rien ne pouvait m'en arracher avant
d'avoir la certitude du succès.

Quoique la majorité de l'assemblée partageât
mes sollicitudes, il fallait lui donner une secousse
violente pour réveiller son énergie qui commençait
à s'épuiser, et la soulever entièrement pour la rendre irréconciliable avec le parti que j'attaquais. Elle
semblait être dans cet état, lorsque Tallien entra
dans l'assemblée ; on l'en avait d'avance prévenu
ainsi que ses collègues. Quels que fussent leurs

projets, il pensa donc bien moins à les proposer qu'à se justifier d'avoir conçu ceux que je leur avais imputés. Dès-lors ce fut une affaire décidée. Placée sur la défensive, la commission des cinq n'eut plus même la force de faire adopter la permanence de l'assemblée. La Convention décréta seulement que la commission ferait son rapport le lendemain, et leva la séance, convaincue qu'elle avait échappé à un grand danger, et déterminée à ne pas se laisser ravir les fruits de cette victoire.

Cette journée m'attira des éloges à l'infini : on me fit l'honneur d'avoir sauvé la constitution et préservé la France du retour de la terreur, ou du moins de la prolongation du gouvernement révolutionnaire qui était devenu odieux. On me confirma, dans les journaux et dans les salons, le nom de *barre de fer* que je m'étais donné, et Fréron, pour en diminuer la gloire, dit, quelque temps après, dans son journal, que dans cette barre de fer il y avait une *paille*.

Au sujet des projets de la commission des cinq, que j'avais éventés, Pitt, parlant quelques jours après (7 brumaire) à la chambre des communes, sur la paix, dit ces paroles qui, sous plusieurs rapports, me firent une forte impression : « D'ailleurs quels sont les hommes qui ont en main le pouvoir? Ce n'est point la Convention, car ses pouvoirs et son autorité sont au moins expirés, *si toutefois elle n'a pas mis de côté la constitution*....... Je suis prêt à établir et je désire établir avec précision que si la nouvelle constitution est acceptée par le peuple et mise en activité de bonne foi, je ne vois rien dans les principes sur lesquels elle est fondée qui puisse m'empêcher de conclure la paix. »

Tallien fit un rapport au nom de la commission des cinq. Après un tableau des diverses factions qui menaçaient la république et qui n'apprenaient rien de nouveau, il présenta un projet de décret contre les prêtres, les royalistes, les émigrés et leurs parens. Le but de cette loi était d'écarter des fonctions publiques les nobles et les parens d'émigrés, puisque les émigrés eux-mêmes étaient morts civilement. On voulait exclure par-là du corps législatif quelques députés du nouveau tiers. Sous ce dernier rapport je combattis le décret, mais il fut adopté à une grande majorité. Des membres de la Convention, qui ne l'approuvaient pas antérieurement, se trouvaient trop heureux d'en être quittes pour une mauvaise loi. Il ne s'en fallut que de très-peu qu'on ne rétablit aussi celle du *maximum*. Il fallut qu'un homme en faveur, comme Charles Delacroix, auprès de ceux qui proposaient cette mesure funeste, s'y opposât pour la faire rejeter.

On donna lecture d'une lettre de l'émigré d'Entraigues qui disait : « Je ne suis nullement étonné que Cambacérès soit du nombre de ceux qui veulent la royauté, etc. ». Ses rivaux voulaient l'écarter du directoire où il était porté d'avance par une

grande masse de suffrages. Il parla pour se justifier. Mais le coup était porté. Alors il n'en fallait
pas davantage pour rendre le meilleur républicain suspect et le discréditer entièrement. Cambacérès était certainement dévoué à la révolution;
il l'avait assez prouvé. L'était-il autant à la république? Il était permis de croire qu'il penchait
plutôt pour une monarchie représentative. C'était
un homme de savoir, un de nos premiers juris-
consultes, habile au maniement des affaires; parlant avec facilité et clarté, d'un tact fin et d'un
jugement sûr, modéré dans ses opinions et dans
son langage, patient, froid et poli, prudent jusqu'à la pusillanimité, excessivement égoïste et pos-
sédant au plus haut degré l'esprit de conduite.
Avant le 9 thermidor, la législation civile lui servit de refuge; ensuite porté au comité de salut public, il se partagea entre elle et la diplomatie; il
prit part à une foule de travaux, évitant avec soin
de se mêler dans les débats des partis pour n'en
offenser aucun, s'effaçant et reparaissant, se tai-
sant et reparlant à propos; enfin jouissant de la
considération que lui avaient justement acquise
ses talens et ses services, il avait glissé entre tous
les écueils et vint échouer au port, le directoire,
objet de tous ses vœux. Seul il n'aurait pas eu assez
de force de caractère pour conduire le vaisseau
de l'État que menaçaient encore de violentes tempêtes; mais dans un gouvernement composé de
cinq personnes, il aurait très-bien tenu sa place,

et beaucoup mieux que la plupart de ceux qui lui furent préférés.

Le 4, Baudin fit adopter par la commission des onze un décret sur les moyens de terminer la révolution. L'un de ces moyens était une amnistie pour les faits purement relatifs à la révolution, excepté pour la conspiration du 13 vendémiaire.

Le président déclara simplement que la séance était levée. Je l'invitai à déclarer du moins que la Convention nationale avait rempli sa mission, et qu'en conséquence sa session était terminée. Il prononça cette déclaration.

La Convention avait été convoquée sous le canon du 10 août : le canon du 13 vendémiaire annonça sa retraite.

Pendant une session de trois ans, elle avait résisté à l'Europe, vaincu ses ennemis, dicté la paix, constitué la république, amené les rois coalisés à la reconnaître et à conclure des traités avec elle, ajouté la Belgique à son territoire, élevé la France au premier rang parmi les nations, triomphé de ses ennemis intérieurs et pacifié la Vendée.

Elle avait établi l'uniformité des poids et mesures, préparé une législation égale pour tous, jeté les principales bases d'un code civil, et constitué la dette publique en l'inscrivant sur le *grand-livre*.

Elle avait décrété des codes pour toutes les branches du service militaire.

Elle avait fondé le musée national des arts, des

écoles pour les sciences, les lettres et toutes les parties de l'enseignement public.

Elle léguait à l'avenir d'abondantes ressources, de terribles leçons et de grands exemples.

Le bien qu'elle avait fait ou préparé était son ouvrage; les calamités qui, sous son règne, avaient affligé la patrie, étaient le résultat des circonstances.

Jamais assemblée n'avait été convoquée dans des conjonctures plus difficiles. Trois ans de révolution avaient miné le trône, ébranlé la monarchie dans ses antiques foudemens, allumé les haines et enflammé les partis. La France était un volcan, et la Convention fut appelée au moment où l'explosion ne venait que de commencer; le cratère était ouvert et vomissait des torrens de lave embrasée. Il était au-dessus de la nature humaine de leur assigner des bornes : un Dieu seul aurait pu les maîtriser ou gouverner au milieu de tous les élémens déchaînés. Toute autre assemblée que la Convention, de quelque manière qu'elle eût été formée, n'eût pas évité sa fatale destinée; car enfin, quels étaient donc ces conventionnels que l'esprit de parti a représentés comme des hommes ignorans, grossiers, féroces, comme la lie de la nation? Excepté une cinquantaine d'individus, parmi lesquels figurait une grande partie de la députation de Paris, cette Convention, dont on fait une si monstrueuse peinture, se composait, j'ose le dire, d'hommes qui, avant leur nomination, jouissaient dans leurs départemens, à un degré plus ou moins éminent, de la considération et de l'estime dues aux lumières, aux talens, aux vertus; d'hommes pris dans les classes les plus éclairées et les plus utiles de la société, dans les professions les plus libérales. Vergniaud, Guadet, Gensonné, ornemens du barreau de Bordeaux si riche en talens; Ducos, Boyer-Fonfrède, tous ces députés de la Gironde; Hérault de Séchelles, Lepelletier Saint-Fargeau, Condorcet, Fourcroy, Lanjuinais, Daunou, Sieyes, Baudin, Boissy-d'Anglas, Buzot, Cambacérès, Carnot, Treilhard, Merlin de Douay et cinq cents autres qui, avant d'arriver à la Convention, dans le cercle où ils étaient connus, avaient fait honorer et respecter leurs noms, étaient-ils donc des êtres grossiers, ignorans et féroces? Dans les assemblées nationales qui précédèrent et suivirent la Convention, qui pouvait le disputer en éclat et en mérite à une foule de noms qu'elle comptait dans son sein?

De quels élémens étaient composées les assemblées électorales qui nommèrent les conventionnels? De tout ce qu'il y avait en France de plus considérable parmi les magistrats, les administrateurs, les propriétaires, les négocians et les citoyens fidèles à la cause nationale.

On a dit que les choix avaient été faits sous l'influence de la terreur qu'avaient inspirée les massacres des 2 et 3 septembre. Il est difficile de bien comprendre le sens de cette assertion; car cette épouvantable boucherie excita l'indignation dans les départemens. L'esprit qui y animait les autorités était bien différent de l'horrible frénésie qui s'était emparée de celles de la capitale. Son exemple ne trouva nulle part d'imitateurs ; sa domination n'était point encore avouée, ni établie hors de ses murailles. Dans les départemens le peuple avait l'enthousiasme du patriotisme et ne se souillait point de sang. La plus grande liberté régna dans les assemblées électorales ; elles se distinguèrent en général par le calme de leurs opérations.

Toutes les exagérations, toutes les calomnies sur la formation de la Convention, tombent devant un seul fait. Parmi ces électeurs, que l'on suppose avoir été dominés par la commune de Paris, ou assez lâches pour avoir nommé sciemment des députés indignes de ce caractère ou incapables de remplir leur mission, figuraient au premier rang ces administrateurs, ces magistrats et ces citoyens, qui, neuf mois après, à la nouvelle de l'arrestation de leurs représentans, le 31 mai, s'insurgèrent pour briser le joug de la commune de Paris, portèrent ensuite, comme fédéralistes, leur tête sur l'échafaud, et furent les premières victimes de la terreur. Voilà les terroristes et les hommes de sang qui nommèrent parmi eux les membres de la Convention !

CHOIX

DE MES

OPINIONS, DISCOURS ET RAPPORTS

PRONONCÉS A LA CONVENTION.

OPINIONS,

DISCOURS ET RAPPORTS

PRONONCÉS A LA CONVENTION.

RAPPORT

SUR LA MARINE.

22 FLORÉAL AN II.

Les besoins réciproques des différens peuples, les avantages de la pêche, la commodité du transport par eau, la curiosité naturelle à l'homme, ont donné naissance à la navigation. Paisible et bienfaisante dans son origine, elle ne fut qu'un moyen plus facile de communication et d'échange. La navigation est une des ressources naturelles de l'homme ; il est marin sur les côtes, comme il est chasseur dans les forêts, pasteur sur les montagnes, agriculteur dans les plaines. Comme tous les arts, elle ne fut d'abord que le germe informe de quelques combinaisons grossières ; c'étaient alors des radeaux conduits par quelques rameurs qui voguaient presqu'au gré des flots, sans s'écarter des côtes. Le temps, le hasard, les périls, la pra-

tique de la mer, l'étude, les observations de quelques hommes de génie, la guerre ont perfectionné
lentement l'art de la navigation, et ont produit les
vaisseaux, ces machines si compliquées et si mer-
veilleuses qui ont soumis à l'homme le plus terrible
des élémens et lui ont ouvert les quatre parties du
monde.

On voit par l'histoire que toutes les nations qui
ont cultivé la marine ont développé une grande
puissance. Tyr, devenue la reine des mers, s'enrichit des dépouilles de toute la terre et la peupla
de ses colonies.

Les Rhodiens, resserrés dans leur île, exercèrent
une espèce de domination sur la Méditerranée;
législateurs des mers, ils virent leurs institutions
nautiques suivies par tous les peuples policés; les
rois les plus ambitieux n'osèrent tenter de les asservir; les Romains même recherchèrent leur al-
liance.

Athènes a eu, par sa marine, la supériorité sur
cette foule d'États qui composaient la Grèce.

Les Carthaginois subjuguèrent la Sicile, la Corse,
la Sardaigne et les plus belles provinces de l'A-
frique.

Rome n'étendit ses conquêtes que lorsqu'elle
commença à équiper des flottes : avant qu'elle eût
une marine, et lorsqu'elle en éprouvait le besoin,
elle emprunta les navires de ses alliés.

Le hasard créa la marine des Romains; leur sage

prévoyance l'entretint. Un navire de Carthage fut jeté par la tempête à l'embouchure du Tibre ; ils en examinèrent la construction , et aussitôt ils firent cent trente galères sur ce modèle , battirent les Carthaginois, et détruisirent cette ville ambitieuse et puissante. La marine romaine fit de rapides progrès ; les flottes parties du Tibre pénétrèrent jusqu'aux extrémités du monde connu.

La marine resta ensuite, pendant plusieurs siècles, dans le néant où étaient tombés tous les autres arts. Les voyages étaient longs et pénibles ; on ne naviguait encore que le long des côtes ; l'invention de la boussole ouvrit une nouvelle carrière ; les Portugais, après quatre-vingts ans de combats et de travaux, doublèrent le cap de Bonne-Espérance, et donnèrent une direction plus courte et plus facile à la navigation dans l'Inde. On découvrit bientôt une partie de l'Asie et de l'Afrique, dont on ne connaissait que quelques côtes ; et Christophe Colomb, bravant les dédains de l'orgueil, les jugemens de l'ignorance, les écueils d'une mer inconnue, et les dangers d'une longue navigation, découvrit l'Amérique, et ajouta une quatrième partie à la terre.

Cortès fit la conquête du Mexique, Pizarro subjugua le Pérou.

L'aiguille aimantée, le perfectionnement de la géométrie et de l'astronomie, apprirent à mesurer les astres, à fixer les longitudes, à connaître les distances de la terre, les progrès de la navigation ;

et toutes ces circonstances réunies firent éclore l'art de la guerre navale.

La plus fameuse bataille de la marine moderne fut celle de Lépante ; cependant l'art de la construction était dans l'enfance.

Le commerce florissait dans les républiques de Pise, de Gênes et de Florence ; celle de Venise, sortie des fanges d'un marais, fit trembler l'Orient par sa puissance, enrichit l'Occident par son industrie.

La Hollande, pauvre et esclave, resserrée dans un petit coin de terre, ne subsistant que de la pêche du hareng, trouva dans ses vaisseaux la richesse et la grandeur ; et, pendant que le reste de l'Europe était déchiré par les guerres du fanatisme, ses pavillons furent l'étendard de sa liberté. Elle devint une puissance formidable ; elle secoua le joug de ses oppresseurs, dépouilla les successeurs de Philippe II de leurs possessions dans les Indes orientales, finit par les protéger ; et porta son commerce et ses vaisseaux dans toutes les parties du monde.

La Turquie s'éleva au plus haut point de gloire, lorsque Dragut et Barberousse commandaient les flottes immenses de Soliman.

Les Anglais avaient depuis long-temps une marine considérable ; mais Cromwel lui donna de l'accroissement, en éveillant dans sa patrie l'émulation du commerce ; et le fameux acte de navigation jeta les fondemens de la puissance de cette nation.

Sous la première race des rois, la France n'eut qu'une faible marine. Charlemagne fit construire un grand nombre de navires pour repousser l'invasion des peuples du Nord. Le fanatisme s'empara des flottes pour ravager l'Asie au nom du ciel, et l'inonder de sang. La découverte du Nouveau-Monde fit sentir la nécessité d'augmenter la marine; mais la France, déchirée par les guerres étrangères et intestines, ne put faire de grands progrès. Quelques navigateurs audacieux apprirent à la nation ce qu'elle était capable de faire. Les braves Dieppois firent des établissemens sur les bords du Niger, parcoururent la Guinée, et découvrirent le Brésil avant que les Portugais y eussent abordé. Les Bretons et les Basques, dans leurs expéditions maritimes, montrèrent que les Français étaient également propres à combattre sur les deux élémens.

Ce ne fut que dans le dernier siècle que la marine française acquit ce degré de splendeur qui lui assura les plus brillans succès. Ses forces navales châtièrent les Barbaresques, firent baisser pavillon à l'Espagne; et, se mesurant avec les flottes, tantôt séparées, tantôt réunies de l'Angleterre et de la Hollande, elles emportèrent presque toujours l'honneur et l'avantage du combat. Mais depuis la fameuse bataille de La Hogue, où Louis XIV fut puni par une défaite d'avoir voulu donner à l'An-

gleterre un roi qu'elle ne voulait pas, la France
vit décliner sa marine; c'était la conséquence nécessaire du système qu'il avait adopté. Ce prince,
plus par l'orgueil qui le dominait que pour l'intérêt de la nation, avait porté dans cette création
le despotisme, le faste et les vaines idées qui signa-
lèrent presque toutes les actions de son trop long
règne. Il avait dédaigné de donner à la marine la
seule base solide, une navigation marchande et
étendue.

Cette erreur grossière, accréditée jusque sous le
règne du dernier roi, causa de grands maux à la
France, en la plongeant dans une inaction rui-
neuse et avilissante; ensuite l'avarice, les prodiga-
lités, l'indolence des ministres, les fausses vues, les
petits intérêts, les intrigues de cour, la faiblesse du
gouvernement, une chaîne de vices et de fautes,
une foule de causes obscures et méprisables, em-
pêchèrent la nation de devenir sur mer ce qu'elle
avait été sur le continent; elle fit des pertes considérables pendant les hostilités commencées en
1756; il lui fallut dévorer des humiliations à la paix
de 1763.

Une occasion favorable se présentait dans les
dernières guerres pour saper la puissance des Anglais en interceptant leur commerce; mais des
amiraux se déshonorèrent par leur lâcheté et d'o-
dieuses rivalités; et les richesses que l'Angleterre
attendait de toutes les parties du globe, entrèrent
librement dans ses ports. Cependant la marine

française fournit des secours aux insurgens, et protégea la liberté de l'Amérique.

La force maritime est devenue la plus intéressante depuis que l'art de la navigation a soumis, en quelque sorte, les autres parties du monde à l'Europe.

La France, favorisée par la nature, en a reçu tous les avantages qui peuvent assurer sa prospérité commerciale.

Telle est sa position topographique, qu'elle est baignée, presque dans tous ses contours, par les eaux des mers ou des fleuves qui lui ouvrent des communications faciles avec toute la terre. Cette situation, la température de son climat, des ports aussi sûrs que vastes et commodes, un nombre infini de hâvres et de chantiers, des manufactures de toute espèce, un peuple immense aussi actif qu'industrieux, des richesses territoriales incalculables, une constitution républicaine, lui assurent une influence générale sur toutes les affaires de l'Europe. Elle est le plus riche entrepôt de l'univers; c'est en même temps le marché qui offre le plus de consommateurs et de débouchés à l'industrie des nations.

La nature appelle presque exclusivement la France à commercer et à naviguer sur la Méditerranée, à s'associer aux peuples italiques et aux États du Levant.

C'est donc vers l'accroissement de sa marine que la France doit porter ses regards pour agrandir son commerce, détruire la tyrannie de quelques puissances maritimes, repousser leurs attaques, et fonder son indépendance.

Sous le despotisme, l'armée navale était devenue comme l'armée de terre, la propriété des privilégiés et le patrimoine de l'intrigue et de la faveur. Les flottes étaient presque toujours commandées par des nobles ignorans ou inexpérimentés, rampant sous les caprices de la cour et des ministres.

Cassart qui s'était distingué long-temps par la quantité et la richesse des prises; qui, à la tête d'une escadre, avait ravagé dans une seule campagne plusieurs colonies du Portugal, de la Hollande et de l'Angleterre; Cassart, que Duguay-Trouin regardait comme le plus grand marin qu'eût la France, était abandonné dans les antichambres des ministres, avec tout l'extérieur de la misère, parce que la cour lui trouvait un caractère dur et une ame inflexible.

Il passa les dernières années de sa vie renfermé dans une prison d'État, victime de l'injustice et de la calomnie.

C'est surtout dans la marine que l'orgueil insolent, la vanité ridicule, les futiles distinctions avaient jeté leurs plus profondes racines.

Les lois de la monarchie violaient les droits les plus sacrés des marins, gênaient la navigation, renchérissaient les produits de l'industrie maritime, entravaient les opérations du commerce, comprimaient l'énergie, l'indépendance et la fierté naturelle aux gens de mer.

Ce fut l'aristocratie qui inventa cette distinction absurde entre la marine militaire et la marine marchande. En temps de paix, les vaisseaux des armateurs et les vaisseaux de l'État doivent concourir ensemble à la prospérité du commerce, et en temps de guerre à la défense de la patrie. Chez un peuple libre, tous les citoyens en état de porter les armes forment l'armée de terre, et tous les marins sans distinction l'armée navale.

La nation, dont la marine n'a pas pour base le commerce, ne peut avoir que des succès éphémères. L'agriculture et les manufactures alimentent le commerce qui les encourage à son tour; c'est lui qui soutient l'industrie, franchit toutes les mers, parcourt les deux hémisphères, satisfait aux besoins de tous les peuples, leur répartit les richesses de la terre, et réunit par son activité les nations les plus éloignées.

Quoiqu'il y ait de la différence entre un vaisseau de ligne et un vaisseau de commerce, les navigateurs marchands et les marins militaires ont le même élément, les mêmes tempêtes à braver, les mêmes ennemis à combattre, la même immensité d'espace à franchir, les mêmes connaissances à acquérir. L'usage du canon et de tous les moyens militaires que la guerre a ajoutés aux moyens nautiques, est commun à tous les marins : partout il faut des capitaines, des pilotes, des maîtres, des matelots, du courage et de l'intrépidité.

Presque tous les grands hommes de mer sont sortis de la marine marchande.

Jean Bart, de simple pêcheur, devint chef d'escadre.

Duquesne, Duguay-Trouin et Cassart, firent leur première campagne sur les vaisseaux du commerce, et les rois étaient obligés d'aller chercher dans la marine marchande les talens et les vertus guerrières qu'ils ne pouvaient trouver dans les castes privilégiées. Les Hollandais en avaient donné l'exemple. Ruyter, Obdam, Tromp s'élevèrent d'eux-mêmes aux premiers grades de la marine.

Mais le despotisme avait dénaturé les notions les plus simples de la justice et de la raison pour diviser les hommes afin de les mieux asservir.

Les marins n'avaient aucune liaison entre eux, il existait des rivalités d'un port à l'autre; les naufrages de la Méditerranée étaient ignorés de ceux qui avaient essuyé les tempêtes de l'Océan. C'est cette sorte de fédéralisme maritime qui vendit Toulon aux Anglais, et tenta de leur livrer tous les ports de la république.

Une nouvelle carrière s'ouvre maintenant aux citoyens français sur toutes les mers; les marins sont appelés indistinctement par la patrie sur tous les vaisseaux, dans tous les ports, sur toutes les mers, pour la défendre et protéger son commerce; le pavillon de la république doit les réunir et devenir partout le signal de la victoire. La nation chez laquelle les talens et les belles actions sont les seuls titres à l'avancement et à l'estime publique, doit avoir la première marine du monde.

Que la France reprenne ses droits, qu'elle recouvre sa part légitime dans le domaine des mers; qu'elle abatte les digues que des insulaires orgueilleux y ont posées; que ses ennemis constans n'y soient plus privilégiés.

Qui pourrait désormais arrêter les destinées du commerce et de la marine de la république française? Quels obstacles a-t-elle à vaincre? Le tyran de la mer, l'Anglais, a déjà donné la mesure de son courage en fuyant à Dunkerque et à Toulon à l'approche des baïonnettes françaises.

Les Anglais sont, dit-on, maîtres des mers; mais les Espagnols étaient les dieux de l'Océan sous Philippe II, comme les Anglais en sont les tyrans sous Georges III. Les Espagnols regorgeaient de l'or du Mexique et de l'argent du Pérou, comme les Anglais sont couverts des richesses de l'Inde et des trésors du monde. Alors on ne connaissait que le pavillon espagnol sur les mers, comme on ne voit que le pavillon anglais sur l'Océan. Cependant la flotte invincible de Philippe fut vaincue; l'*Armada* si célèbre fut défaite, et les anciens rois de la mer et du Pérou ne sont plus que les bateliers de l'une et les exploiteurs de l'autre.

Anglais, voilà le sort qui vous est réservé; les autres peuples imiteront bientôt la France, et vous

serez alors violemment renversés de ce trône maritime que vous avez trop long-temps usurpé.

L'empire de nos mers ne doit plus appartenir
à un peuple de marchands qui, depuis si long-
temps, scandalise l'Europe et l'univers par son
insolence et sa cupidité. La mer doit être libre
comme la terre, et l'un et l'autre doivent l'être par
les Français.

Les Romains ne jurèrent pas en vain de détruire Carthage; les républicains français ne de-
meureront pas au-dessous de leurs modèles. Si la
marine n'existait pas, le peuple n'aurait qu'à vouloir, elle sortirait du néant. Que le peuple français veuille être victorieux sur la mer comme sur
la terre, et la victoire est assurée, la liberté affer-
mie.

Des vaisseaux, des canons, des matelots, tel
doit être le cri de ralliement; vengeance contre
les agioteurs de Londres, contre les oppresseurs
du Bengale, contre les perturbateurs de la paix
publique en Europe! Que les Français, comme les
Athéniens, transportent leurs maisons sur leurs
vaisseaux, leurs cités sur leurs escadres, et la liberté triomphante préparera l'affranchissement du
monde.

Il faut donc que les citoyens qui vont venger la
nation française de ses ennemis, et l'humanité de
ses plus cruels oppresseurs, s'efforcent d'acquérir
les connaissances nécessaires aux marins, à pratiquer les vertus civiques, et donnent au monde de

nouveaux exemples de ce que peut le génie d'un grand peuple qui a juré la liberté.

Les marins, qui sont séparés du reste des hommes pendant de longs voyages, ont une langue particulière pour désigner les objets qui les environnent, se communiquer mutuellement et s'entendre dans leurs manœuvres. La connaissance de cette langue leur est indispensable, c'est moins dans les livres qu'ils peuvent l'acquérir que par une grande pratique sur les vaisseaux, au milieu des chantiers et dans les ports, en suivant les travaux des constructeurs, des charpentiers, des mâteurs et des voiliers, des calfats, des matelots et des manœuvriers, et en descendant jusqu'aux moindres détails de tous les travaux variés qui appartiennent à la marine.

Les marins doivent s'appliquer à l'étude des sciences géométriques, mécaniques et physiques; s'ils ne connaissent pas l'architecture navale, ils ne peuvent pas juger sainement des forces de leurs navires pour porter la voile, de ses qualités et de ses défauts pour profiter des unes et corriger les autres. Ils peuvent faire des manœuvres et compromettre les vaisseaux et les équipages.

C'est un système funeste qu'avait propagé l'orgueil des hommes appelés exclusivement par le despotisme au commandement des forces navales, que plusieurs branches de la marine, tel que l'art de la construction des vaisseaux, devaient leur être étrangères.

Toutes les parties de la science nautique se tiennent par une foule de rapports que l'on saisit dans les opérations maritimes; il n'y a rien à dédaigner ou à négliger, et celui qui les connaît a toujours le plus d'avantages dans les occasions difficiles où il n'est plus temps de délibérer ou d'étudier, mais où il faut se décider et agir promptement.

C'est donc d'abord sur les qualités des navires, leur solidité, leur proportion, leur vitesse ou leur lenteur, que les hommes appelés à commander les flottes, doivent régler leurs opérations pour l'attaque ou pour la défense, pour le combat ou pour la retraite.

Les vents doivent être le second objet de l'étude des marins, ce sont eux qui décident presque toujours du succès des combats de mer. Il faut les connaître pour triompher de leurs obstacles, mettre à profit leurs avantages, tirer d'eux le plus grand secours lorsqu'ils sont favorables, les forcer de servir lorsqu'ils sont contraires.

La mer est le troisième objet qui doit fixer l'attention du marin; elle a des lames qui choquent continuellement le navire, il faut estimer leur action; elle a une surface toujours agitée, il faut obéir à ses différens mouvemens; elle a des courans, il faut connaître et mettre à profit leur direction; elles a des marées, il faut calculer leur temps, leur force, leur effet.

Appelés par le commerce et la guerre à naviguer sur toutes les mers et à aborder dans tous les pays, il est essentiel que les marins en connaissent la position. L'hydrographie ne serait même que d'un faible secours pour eux sans l'astronomie; car il ne suffit pas au marin de trouver, à l'aide des cartes les plus sûres, la situation des ports, il faut encore qu'il s'élève dans les cieux pour y chercher des points fixes, déterminer les distances, aborder avec sûreté et éviter les écueils semés sur les côtes.

L'art du pilotage et de la manœuvre est également utile aux marins de tous les grades; la manœuvre consiste à bien régler, par le moyen des voiles, le mouvement du navire, malgré l'agitation de la mer et la violence du vent. C'est elle qui fournit les plus sûres ressources dans les occasions pressantes, et qui décide presque toujours de la victoire; c'est à elle que tous les grands marins durent la plus grande partie de leur réputation et de leurs succès.

Les marins ne doivent pas non plus négliger la tactique de terre; ils ne sont pas toujours sur les eaux : ils sont quelquefois obligés de descendre sur le continent pour livrer des combats et faire des siéges, et dans les circonstances où se trouve la France, les marins doivent être toujours prêts à faire des descentes, à attaquer les citadelles, comme les vaisseaux de ses ennemis.

La nature contribue sans doute à former un homme de mer, mais elle ne fait que commencer l'ouvrage; c'est à l'étude à l'achever et à l'expérience à le perfectionner. Dans un métier où la disposition des courans, la force et la variété des vents, les fréquens accidens du feu, la rupture des voiles et des cordages multiplient les dangers et les combinaisons, la pratique seule peut donner ce coup-d'œil sûr et rapide qui saisit les rapports, et qui inspire les résolutions les plus salutaires. L'expérience dans tous les arts et surtout dans la marine, est toujours préférable à la science purement théorique; mais leur réunion assure les grands succès.

C'est l'oubli de ces principes, qui avait sous les rois exposé la marine française à une ruine totale et avilissante. Les hommes, appelés au commandement des forces navales, avaient quelquefois des connaissances théoriques, mais rarement de l'expérience.

Les marins marchands avaient la pratique et la connaissance de la mer; mais ils négligeaient la science. C'était là l'effet pernicieux des lois absurdes qui ne leur permettaient pas d'entrer dans la marine militaire.

Mais aujourd'hui que les talens et les vertus sont les seuls titres pour aspirer aux places, et que la république a brisé les entraves qui s'opposaient au développement du génie des marins, ils doivent se livrer à l'étude de toutes les connaissances qui forment les grands hommes, et profiter des leçons qui leur sont offertes dans les ports et sur les vaisseaux.

La loi établit sur chaque vaisseau de 20 canons et au-dessus, un instituteur chargé de donner à tous les marins, mais principalement aux mousses et aux jeunes novices, des leçons de lecture, d'écriture, de calcul et d'hydrographie; elle établit aussi une école de matelotage sur chaque vaisseau, et elle assure des récompenses et des encouragemens au zèle des maîtres et à l'application des élèves; il était digne de la république de rendre cette justice aux marins.

L'instruction est le besoin de tous les hommes; il fallait des écoles sur les vaisseaux comme dans les communes de la république; car les vaisseaux sont le domicile presque habituel des marins; quoique éloignés souvent de leur patrie, ils ne lui en sont pas moins chers, ces hommes intrépides et industrieux qui vont courir les hasards des mers ou des combats pour l'alimenter et la défendre.

Il est de grandes circonstances où un peuple attaqué de toutes parts se lève en masse, s'élance sur ses vaisseaux, se précipite sur ses frontières pour faire une irruption subite et terrible sur ses ennemis, et assurer son indépendance. Tel est le spectacle imposant qu'offre la France attaquée par toute l'Europe. Alors tout change, tout s'agrandit; le besoin de vaincre, le mépris de la mort ne connaissent plus de règle; la tactique de terre, c'est la baïonnette; celle de mer, l'abordage.

RAPPORT

SUR

LE RECUEIL DES ACTIONS HÉROIQUES DES RÉPUBLICAINS FRANÇAIS.

5 MESSIDOR AN II.

CITOYENS, plusieurs réclamations ont été faites auprès de votre comité d'instruction publique sur la rédaction du Recueil des actions héroïques et civiques des républicains français. Votre comité a reconnu qu'il y en avait plusieurs de fondées, et il s'est empressé de prendre des moyens pour remplir le but que la Convention s'était proposé en décrétant ce recueil.

Il y a deux écueils à éviter : il n'est pas un membre dans cette assemblée qui n'ait fait, en le lisant, une nouvelle expérience, qu'une suite de faits détachés, isolés sans aucune liaison, sans chronologie, ne peut pas fixer l'attention, élever l'ame, ni produire de grands effets.

Il ne faut pas non plus que les actions héroïques soient noyées dans le luxe des mots, dans des réflexions déplacées, ou des phrases gigantesques, et qu'on voie dans le récit plus l'historien que le héros.

Il est un juste milieu fixé par le goût et par des

convenances généralement senties, qui consiste à attacher le cœur et à satisfaire la curiosité. Votre comité ne s'est pas dissimulé la difficulté de le saisir ; mais il s'est efforcé d'en approcher le plus près qu'il lui a été possible.

Les traits les plus sublimes ne sont toujours que des débris muets et souvent méconnaissables tant qu'ils restent isolés ; ils ne deviennent importans que lorsqu'on a su les réunir et les employer à propos. On a donc pensé qu'il fallait grouper les actes de courage et de vertu qui appartiennent à une armée, à une expédition, à une bataille, à un siége, et les présenter avec un tableau précis et rapide des circonstances qui les ont précédés et suivis ; alors le lecteur se transporte en idée sur le champ de bataille et sur les retranchemens ; il marche avec les défenseurs de la liberté, son ame s'enflamme au récit de leurs travaux et de leurs succès ; il brûle d'imiter leur bravoure et de partager leur gloire.

Le jeune Viala expirant sur les bords de la Durance excite l'admiration ; mais il devient encore plus intéressant, lorsqu'on voit, par les circonstances où il se trouvait, toute l'étendue de son dévouement.

Le respect de l'armée d'Italie pour le territoire de Gênes, sur lequel elle est obligée de passer pour attaquer Oncille, donne la plus haute idée des vertus des défenseurs de la république et du caractère national. Mais on aime à voir des soldats fatigués respecter des plaines d'orangers qu'ils traversent; et, à côté, l'armée des Alpes franchir des précipices, gravir des montagnes, braver des torrens de feu, fondre au pas de charge sur les ennemis, et planter l'étendard de la république sur des monts inaccessibles.

On verse des pleurs sur les corps sanglans des généraux Brulé et Langlais, tués par les Piémontais en s'élançant les premiers dans leurs retranchemens; mais on regrette de n'avoir pas marché avec eux à l'instant où l'armée s'ébranle, au milieu des combats, et jusqu'au moment glorieux qui leur fait trouver dans la mort l'immortalité.

Cette forme offre une foule d'avantages; elle est à la fois simple et sublime comme la révolution; elle rappelle le souvenir des combats et des succès des défenseurs de la république. Ces numéros ne sont plus un recueil de faits décousus, difficiles à retenir et d'une impression passagère, mais un faisceau de vertus républicaines; ils deviennent des jalons placés de distance en distance par la Convention nationale, et qui peuvent fournir des matériaux importans à l'histoire de la révolution et du peuple français.

Chaque année aura, pour ainsi dire, le recueil de ses actions héroïques; il deviendra pour elles une occasion journalière d'émulation, et à la paix un monument glorieux de leurs travaux.

C'est principalement à tout ce qui porte l'empreinte et le grand caractère de la révolution, à

tout ce qui peut l'honorer et imprimer dans toutes
les ames l'amour de la patrie et de la liberté, qu'il
faut ouvrir une place dans ce recueil. Sans doute
nous aurions encore une riche moisson à faire,
si, remontant jusque sous la monarchie, nous
voulions porter nos regards sur ces familles res-
pectables que des travaux utiles conservèrent à la
vertu, au milieu de la corruption des mœurs; mais
ce n'est pas là notre objet, ni l'intention de la
Convention, ni le sens du décret du 28 septembre.
Il ne s'agit pas de compiler d'anciens journaux,
mais de marcher avec le peuple depuis qu'il a
conquis sa liberté, de recueillir les vertus qu'il a
semées, et de rédiger un grand livre des actions
héroïques, capables d'immortaliser les héros qu'en-
fante la liberté, et de fixer l'admiration de tous les
siècles.

OPINION

SUR LA CONSTITUTION DE 1793.

4 GERMINAL AN III.

Les législateurs du peuple français ne doivent pas ressembler à ces prêtres de l'antiquité qui avaient deux manières de parler, l'une secrète et l'autre ostensible. Forts de la conscience du peuple, nous devons exprimer sans crainte tout ce que nous pensons. Je vais le faire : Quand même la constitution de 1793 serait aujourd'hui pour moi ce qu'elle a été l'année dernière pour un grand nombre de bons citoyens, quand elle frapperait aujourd'hui de mort, comme elle l'a fait l'année dernière, ceux qui, dans les assemblées du peuple, ont eu le courage de faire quelques observations; dussé-je mourir, je vais parler. (On applaudit.)

Je pense que ce serait une grande imprudence de donner de la publicité à la constitution avant qu'elle soit mise en activité; je dis qu'il y a plus que de l'imprudence à vouloir faire graver aujourd'hui sur des tables et exposer dans les lieux publics, une constitution qui, j'en suis sûr, n'est pas connue de la majorité des citoyens qui réclament sa publicité. (Vifs applaudissemens.) Je ne sais ce qu'on veut dire en parlant chaque jour d'une constitution démocratique; entendez-vous par constitution démocratique un gouvernement où le peuple exerce lui-même tous ses droits? (Tous les membres : Non, non.)

Je ne connais qu'une constitution démocratique, c'est celle qui offrirait au peuple la liberté, l'égalité, et la jouissance paisible de ses droits. (Vifs applaudissemens.) Dans ce sens, la constitution actuellement existante n'est point démocratique; car la représentation nationale serait encore au pouvoir d'une commune conspiratrice qui plusieurs fois a tenté de l'anéantir et de tuer la liberté. (Nouveaux applaudissemens.) Du moment où votre constitution sera mise en activité, vous ne pourrez vous empêcher de donner une municipalité à Paris et (un grand nombre de membres) des jacobins. (On applaudit.)

Je déclare que je ne consentirai jamais à l'exécution prompte et subite de la constitution; exécution qui résulterait nécessairement de la publicité que l'on veut lui donner; car je ne veux pas voir dans trois mois les jacobins rétablis et la représentation nationale dissoute. (Vifs et nombreux applaudissemens. — Un grand nombre de membres se lèvent en signe d'adhésion.) J'aurais encore un autre amendement à faire à la constitution; je veux que le corps législatif ait la police immédiate, et la direction de la force armée de la commune dans laquelle elle tiendra ses séances.

Il faut encore savoir si vous voulez et s'il n'est pas contraire aux intérêts du peuple de laisser aux factions qui naissent dans les républiques le droit d'insurrection partielle. (Vifs applaudissemens.) Il faut savoir si le peuple français peut être engagé par une révolution combinée par des scélérats qui disent avoir l'initiative de l'insurrection. Il faut savoir aussi si c'est le peuple qui est en insurrection à la porte des boulangers, des bouchers, etc. (Nouveaux applaudissemens.)

On dit qu'une loi organique peut faire disparaître toutes ces craintes; mais, citoyens, faites attention que toute loi qui n'est pas constitution-- nelle peut être abrogée par le corps législatif. (On applaudit.)

Une loi qui sert de garantie à la liberté du peuple et à celle de ses représentans doit être immuable comme la constitution; si donc vous décrétez aujourd'hui que la constitution de 1793 sera gravée et publiée sur-le-champ, vous vous ôtez, par cela seul, la faculté de prévenir peut-être de grands maux. La constitution ne doit sortir de cette arche qu'après que des lois organiques auront facilité sa marche, qu'après que la Convention aura pris des mesures pour que le vaisseau politique ne soit pas lancé avant de s'être assuré qu'il arrivera au port sans danger.

Je m'oppose également à la proposition de Tallien. On ne fait pas dans quinze jours, dans un mois, des lois organiques d'une constitution ; il faut donc, en attendant cette époque, donner au gouvernement actuel assez de force pour comprimer les ennemis du peuple, et en adoptant la proposition de Tallien, on donnerait aux malveillans le prétexte de dire qu'on veut changer la forme du gouvernement. Je demande que la commission des seize fasse le rapport dont elle est chargée ; je m'oppose à ce que la constitution soit actuellement exposée dans les places publiques, et je demande que, dans le cas où les circonstances l'exigeraient, le comité de salut public puisse recevoir de nouvelles attributions.

OPINION

SUR LES SOCIÉTÉS POPULAIRES.

28 VENDÉMIAIRE AN III.

Ce projet me paraît d'une telle importance, qu'il me semble nécessaire, même quand l'ajournement serait adopté, d'éclairer le peuple par une discussion raisonnée.

Je suis effrayé des divers articles de ce projet ; je ne conçois pas comment on pourrait enlever aux agrégations d'hommes libres la faculté de communiquer entre elles. (Murmures.) Je pense comme tous les membres de la Convention, qu'il n'appartient qu'aux représentans du peuple et aux autorités constituées de concourir au gouvernement, que les sociétés populaires ne doivent y avoir aucune part active ; mais je sais aussi qu'elles ont des droits inhérens à la qualité des citoyens qui les composent, des droits qu'il n'est pas au pouvoir du gouvernement de leur ôter. Si les sociétés populaires se sont écartées des bornes que la raison leur prescrit, si elles ont usurpé sur le gouvernement, vous devez en accuser la législation qui, dans plusieurs lois rendues depuis l'établissement du gouvernement révolutionnaire, les y a fait participer. Si , comme je le crois, il y a des inconvéniens à ce que les sociétés populaires conservent plus long-temps ce droit, il faut le leur ôter ; il faut qu'elles ne gouvernent plus ; mais il ne faut pas pour cela porter atteinte au droit qu'ont tous les citoyens de communiquer entre eux.

Rappelez-vous les services rendus à la république par les sociétés populaires, tant qu'elles ont été contenues dans de justes bornes ; il n'est pas un membre de la Convention qui ne se fasse honneur d'avoir été de ces sociétés, (on applaudit) et qui ne doive à leur influence le caractère dont il est revêtu, (murmures) parce que c'est là que les patriotes se sont fait connaître.

Il ne s'agit pas de détruire ces institutions ; personne n'en a envie ; mais il faut être prudent dans les mesures à prendre : il ne faut pas que ces sociétés puissent influencer d'une manière arbitraire, directe et tyrannique le gouvernement, mais aussi il faut qu'elles jouissent de la plus entière liberté.

Ce ne sont point les sociétés populaires qu'il faut accuser des maux qui ont tourmenté la république, mais le malheur des circonstances, mais les conspirations du gouvernement lui-même ; car c'est le gouvernement qui fait la morale publique. Lorsqu'il donne de bons exemples, lorsqu'il prêche la morale et qu'il la pratique, les citoyens et les sociétés s'empressent de la suivre. (Applaudissemens.) Il n'est pas étonnant que lorsqu'il était composé d'hommes perfides qui ne prenaient que des mesures tyranniques, sous l'apparence du patriotisme, les citoyens de bonne foi qui composaient les sociétés aient été trompés sur ses intentions et aient commis des fautes. Mais si vous vouliez rechercher tout ce qui a été fait, si vous vouliez convertir les erreurs en crimes, il n'est pas un homme en France qui ne méritât d'être puni.

La latitude qu'on vous a fait donner au gouvernement révolutionnaire est cause, en grande partie, des maux que la république a soufferts; et vous n'aurez rien fait pour neutraliser tout ce que l'influence des sociétés populaires a de funeste, tant qu'un homme ne sera pas à l'abri d'un autre homme, tant qu'on sera responsable envers les passions des individus, et non envers l'impassibilité des lois.

Sous ce rapport la loi du 17 septembre a besoin d'être revue; il importe de bien déterminer ce qu'il faut entendre par gens suspects. J'aime mieux être responsable envers une loi atroce qu'envers les caprices des hommes.

Je crois, citoyens, qu'on ne peut point interdire la correspondance entre les sociétés, et je demande que les trois comités soient chargés de vous présenter les moyens d'ôter aux sociétés populaires la part active qu'on leur a donnée dans le gouvernement.

OPINION

SUR LE MAXIMUM.

17 FRIMAIRE AN III.

Je pense que ce projet de décret ne remplira pas les intentions de la Convention. Le commerce et l'industrie sont dans un tel état qu'il est moins question de créer que de détruire tout ce qui a été fait de mauvais. Le meilleur moyen de ranimer le commerce est de lui accorder la plus entière liberté. (Vifs applaudissemens.) En vain vous créerez des corporations pour favoriser le commerce; en vain vous les composeriez des premiers négocians, des hommes les plus habiles de l'Europe, vous n'obtiendrez jamais des résultats aussi avantageux que ceux que vous donneront les spéculations particulières de chaque citoyen.

On n'a point encore abordé la seule, la véritable question, celle de savoir si la loi du *maximum* doit subsister. Je la regarde moi comme désastreuse, (vifs applaudissemens), comme la source unique de tous les malheurs que nous avons éprouvés; elle a ouvert une large carrière à tous les fripons, elle a couvert la France d'une foule de contreban-

diers, et ruiné les hommes de bonne foi qui res-
pectaient vos lois. (Applaudissemens.)

Une autre mesure qui a singulièrement nui à
l'approvisionnement de la république, et qui a porté
les plus funestes coups au commerce, c'est l'acte
de navigation qu'on a décrété dans le moment où
tous les matelots du commerce étaient employés sur
les vaisseaux de la république. Il était impossible
que dans une pareille circonstance, nous pussions
nous passer de la navigation étrangère pour faire
le commerce et le cabotage De là point d'approvisionnemens nouveaux; de là la perte des prises
faites sur nos ennemis, et qui se sont pourries dans
les magasins, tandis que nous manquions de tout.
(Applaudissemens.)

Je sais que la liberté indéfinie peut donner lieu
aux plus grands inconvéniens, mais je sais aussi
que toutes les fois que vous violerez la liberté du
commerce, vous tomberez dans des inconvéniens
encore plus grands; je sais que toutes les fois que
le gouvernement voudra tout réglementer, il perdra tout.

Je demande que la Convention charge ses comités de lui présenter leurs vues sur le rapport ou
modification de la loi du *maximum*. Je demande
aussi l'impression du discours d'Eschasseriaux. Il
contient des vues utiles; et quoique je ne pense pas
qu'il soit nécessaire de donner des encouragemens
au commerce là où l'on lui laisse toute la liberté
dont il a besoin, je crois que l'anéantissement où

a été plongé exige qu'on prenne des mesures
xtraordinaires pour le relever.

Je termine en faisant observer que ce n'est pas
ı Convention qui a mis le commerce à deux doigts
e sa ruine, mais bien les conspirateurs qui médi-
ıient celle de la France.

RAPPORT

SUR LE MUSEUM D'HISTOIRE NATURELLE

ET LE JARDIN DES PLANTES.

21 FRIMAIRE AN III.

JE viens parler à la Convention nationale d'un grand établissement consacré par la république à l'étude de la nature. De tous les monumens élevés par la munificence des nations, aucun n'a jamais plus mérité l'attention des législateurs que le *Muséum d'histoire naturelle*.

Il ne fut destiné dans son origine qu'à la culture des plantes médicinales ; on y fonda des cours d'anatomie et de chirurgie pour le consacrer plus spécialement encore à l'étude de l'art de guérir. L'opinion presque générale, qui voulait alors que tous les végétaux fussent destinés par la nature à la guérison des maladies, entraînait toutes les recherches des savans vers l'examen de leurs propriétés : on institua un cours de chimie ; mais le grand mouvement que Tournefort avait imprimé à la botanique, fit diriger presque tous les efforts vers ce côté.

Ces trois sciences, long-temps les seules cultivées dans l'établissement, y furent professées par des hommes célèbres qui illustrèrent cette école.

Quelle que fût son utilité, elle était cependant incomplète ; le despotisme en ayant plusieurs fois confié la direction à ses courtisans, il s'y introduisit des abus : il devint plutôt pour eux un objet de spéculation que d'instruction publique.

Tel était l'état du Jardin des Plantes, lorsque Buffon y parut au milieu d'une richesse immense de végétaux, qui semblait avoir repoussé jusque-là toute richesse étrangère. Il vit la botanique fort avancée, et presque toutes les autres sciences naturelles sans mouvement et sans vie. Il conçut le projet d'élever à la nature un monument plus vaste et plus digne d'elle. Aidé par les immenses travaux de Daubenton, il entreprit d'écrire sur les animaux ; il fit naître partout le goût de l'histoire naturelle, et profita de l'enthousiasme qu'il excitait pour appeler en quelque sorte toutes les productions de la nature dans le temple qu'il venait de lui dédier.

De tous les points du globe on lui adressa des animaux et des minéraux : ces présens qu'on s'empressait de lui envoyer, ces matériaux que la renommée demandait et obtenait pour ses travaux, formèrent tout-à-coup une collection qui devait bientôt ne le céder à aucune de celles qu'on admire dans diverses parties de l'Europe. Alors le cabinet d'histoire naturelle fut formé, l'ordre fut établi dans une foule d'objets auparavant épars. Daubenton en augmenta le prix par la disposition qu'il y établit : on construisit des salles ; les règnes

eurent chacun leurs galeries particulières ; un arrangement aussi piquant par la variété des objets
qu'utile par les rapprochemens de formes et de
structures fit rechercher le cabinet par les vrais
amateurs de l'histoire naturelle autant que par les
curieux.

Buffon, qui avait tant fait pour sa gloire dès les
premières années de ses travaux sur l'histoire naturelle, contribua beaucoup à l'augmentation de
cet établissement ; mais il ne put achever l'exécution du plan immense qu'il avait conçu.

Le Muséum était devenu, pour ainsi dire, l'entrepôt de plusieurs plantes et arbres rares qui se
propagent dans toutes les parties de la république,
parmi lesquelles on distingue le cèdre du Liban,
le café qui, apporté d'Arabie et cultivé au Muséum au commencement de 1700, produisit deux
individus transportés depuis à la Martinique où
ils se multiplièrent et donnèrent naissance à cette
branche de commerce colonial.

Le Muséum reçut des plantes, des légumes et
des arbres rares et précieux du Canada (1) ; de la

---

(1) Les deux espèces d'érables à sucre ; plusieurs espèces
de noyers, de frènes, de pins, de cèdres et autres arbres qui
se distinguent à peine de nos arbres indigènes pour la rusti-
cité, mais dont les bois sont bien plus précieux pour la charpente navale et civile, pour les autres arts, et qui augmente-
ront les ressources en utilisant des terrains regardés comme
stériles.

partie tempérée de l'Amérique (1); de la Louisiane (2); de la Chine (3); de la Sibérie (4); de la Pologne (5); de la Tartarie (6); de la Moscovie et de toutes les parties du monde.

---

(1) Les catalpa, les rhododendron, les tulipiers, les noyers de Virginie, les cerisiers de la Caroline. Ces arbres, qui sont actuellement l'ornement de nos jardins, sont l'objet d'un commerce très-considérable avec les peuples du Nord.

(2) Le cyprès à feuille d'accacia, arbre qui croît sous l'eau avec la rapidité du peuplier d'Italie, et dont le bois, quoique tendre et presque incorruptible, est d'une légèreté singulière. Le pacanier, grand arbre qui porte une noix de la forme d'une olive, dont l'amande est excellente à manger, et dont on peut tirer une huile délicieuse. Cet arbre, si important à naturaliser dans les départemens méridionaux, n'existe encore que dans quatre ou cinq jardins de la république.

(3) La marguerite, apportée par le jésuite d'Incarville, a donné sa première fleur au jardin national, et s'y est perfectionnée d'une manière si particulière que, renvoyée dans son pays natal, on a eu beaucoup de peine à l'y reconnaître.

Le chanvre gigantesque, né au Muséum, et qui commence à fournir des récoltes dans quelques départemens méridionaux.

(4) Le mélilot, excellent fourrage; la vesce vivace, le lin vivace.

(5) Une espèce de blé qui fournit une récolte dans trois mois et demi, et peut se semer en avril.

(6) La rhubarbe; elle fournit abondamment des graines dans le jardin national : ses racines sont aussi utiles à la teinture qu'à la médecine.

On pourrait étendre cette liste à l'infini; l'héliotrope du Pérou, le réséda d'Égypte, la pervenche, rose de Madagascar, etc.

Dans ces derniers temps il a été enrichi des plantes apportées de l'Afrique, du Chili, du Pérou, du mont Atlas et des États de Tunis et d'Alger. Celles de ces plantes qui ne nous sont pas parvenues vivantes, ou qui ne pouvaient pas soutenir le climat de la France, ont été décrites avec le plus grand soin. Ce travail va bientôt être offert à l'admiration des connaisseurs.

Un autre membre du Muséum continue sans relâche un ouvrage très-étendu sur toute la botanique.

Les professeurs se disposent à publier un journal d'histoire naturelle ; il répandra dans toute la république les expériences et les découvertes utiles au progrès des sciences et aux arts.

En un mot on a recueilli et planté au Muséum toutes les espèces d'arbres fruitiers depuis le groseiller jusqu'au noyer ; on y sème et on y récolte toutes les plantes qui servent à la nourriture de l'homme, à celle des animaux, et aux arts.

Cette collection de plantes vivantes est composée de plus de six mille espèces différentes ; et l'on conserve dans les herbiers presque toutes les plantes connues au nombre de plus de vingt mille ; et afin d'assurer au moins la représentation exacte et l'image fidèle des divers objets d'histoire naturelle, dont on pourrait craindre la destruction au bout d'un très-long temps, on place chaque année de nouveaux dessins dans la précieuse collection d'animaux et de plantes peints sur vélin par les artistes les plus célèbres, depuis la création de cet établissement, et dont les figures forment déjà plus de cinquante volumes in-folio.

On fixe et on fait revivre par ce moyen des plantes qui fleurissent pour la première fois et meurent ensuite; d'autres qui fleurissent par une haute température et par hasard en cinquante ou cent ans, comme l'espèce d'Agave qui a fleuri l'année dernière; il en est de même des animaux rares qui ne font souvent que passer dans nos climats et dont plusieurs siècles ne voient quelquefois qu'un individu.

Un des hommes qui a présidé à la première formation du Muséum, malgré son grand âge et ses infirmités, s'est trouvé ranimé d'un zèle nouveau. Il continue à enseigner la minéralogie et à chercher les moyens de perfectionner nos laines. Ce dernier objet mérite surtout l'attention du gouvernement puisqu'il pourra nous rendre moins tributaires de l'étranger.

Tel était jusqu'à nos jours l'état du Muséum. Il approvisionnait les jardins des départemens des graines dont ils ont besoin chaque année (1); il fournissait en outre des plants d'arbres étrangers, des dragéons de plantes vivaces, des boutures et des greffes; c'est ainsi que se sont multipliés des végétaux utiles ou agréables.

Cet établissement, ainsi formé, était cependant encore imparfait. Il était depuis près d'un siècle

------

(1) Cette fourniture s'élève de douze à quinze mille sachets.

sans réglemens fixes et sans lois. Les objets réunis dans le cabinet n'y étaient point la matière d'un cours spécial, et plusieurs parties de l'histoire naturelle manquaient de professeurs. L'immense variété des productions de la nature dont il était nécessaire d'exposer les rapports, la multitude des objets qu'il fallait faire connaître, exigeaient impérieusement qu'on augmentât beaucoup le nombre des leçons.

La Convention a senti la nécessité de faire entrer dans cette instruction l'étude de l'histoire naturelle, qui est une des bases des connaissances humaines et comme une introduction à plusieurs autres sciences.

Par son décret du 10 juin 1793, elle a ajouté au Jardin des Plantes une partie de ce qui lui manquait pour en faire un muséum. Le nombre des professeurs a été doublé. L'anatomie ne se borne plus à l'étude du corps humain ; elle s'étend à celle de toutes les classes d'animaux, depuis les quadrupèdes gigantesques et les monstres des eaux, jusqu'aux vers qui rampent sous l'herbe, jusqu'aux molécules animées qui nagent dans les liqueurs, et que leur petitesse dérobe à nos yeux. On examine non-seulement leur structure intérieure au moyen des dissections, mais encore les rapports de conformation entre eux et avec l'homme, leurs caractères extérieurs, leurs habitudes et leur utilité pour nos besoins.

La botanique, auparavant la plus favorisée dans

l'établissement, l'est encore davantage dans la nouvelle institution, et l'on y joint les leçons de culture, pour associer la pratique à la théorie, et former des cultivateurs qui ne soient plus uniquement conduits par une routine aveugle.

Aux leçons de la chimie générale qui est si vaste et à l'aide de laquelle on exposait, dans tous les détails et par de savantes expériences, la nature intime de tous les corps, leur composition, les combinaisons qu'ils forment entre eux, les altérations dont ils sont susceptibles, on a ajouté celles des arts chimiques qui sont d'un si grand avantage dans les manufactures, dans plusieurs grandes fabriques, et pour beaucoup de besoins usuels.

L'Angleterre seule avait offert pendant longtemps quelques parties éparses de cette science; la France a la gloire d'avoir rassemblé tous les faits chimiques, en y en ajoutant un grand nombre, de les avoir liés par une théorie avouée par la nature, et d'avoir fait la langue de la science. Le laboratoire du Muséum ne répondait point à l'utilité de ce qu'on devait y enseigner; on en a ordonné l'agrandissement; les réparations sont presque terminées, et bientôt l'amphithéâtre sera digne des sciences qu'on doit y professer et des hommes qui y répandront les connaissances à la découverte desquelles ils ont tant contribué. C'est là que se sont faits les cours révolutionnaires pour l'extraction du salpêtre et la fabrication de la poudre.

On a ajouté aussi des leçons de minéralogie, des

leçons de géologie destinées à propager les connaissances sur la formation et la structure du globe terrestre, sur la situation et la direction de ses filons métalliques et de ses diverses couches.

Un professeur d'iconographie naturelle a été chargé de former des élèves dans l'art d'en peindre les objets.

Vous avez aussi fondé une bibliothèque au Muséum.

L'établissement des cours qui fournissent cinq cents leçons par an, offre l'ensemble le plus vaste et le plus complet d'enseignement sur toutes les branches d'histoire naturelle dont le plus grand nombre manquait totalement à la France, et dont quelques-unes manquent encore à l'Europe ; l'application immédiate de toutes les sciences naturelles à l'agriculture, au commerce et aux arts : les cours ont été suivis avec beaucoup d'assiduité. La bibliothèque, ouverte maintenant tous les jours, renferme la plus grande partie des ouvrages écrits sur l'histoire naturelle et la riche collection de peintures de plantes et d'animaux, qui s'accroît par les travaux d'artistes choisis au concours ; et les étudians peuvent y voir, ainsi que dans les herbiers, les plantes qui n'existent pas dans le jardin. On double maintenant, au moyen d'un étage supérieur, les galeries d'histoire naturelle pour y espacer les objets et mettre en évidence ceux que le défaut de local a forcé de reléguer dans les magasins.

Le décret du 10 juin porte que le Muséum fournira les graines et les plantes nécessaires au complément des jardins de botanique des départemens.

Par un décret du 6 nivose, la Convention a ordonné que les arbres, arbustes et plantes rares, soit indigènes, soit exotiques, qui se trouvent dans les jardins et terrains nationaux, situés à Paris et dans le département, seraient transférés au jardin national.

Par un décret du 16 germinal, la Convention a aussi ordonné que dans le courant des mois brumaire, frimaire, nivose, pluviose et ventose, les arbres, arbustes et plantes existant dans la pépinière du Roule, seraient transportés au Muséum national et dans *le terrain qui y serait annexé* pour les conserver et multiplier.

Le même décret charge le citoyen Thouin de faire la recherche des arbres forestiers tirés des autres climats, existans dans les propriétés nationales de Paris et des environs, dans un rayon de trente lieues, qui peuvent être employés utilement à la plantation des montagnes, escarpemens, rochers, landes et marais existans dans le territoire de la république, afin qu'il soit pourvu à leur conservation ; d'en faire récolter les graines et de *les utiliser*.

L'exécution de ces divers décrets nécessite donc l'augmentation du Muséum d'histoire naturelle ; vous l'avez formellement annoncé par le décret du 16 germinal. Plusieurs autres circonstances exigent aussi cette augmentation.

La nation a recueilli beaucoup de richesses en histoire naturelle dans les cabinets et jardins des émigrés et condamnés.

Les commissaires envoyés dans la Belgique pour recueillir tous les objets de sciences et d'arts utiles au complément de nos collections nationales, ont aussi dans cette partie mis à profit les victoires des défenseurs de la patrie. Outre les livres et les tableaux, il y a eu une grande quantité de végétaux originaires de toutes les parties du monde qui manquaient à la collection nationale, envoyée au Muséum, et beaucoup de morceaux rares et précieux d'histoire naturelle, tels que minéraux, fossiles et pétrifications; ces deux dernières classes sont d'une haute importance pour éclairer la physique du globe.

Les commissaires ont aussi recueilli les graines de plantes propres à la nourriture de l'homme; ces plantes sont des variétés perfectionnées par la culture, et sont d'un plus grand produit que les nôtres; ce n'est qu'un échantillon des récoltes qu'ils feront. Ils s'occupent en outre d'une foule d'observations utiles sur l'agriculture, et de faire dessiner les instrumens les plus intéressans de cet art précieux, et des modèles de tout ce qui peut étendre dans ce genre les limites de nos connaissances.

Les bâtimens et les terrains du Muséum, qui, même avant la révolution, étaient trop resserrés pour qu'on pût exposer aux yeux du peuple les richesses qui y existaient reléguées dans des greniers, et pour faire des expériences en culture, se trouvent donc, à plus forte raison, insuffisans aujourd'hui.

Votre intention n'est pas plus sans doute de concentrer dans le Muséum d'histoire naturelle que dans le Muséum des arts, tout ce que la nation possède; il y en aura une partie destinée aux Muséums à former dans les départemens; mais celui de Paris doit être le foyer d'où partiront toutes les lumières et tous les objets qui devront former et diriger les autres.

C'est pour seconder les intentions exprimées à cet égard par la Convention, que le comité de salut public, par son arrêté du 27 floréal, chargea Molinos, architecte, de lever le plan des terrains circonscrits entre le marché aux chevaux et la rue des Fossés-Bernard d'une part, et entre la Seine et la rue Victor de l'autre, et de présenter le devis approximatif des dépenses d'acquisition des terrains et maisons qui se trouvent compris dans ces limites et qui n'appartiennent point à la nation.

Par un autre arrêté du......., le comité de salut public ordonna que le local de la ci-devant abbaye Victor, et la maison et jardin appartenant au citoyen Léger, seraient réunis au Muséum national, en attendant qu'il fût pris un parti définitif sur les autres propriétés qui l'avoisinent.

Les plans et devis ont été faits; Molinos, déjà avantageusement connu par la construction de la halle au blé, a donné un projet qui, s'il était exécuté, ferait du Muséum un monument au-dessus de tout ce que l'antiquité nous offre de plus magnifique ; mais le comité, après l'avoir examiné, a pensé qu'il ne pouvait être actuellement adopté dans toute son étendue, et qu'il était possible, sans se jeter dans une aussi grande dépense, de concilier à la fois l'augmentation nécessaire au Muséum et l'économie prescrite par les circonstances.

Le terrain qu'il faut y réunir se trouve enclavé avec le Muséum comme dans une enceinte naturelle, bornée au levant par la rivière de Seine et le quai ; au couchant par la chaussée qui fait suite à la rue Victor ; au nord, par la rue de Seine ; au midi, par le boulevard de l'Hôpital et la rue Poliveau. Ce terrain est divisé en deux parties distinctes séparées par le Muséum lui-même ; l'une, à sa gauche, bornée par la rue de Seine et le quai, offre des marais limitrophes du jardin, quelques chantiers de peu d'importance ayant ouverture sur la rue, et quelques maisons occupées, la plupart, par ceux qui exploitent ces chantiers. Deux bâtimens plus importans existent dans ce lieu : l'un est un vaste magasin de farine employé maintenant pour l'approvisionnement de Paris, et qui, étant national, peut, quoique enclavé dans le Muséum, conserver sa première destination, ou être affecté à toute autre, selon les besoins de la nation qui continuera toujours de l'avoir à sa disposition. L'autre est le bâtiment dit *des Nouveaux-Convertis*, auparavant national, formant une saillie très-forte

sur la butte du Muséum, que sa position a toujours
fait regarder comme devant y être compris quelque jour (et la réunion, déjà projetée par un comité de l'Assemblée constituante, a été sollicitée à
plusieurs reprises par les divers préposés à l'administration du Muséum), et qui fût aliéné, il y a deux
ans, par la municipalité de Paris.

La portion du terrain situé à droite du Muséum,
n'en est séparée que par une rue nouvelle (*de
Buffon*), absolument inutile pour le service public,
et facile à supprimer. Ce local offre sur ses bor-
dures, principalement au couchant, quelques maisons, la plupart d'une mauvaise construction; elles
peuvent être aisément sacrifiées, à l'exception d'un
petit nombre qui, plus solides, serviraient pour
logement d'employés, pour casernes de soldats vé-
térans chargés de la garde du Muséum, et pour
supplément de magasins. Le reste du terrain est
nu, occupé par des marais, des jardins fleuristes,
et arrosé par la petite rivière de Bièvre qui le tra-
verse dans toute sa longueur. Ce terrain est celui
qui convient le plus pour une partie des pépinières
et quelques parcs d'animaux. La rivière, dont on
peut prolonger le cours par des contours agréa-
blement dessinés, sera d'une grande utilité pour
l'arrosage des plantations, surtout de celles qui
exigent un terrain frais et humide, pour la formation de canaux et viviers, et, en général, pour
abreuver les animaux ou assainir leurs demeures.
Elle ajoutera beaucoup à la salubrité du jardin et

à l'ornement de la promenade, lorsqu'on aura pris les précautions nécessaires pour rendre ses eaux plus pures et plus abondantes. Il existe à ce sujet un travail de la ci-devant société de médecine, fait par ordre du département de Paris qui en avait senti la nécessité, pour prévenir les maladies pestilentielles qu'elle occasione aux habitans de ce quartier.

L'agrandissement réduit aux limites proposées par votre comité qui s'est entouré de toutes les lumières pour les déterminer, donnera environ cent vingt arpens, et doublera l'étendue du Muséum. La dépense d'acquisition est évaluée par approximation, d'après le travail fait par les ordres du comité de salut public, à la somme de deux millions cinq cent mille livres.

Cette dépense peut effrayer les hommes qui méprisent les arts et les sciences; mais tous ceux qui sont pénétrés de leur utilité et de leur influence sur la prospérité nationale, sentiront que la république s'en dédommagera amplement dans la suite par les expériences utiles à l'agriculture et aux arts qui se feront alors au Muséum.

Pour rendre l'acquisition moins onéreuse, on avait proposé de faire des échanges avec les propriétaires des terrains enclavés dans le plan d'agrandissement; mais après avoir calculé les résultats de cette opération, vos comités ont pensé qu'elle serait préjudiciable aux intérêts de la république, et qu'il serait encore plus économique de payer les propriétés comptant.

Le terrain de la pépinière du Roule se trouvant libre lorsqu'on en aura enlevé les arbres, pourra être mis en vente, et couvrir les frais de l'augmentation du Muséum.

Quant aux grands plans de construction projetés, les comités ont senti que ce n'était pas le moment de les adopter; on s'en occupera dans des temps plus propices; mais l'acquisition des terrains est indispensable, si vous voulez réaliser l'exécution de vos décrets, et donner un exemple éclatant de votre amour pour les arts utiles.

Ces terrains seront consacrés à rassembler toutes les espèces de culture qui sont établies, ou qui peuvent s'introduire dans la république.

La première partie présentera des modèles de culture de toutes les plantes céréales.

La seconde, des plantes propres à la nourriture des hommes dans tous les pays du monde, analogues à la température du nôtre.

La troisième réduira, sous un même point de vue, la culture des plantes dont on nourrit les animaux domestiques.

La quatrième, des vergers, des masses d'arbres fruitiers qu'on laissera croître dans toute leur étendue, et qui offriront les cultures de tous les végétaux dont les fruits fournissent des alimens, des liqueurs et des boissons à l'usage des hommes.

La cinquième des massifs d'arbres indigènes et

étrangers, plantés d'une manière pittoresque présentant des cultures aussi agréables qu'utiles, et qui feront connaître les progressions des croissances, la nature du terrain qui convient plus particulièrement à chaque espèce, et fourniront dans la suite matière à des expériences sur la force des bois, leur élasticité, leur durée et leur usage dans les arts.

Enfin la sixième partie présentera toutes les fleurs employées dans la décoration des jardins, ou qui peuvent être admises à cet usage. On pourra trouver alors au Muséum toutes les espèces de jardins réunies.

La botanique est sans doute une des branches les plus étendues de l'histoire naturelle ; mais il y en a plusieurs autres dont l'étude est très-utile. On peut en prendre les premières notions dans les cabinets ; mais on n'y acquerra jamais des connaissances complètes, parce qu'on n'y voit pas la nature vivante et agissante. Quelqu'apprêt que l'on donne aux cadavres des animaux ou à leurs dépouilles, ils ne sont plus qu'une faible représentation des animaux vivans. La peinture n'en retrace même qu'imparfaitement l'image. Quand on compare les lions qui sont dans la plupart des tableaux, au magnifique individu qui existe au Muséum, on voit que la plus grande partie des artistes, se copiant les uns les autres, n'ont pas rendu la nature, et que leurs imitations sont beaucoup au-dessous du modèle.

Le Muséum a recueilli des animaux envoyés par la municipalité de Paris, ceux de Versailles, du Raincy. Ils y sont très-mal logés. Le comité de salut public avait en conséquence ordonné à la commission des travaux publics, d'examiner avec les professeurs l'emplacement le plus commode pour y construire provisoirement une ménagerie propre à les recevoir ; elle est presque terminée.

Vous sentirez la nécessité de cet établissement au Muséum qui doit renfermer tout ce qui tient à l'histoire naturelle. Jusqu'à présent les plus belles ménageries n'étaient que des prisons où les animaux resserrés avaient la physionomie de la tristesse, perdaient une partie de leur robe, et restaient presque toujours dans des positions qui attestaient leur langueur.

Pour les rendre utiles à l'instruction publique, les ménageries doivent être construites de manière que les animaux, de quelque espèce qu'ils soient, jouissent de toute la liberté qui s'accorde avec la sûreté des spectateurs, afin qu'on puisse étudier leurs mœurs, leurs habitudes, leur intelligence, et jouir de leur fierté naturelle dans tout son développement.

Les animaux qui servaient pour les grands spectacles des anciens, conservaient toute la beauté des formes.

On atteindra ce but en pratiquant des parcs un peu étendus, environnés de terrasses. Les spectateurs suivront sans danger tous les mouvemens des animaux : le peintre et le sculpteur feront alors facilement passer dans leurs ouvrages le caractère qui les distingue.

En rapprochant de nous toutes les productions de la nature, ne la rendons pas prisonnière. Un auteur a dit que nos cabinets en étaient le tombeau; que tout dans cet établissement y prenne une nouvelle vie par vos soins, et que les animaux destinés aux jouissances et à l'instruction du peuple, ne portent pas sur leur front, comme dans les ménageries construites par le faste des rois, la flétrissure de l'esclavage; qu'on puisse admirer la force majestueuse du lion, l'agilité de la panthère, et les élans de colère ou de plaisir dans tous les animaux.

Quant à ceux d'un caractère plus doux, ils pourront être placés dans des parcs un peu étendus, en partie ombragés par des arbres, et tapissés de verdure propre à les nourrir.

La zoologie est une partie de l'histoire naturelle si étendue et si intéressante, qu'elle exige l'établissement d'un troisième professeur.

Quelle que soit l'opinion de la Convention sur le projet que je viens de lui soumettre, il est nécessaire qu'elle prononce promptement; la saison est déjà avancée, et les transplantations de plantes et d'arbres, ordonnées par les décrets de la Convention, ne pourraient point avoir lieu cette année, si elle retardait trop sa décision. Les propriétaires des terrains et maisons compris dans le plan, ne peuvent pas rester plus long-temps dans l'incertitude. Il leur a été défendu de faire aucune construction : il y en avait de commencées qui ont été abandonnées ; ils ne peuvent ni louer ni vendre ; et cette situation pénible, si elle était plus long-temps prolongée, compromettrait leur fortune.

Il est aussi un objet indépendant du plan d'agrandissement du Muséum que je suis chargé de vous soumettre, et sur lequel vous aurez à prononcer sans délai ; je veux parler des fonds nécessaires pour les dépenses courantes de l'établissement.

Le comité s'est fait représenter le devis de ces dépenses ; il a examiné et discuté avec soin chaque article fondé sur un décret ou une disposition du réglement adopté par le comité d'instruction publique. Les dépenses déjà décrétées pour l'année dernière s'élèvent à cent quinze mille livres, en y comprenant celles consacrées pour le complément des peintures de la grande collection, et pour les appointemens des aides naturalistes.

Mais cette somme est évidemment insuffisante ; il faut une augmentation :

1°. Pour l'entretien des serres nouvellement construites, de nouvelles écoles, de diverses collections réunies dans les galeries d'histoire naturelle ;

2°. Pour les dépenses annuelles de divers cours, soit de ceux nouvellement institués, soit des anciens qui doivent être faits avec plus d'étendue ;

3°. Pour les frais actuels de la ménagerie, calculés

d'après ceux qu'elle a occasionés depuis le 10 brumaire de l'an II ;

4°. Pour les appointemens à affecter aux nouvelles places que nécessitent une augmentation de travaux, une bibliothèque publique, l'administration et la correspondance des professeurs ;

5°. Pour l'augmentation des appointemens des divers employés.

Le décret du 10 juin, en multipliant les travaux et créant de nouvelles places, n'a point fait les fonds nécessaires. Ces divers objets exigent une augmentation annuelle de la somme de soixante-quatorze mille deux cent quatre-vingt-neuf livres.

Le comité a reconnu la justice et la nécessité de cette dépense, sur laquelle il ne peut être fait aucun retranchement, et qu'il est impossible d'ajourner sans compromettre le sort de cet établissement, et retarder d'une manière funeste la marche de l'instruction.

Nous faisons observer, à cet égard, à la Convention, qu'il n'y a que l'amour de la science et l'attachement invincible que contractent pour un établissement de ce genre ceux qui l'administrent et qui l'entretiennent, qui aient soutenu leurs efforts constans pour le conserver dans toute sa splendeur.

Des hommes qui travaillent toute l'année à la terre, n'ont que sept à huit cents livres. Les professeurs, parmi lesquels on compte des hommes célèbres par de longs et d'utiles travaux, et qui ont honoré leur siècle, n'ont que deux mille huit cents livres de traitement. Daubenton, octogénaire et l'un des restaurateurs du Muséum d'histoire naturelle, ne reçoit de la nation que deux mille huit cents livres, tandis qu'il est une foule de commis ineptes qui consomment plus du double dans l'oisiveté.

Le comité d'instruction publique a pensé que le traitement des professeurs devait être de cinq mille livres, celui des finances a opiné pour quatre mille livres; c'est à la Convention à prononcer.

Citoyens, puisque vous voulez encourager les sciences et les arts, faites que l'homme qui les cultive ne soit pas obligé de regretter le temps qu'il consacre à l'étude.

Il est sans doute des récompenses plus dignes du génie et de la vertu que l'argent; mais il y a de la dérision à laisser périr de faim, au milieu de leur gloire, les hommes qui ont bien servi leur patrie. Assurez, non des richesses, mais une honnête aisance à la vieillesse de l'homme laborieux qui aura consacré ses plus belles années et employé son patrimoine à acquérir des connaissances utiles pour les répandre un jour dans la société.

Le devis présenté au comité contient un état de dépenses extraordinaires qui peuvent être divisées en deux objets distincts.

1°. Il y a des dépenses arriérées, telles que celles qui ont été ordonnées par le gouvernement dans le cours de l'année dernière, et qui ont été acquittées par le trésorier de l'établissement, soit sur des fonds destinés aux dépenses ordinaires , soit de ses propres deniers ; elles s'élèvent à vingt-trois mille sept cent trois livres dix-huit sous cinq deniers.

Ce sont celles de la Ménagerie depuis le 20 brumaire de l'an II ; celles relatives à la dissection du rhinocéros , à la préparation et monture de la peau ; celles enfin qu'a nécessitées l'établissement de la bibliothèque ; elles doivent être restituées au trésorier , pour le remplir de ses avances , et pour acquitter des emprunts.

2°. Les dépenses extraordinaires demandées pour cette année montent à dix-huit mille six cent quarante-une livres.

Elles consistent en augmentation passagère de frais d'acquisition et de transport des objets servant à la culture et à l'entretien du jardin , en acquisition première des objets nécessaires pour les différens cours ; en frais premiers d'étiquettes nouvelles qui doivent, d'après les réglemens, être placées devant chaque plante dans les diverses écoles ; en établissement de celles de ces écoles qui n'existent pas encore, et sans lesquelles le cours de culture ne peut avoir lieu ; en frais de replantation de la grande école de botanique , replantation jugée nécessaire, demandée depuis cinq ans, et devenue maintenant indispensable.

Citoyens, l'établissement dont je viens de vous parler doit devenir le laboratoire où l'on cherchera toutes les vérités et où l'on réunira tous les objets utiles aux progrès des sciences naturelles, à

l'art de guérir, et à l'agriculture vers laquelle vous
devez surtout diriger tous vos efforts; elle appelle
plus que jamais toute notre attention. Les premières années de la révolution lui avaient donné
de grands développemens; le sol de la république,
affranchi comme ses habitans, était heureusement fécondé par la puissante influence de la
liberté. Des mesures perfides, prises dans la
suite au nom du salut public, allaient encore
le frapper de stérilité. En ouvrant à l'agriculture une grande école, vous préparerez à la nation de nouvelles sources de richesses, vous pro-
pagerez des connaissances trop négligées, jusqu'à
présent, et qui sont la base la plus solide de toutes
les sciences.

Les citoyens y apprendront à connaître les matériaux de nos constructions, les métaux, fondemens
des arts et du commerce, à fertiliser de vastes terrains qui semblent repousser les arbres indigènes,
mais qui sont très-propres à recevoir des arbres
exotiques pour la charpente et la construction
navale.

Appelez tous les hommes à considérer le grand
et magnifique spectacle de la puissance de la nature, la variété de ses productions et l'harmonie de ses phénomènes. Elle est la source des bonnes lois, des arts utiles, des jouissances les plus
douces et du bonheur.

Le Muséum d'histoire naturelle est peut-être le
seul établissement public qui soit resté intact au

milieu des orages de la révolution. La main destructive des vandales qui a brisé tant de monumens
précieux des arts, a respecté le temple de la nature.

Votre décret du 10 juin, le zèle des professeurs,
la bonne harmonie qui règne entre eux, l'ont
maintenu dans cet éclat qui avait depuis long-
temps fixé l'admiration de tous les savans de l'Europe.

Continuez à l'environner de toute la protection
du gouvernement; en adoptant l'agrandissement
que vos comités vous proposent, vous faciliterez
l'établissement des jardins des plantes dans les départemens, sur lesquels votre comité vous fera
bientôt un rapport.

MOTION

DE REVISER LES LOIS RÉVOLUTIONNAIRES.

27 PLUVIOSE AN III.

Il n'y a pas de plus funestes défenseurs de la constitution que ceux qui vont puiser dans les journaux la base de leurs opinions. (Applaudissemens.) Je me croirais indigne d'être législateur, si je suivais cette conduite. Il y a long-temps qu'on suppose que la constitution démocratique est attaquée par un parti puissant. Je ne doute pas qu'il n'y ait en France quelques ennemis de la démocratie, mais je crois que le plus mauvais moyen de la défendre est de supposer tous les jours qu'on l'attaque. Qu'importe à la nation que quelques journalistes disent leur opinion sur la manière dont la constitution est rédigée? Moi, je vais plus loin, et je dis que s'il y avait dans la constitution un article qui ne me convînt pas, j'aurais le droit, en m'y soumettant, d'écrire contre. (Applaudissemens réitérés.) Je déclare que si ce droit n'existait pas, il n'y aurait pas en France plus de liberté qu'en Russie.

Il est quelques hommes corrompus qui, à l'aide des calomnies qu'ils propagent, cherchent à faire

croire que le règne de la justice n'est qu'une chimère, et que le régime des prisons va reparaître.
(Vifs applaudissemens.) Mais la Convention saura
tous les terrasser : (Oui, oui ! s'écrient tous les
membres.) Pour moi, je ne vois pas d'ennemis plus
dangereux pour la république que celui qui s'oppose au retour de l'ordre et du règne des lois.
(Applaudissemens.)

Comment voulez-vous que ceux qui pendant
dix-huit mois n'ont vécu que de brigandage et de
désordre, puissent consentir au retour de la justice ? (Vifs applaudissemens.) Pour moi, je le déclare, il n'y aura jamais de transaction entre certains hommes et moi; une barrière éternelle nous
sépare.

Le temps du charlatanisme est passé ; disons
donc franchement qu'il n'y aura point de stabilité
dans nos finances, tant que le gouvernement n'ins-
pirera point assez de confiance ; et le nôtre n'a
point assez de force.

Il faut, si vous voulez éviter une réaction funeste,
il faut examiner la loi du 17 septembre et toutes
les lois révolutionnaires, qui ne sont que des lois
arbitraires. (On applaudit.) C'est le seul moyen
de ramener la paix, de faire cesser toutes ces dénominations de jacobins, de modérés, de feuillans,
de maratistes; car il fut un temps où il n'y avait
que de ces espèces d'hommes et où l'on ne trouvait pas un seul citoyen. (Vifs applaudissemens.)

J'invite la Convention à activer les travaux de

cette commission nommée depuis deux mois, qui
ne s'assemble pas, et qui, par ses retards, com-
promet le salut de la république. Cette commission a déjà fait des travaux préparatoires; je demande qu'elle nous fasse un rapport dans une
décade.

MOTION

SUR

LE GOUVERNEMENT ET L'ADMINISTRATION.

7 FLORÉAL AN III.

CITOYENS, vous aviez chargé la commission des sept de vous présenter ses vues sur les moyens de donner plus de ressort et d'activité au gouvernement actuel. Les circonstances deviennent tous les jours si pressantes, et les délibérations sont si lentes, que j'ai cru ne devoir plus tarder d'apporter directement à la Convention nationale le tribut de mes réflexions sur cet objet important. Quoiqu'elles soient le résultat de plusieurs mois de méditation et d'expérience, je n'ai point la folle vanité de croire qu'elles doivent être adoptées par l'Assemblée comme un ouvrage parfait; mais j'ose dire, parce que j'en ai la conscience, que le plan que j'ai à vous présenter est ce qu'il y a de mieux à faire dans une matière où nous sommes forcés encore, par des circonstances impérieuses, de louvoyer, pour ainsi dire, avec les grands principes.

Si je parviens d'ailleurs à ouvrir les yeux trop long-temps fermés de la Convention, sur l'état où elle se trouve, et sur les dangers qui l'environnent;

si je provoque, comme je l'espère, une grande discussion sur notre situation politique, je ne doute pas que vous ne trouviez dans votre énergie les moyens de cicatriser les plaies profondes de la patrie, et de sauver la république.

L'un de ces moyens, le plus sûr, le seul peut-être qui vous reste, c'est de donner un gouvernement à la France. Tous les citoyens en sentent le besoin pressant, tous vous le demandent; c'est à l'organisation d'un bon gouvernement que tiennent le crédit public, la sûreté des personnes et des propriétés, les approvisionnemens, les succès des armées, le triomphe de la liberté et la prospérité de la nation. C'est pour atteindre ce but que vous allez vous occuper sans relâche de l'organisation de la constitution, et hâter le moment où elle pourra être mise en activité.

Ce serait avoir une bien fausse idée de la constitution d'un grand peuple et des lois nécessaires au maintien de l'ordre social, que de croire qu'elles pussent être improvisées dans quelques jours, et subitement exécutées. C'est ici surtout qu'il faut apporter toutes les combinaisons de la sagesse, si vous voulez faire un ouvrage durable et arrêter le torrent révolutionnaire.

Ainsi il serait imprudent et même insensé de fixer d'avance le terme où la liberté nationale sera entièrement garantie par un ordre constitutionnel. Il n'est aucun de vous, s'il n'écoutait que ses intérêts et ses goûts, qui ne désirât de pouvoir déposer sur-le-champ la portion de pouvoir qu'il exerce, pour devenir simple citoyen et donner l'exemple de l'obéissance aux lois de la république; mais nous devons avant tout écouter nos devoirs et nous mettre en état de solder à livre ouvert cette grande comptabilité morale dont le peuple nous a chargés.

Ainsi, tandis que les membres que vous avez investis de votre confiance prépareront les lois organiques de la constitution; pendant que vous les discuterez et jusqu'à ce qu'elles aient été acceptées par le peuple, vous devez prendre tous les moyens que prescrit la sagesse, pour faire marcher le gouvernement actuel et pour empêcher qu'il ne devienne la proie des factions ou des ennemis de la liberté.

Depuis cinq ans, nous marchons, pour ainsi dire, sans système en politique, en législation, en guerre, en finances.

Le hasard et la force des choses ont plus fait que les calculs de la raison.

Le gouvernement a moins résidé dans la représentation nationale que dans des corporations excentriques nées du patriotisme, mais dominées par des ambitieux.

La puissance extraordinaire de ces institutions détruisit la monarchie; elle aurait fini peut-être par étouffer la république.

Sous le long *décemvirat* du comité de salut public, le gouvernement eut quelque force, mais il fut atroce et sanguinaire. Créé par la Convention, il méconnut bientôt l'origine de ses pouvoirs ; il la domina avec l'instrument dont les factieux s'étaient toujours servis, et fut sans doute dominé souvent par cet instrument même.

Au 9 thermidor, il n'y avait plus de gouvernement, ou, pour mieux dire, il était retourné dans la Convention tout entière. Le sentiment douloureux de l'oppression tyrannique qui avait pesé sur tous ses membres et sur le peuple français, les détermina à saisir cette occasion pour disséminer le pouvoir.

L'expérience du passé, les craintes pour l'avenir présidèrent plus que les principes et la raison à la réorganisation du gouvernement.

Il fut confié à treize comités : le comité de salut public eut à peine le pouvoir strictement nécessaire pour continuer la guerre, et l'on n'a pas été long-temps à s'apercevoir que si le pouvoir était tyrannique, lorsqu'il était trop centralisé, il n'avait plus aucune force quand il était trop divisé, et qu'il fallait trouver un juste milieu entre le despotisme et l'anarchie.

La Convention ne doit pas abandonner dans ce moment les rênes du gouvernement à des mains étrangères ; elle ne pourrait s'en dessaisir sans danger. Un conseil exécutif, établi à côté d'elle, deviendrait nécessairement le point d'appui de tous les ennemis de la représentation nationale.

Il s'agit donc de rechercher d'abord la meilleure

manière d'organiser le gouvernement dans la représentation nationale.

Il est temps de revenir aux principes et de se dépouiller des préjugés de la révolution ; car si elle en a beaucoup détruit, elle en a aussi produit quelques-uns.

Il ne faut pas que des préventions ou des craintes exagérées fassent dévier la Convention de ce qui peut la conduire au terme qu'elle se propose.

Le gouvernement doit avoir assez de connaissances pour embrasser, comme d'un regard, tous les besoins de la nation ; il doit être assez puissant pour faire toujours exécuter infailliblement les lois, assez dépendant des lois pour avoir la confiance du peuple, et être environné de ces attributs imposans qui impriment le respect aux citoyens et aux nations étrangères.

Il est évident que le gouvernement actuel n'a aucun de ces caractères essentiels.

Le premier, c'est de réunir toutes les connaissances, toutes les lumières administratives dans un seul point, dans une seule assemblée, quelque nom qu'on lui donne. Aujourd'hui, la république est gouvernée par treize comités qui ont à côté d'eux autant de commissions, et un bien plus grand nombre d'agences. Tous les objets du gouvernement sont disséminés sur ce grand nombre de points, et les connaissances d'administration qu'il faut concentrer, les lumières qu'il faut réunir, ne sont réunies nulle part.

Le comité de salut public est entravé dans presque toutes ses opérations, et obligé de se réunir souvent avec plusieurs comités pour délibérer sur les
moindres mesures. Ces réunions occasionent une
assez grande perte de temps; souvent il n'est
plus opportun d'agir quand on a délibéré, et il ne
peut rien faire seul, parce que son pouvoir est
mutilé.

Les autres comités, qui ont aussi chacun une
partie de gouvernement, prennent souvent des arrêtés incohérens, contradictoires, parce qu'ils n'ont
pas de point central où les opérations se discutent
et se concertent. Enfin, il y a, pour ainsi dire,
treize gouvernemens qui ne peuvent ni se concilier, ni s'entendre, qui tirent les rênes en tout sens
et qui entravent la marche des affaires, au lieu de
l'accélérer.

Les commissions exécutives se ressentent des
vices de l'organisation des comités : elles sont trop
nombreuses, leur pouvoir est trop disséminé ; elles
sont obligées d'établir, dans beaucoup d'affaires,
une correspondance qui consume du temps, des
bras, de l'argent, et qui en ralentit la marche d'une
manière funeste à la chose publique.

Dans un gouvernement, aucune partie des besoins publics n'est isolée et séparée des autres,
tout se lie et se tient par des rapports intimes.
Cette vérité doit servir de base à tous les gouvernemens : si on n'y revient pas, si on l'altère,
on ne fait que modifier l'anarchie. Je n'entre

point dans tous les développemens de ce principe, mais les esprits exercés les sentiront facilement.

Dans une guerre, par exemple, qu'on fait sur
terre et sur mer, il faut combiner incessamment
ensemble les forces qu'on veut déployer. Le commerce, l'agriculture et les subsistances doivent
être aussi considérés relativement à l'état de
guerre et à l'état de paix. Le maintien de la tranquillité intérieure de l'État ne peut pas se séparer
non plus de la situation des relations extérieures ;
et enfin les finances, ce principe de vie, tiré de
toutes les veines de la nation, et qui doit y circuler,
exigent impérieusement la connaissance parfaite
de toutes les parties de l'administration générale.

On voit donc que dans le gouvernement tout
est rapports ; que ce sont ces rapports qui forment
les points de lumière, et que si l'on sépare les objets, qui de leur nature doivent être rapprochés,
toute lumière est éteinte, et ce n'est pas merveille
si on gouverne mal, lorsqu'on gouverne dans les
ténèbres. (Applaudissemens.)

Le second caractère que nous avons assigné à
un bon gouvernement, c'est une grande force et
une grande puissance : dans le gouvernement actuel, la puissance et la force, dispersées dans treize
comités, et dans un nombre infini de commissions
et d'agences, ne se font voir et ne se font sentir
nulle part avec grandeur ; elles n'existent réelle-

ment nulle part. A chaque instant un comité ou une commission sont obligés d'avoir recours à une autre commission, à un, autre comité, pour la moindre des mesures : la plus petite affaire est traînée ainsi d'une compétence incertaine en une compétence plus incertaine encore. Le peuple ne peut prendre aucune considération pour des comités et des commissions qui déclarent si souvent qu'ils n'ont pas le droit de prononcer.

Une espèce de dédain que la faiblesse inspire toujours, s'attache ainsi aux dépositaires de la force nationale; et c'est sur ce dédain principalement que tous les perturbateurs de l'ordre fondent leurs espérances et leur audace.

Jamais le gouvernement n'aura de force, s'il n'est concentré tout entier dans les mêmes mains. Quelque chose que l'on substitue à cette organisation, il n'aura qu'une correspondance difficile dans ses parties; il n'aura point d'uniformité dans ses mouvemens, l'exécution sera lente et difficile, surtout dans les opérations mixtes; il n'aura jamais cette rapidité et cette consistance nerveuse qui assure son unité et son action, en ramassant toutes ses forces pour les diriger vers un but commun.

Vous avez à gouverner une vaste république, une immense population, à faire marcher des ressorts multipliés à l'infini et compliqués en tout sens, à faire mouvoir tous les membres de ce grand corps, à les mettre en harmonie les uns avec les autres, à diriger des armées considérables, à pourvoir à tous leurs besoins, à vivifier et à étendre vos relations extérieures.

Plus le territoire d'un état est considérable et sa population nombreuse, plus son gouvernement exige d'ensemble, de promptitude et d'activité. Ce principe, fondé sur l'expérience de tous les temps et de tous les gouvernemens, reçoit encore plus de poids des circonstances où nous nous trouvons. Nous ne devons jamais perdre de vue que les résistances ouvertes ou cachées des ennemis de la liberté exigent dans le gouvernement une ardeur, une activité et une vigilance extraordinaires.

Le troisième caractère que nous avons assigné à un bon gouvernement, c'est l'impossibilité de mettre la volonté personnelle de ses agens à la place de la loi et de la pensée du législateur : c'est enfin l'impossibilité de substituer l'arbitraire aux décrets.

Mais, dans le gouvernement actuel de la république, lorsque la compétence de tant de comités, de tant de commissions, est si mal déterminée, il est impossible que quelques-uns d'entre eux, que même tous peut-être ne restent souvent en de-çà, et n'aillent souvent au-delà de leur véritable compétence. Dans un tel état de chose, nul ne peut savoir précisément quelle est la mesure de ses devoirs et de son pouvoir, et l'on manque également à ses devoirs, soit qu'on étende trop ses pouvoirs, soit qu'on les restreigne trop ou qu'on les affaiblisse. Ceux qui font le mal peuvent le faire sans s'en apercevoir, et ceux qui le souffrent ignorent s'ils ont ou s'ils n'ont pas le droit de s'en plaindre. Un mécontentement sourd se répand de toutes parts ; tantôt ceux qui souffrent étouffent leurs plaintes, parce qu'ils ne savent sur quoi les motiver, parce qu'ils ignorent si c'est la loi qui est mauvaise ou ses exécuteurs inhabiles. Quelquefois, au contraire, les plaintes et les accusations excèdent toute mesure, parce que ne voyant pas avec précision les torts du gouvernement, on le soupçonne et on le charge de tous ceux que l'on imagine. Cette situation est, sans aucun doute, la plus mauvaise et pour ceux qui gouvernent et pour ceux qui sont gouvernés ; cette situation est la nôtre.

Le quatrième caractère que nous avons assigné à un bon gouvernement, c'est d'être entouré d'attributs et de formes qui lui concilient à la fois la confiance du peuple et le respect de toutes les nations.

Quand le gouvernement est divisé en tant de parties, aucune de ces parties et de ces subdivisions ne peut réunir les augustes attributs qui frappent l'imagination et le cœur des hommes. Si le peuple est heureux, il ne peut voir distinctement d'où lui arrive son bonheur ; il ne sait quelle mesure il doit louer ou bénir. La tradition des opérations sages ne s'établit point, et le gouvernement perd la partie le plus éminemment active et bienfaisante de sa force, celle qui résulte de ses droits à la reconnaissance publique. (On applaudit.)

Le résultat de toutes ces réflexions, puisées dans la nature des choses et dans l'expérience, m'a déterminé à vous proposer de confier le gouvernement à un seul comité, le comité de salut public.

On dira que c'est reconstituer l'ancien comité de salut public, et exposer la république à tous les maux qui ont déjà pesé sur elle.

Le comité de salut public n'était point une institution vicieuse dans son principe; elle l'est devenue par une foule de circonstances qui ne s'offriront jamais et que la Convention peut toujours empêcher de renaître.

Si l'on eût tenu fermement au renouvellement des membres de ce comité, si ses fonctions eussent été bien déterminées, s'il n'avait pas extorqué surtout le droit de vie et de mort sur les représentans du peuple, et l'initiative exclusive de toutes les lois, ce comité n'aurait pas opprimé la Convention et la république.

Vous trouverez dans la funeste expérience que vous avez faite de l'abus du pouvoir, les moyens de le prévenir : le principal, le plus sûr, est *l'amovibilité* rigoureuse des membres du comité de gouvernement à des époques fixes. Au surplus, ma dernière, ma seule réponse à toutes les objections, est dans votre courage, et si vous n'aviez pas la confiance de votre force, quelle que fût l'organisation du gouvernement, vous ne parviendriez plus à sauver la patrie. (Vifs applaudissemens.)

Mais il faut circonscrire le comité de salut public dans les bornes qui lui avaient été prescrites lors de sa création, et par toutes les lois rendues depuis. Il doit avoir le gouvernement, c'est-à-dire la pensée, la volonté, la délibération ; mais il ne doit rien exécuter par lui-même; c'est à des agens responsables que tous les détails, tous les ordres et toutes les mesures d'exécution doivent être renvoyés.

Il faut oser dire une vérité trop long-temps dissimulée, c'est que la confiance ne peut plus s'attacher à une forme de gouvernement qui présente encore la Convention, une partie de la Convention, un comité de la Convention, comme agent unique du pouvoir exécutif, comme pouvoir exécutif pour le fait et pour les formes. C'est là en effet la véritable raison de l'inertie; lenteur dans la délibération, lenteur dans l'exécution; incertitude dans l'une et l'autre ; voilà le résultat inévitable de l'absence de toute espèce de responsabilité.

Il ne faut donc plus confondre le gouvernement et l'administration, la volonté et l'exécution, la cause et l'effet. Nous avons acquis une forte preuve des malheurs que cette confusion doit produire. Lorsque le gouvernement était concentré, il était monstrueux, tyrannique, redouté et haï. Lorsqu'il a été divisé en treize comités, par une raison inverse, il a été sans vigueur, sans énergie, sans moyens, parce que la même erreur présidait à cette institution. Tout en professant que l'on voulait un gouvernement si improprement appelé révolutionnaire, on opérait dans un sens directement opposé à l'activité que la révolution exige. Le mal continuera tant que nous serons asservis à cette réunion de tous les pouvoirs, tant que la Convention sera chargée des détails multipliés de l'exécution et d'une responsabilité immense et cependant positive; il est donc temps, il est absolument nécessaire de séparer le gouvernement de l'administration. La Convention doit seule gouverner par son comité de salut public; des agens responsables doivent seuls exécuter, administrer sous la surveillance du comité. Ce n'est point une innovation, c'est ramener les choses où elles étaient dans leur origine.

En effet, le comité de salut public ne fut créé, dans le principe, que pour remplacer la Convention dans les délibérations qui devaient demeurer secrètes; telles que les opérations de la guerre et les relations extérieures; mais il ne fut chargé que de *surveiller et d'accélérer l'action de l'administration confiée au conseil exécutif provisoire;* et on lui donna le droit de *suspendre ses arrétés, lorsqu'il les croirait contraires à l'intérét national, et de prendre, dans les circonstances urgentes, des mesures de défense générale extérieure et intérieure; ses arrétés devaient étre exécutés par le conseil exécutif.*

Ainsi l'intention de la Convention ne fut point de donner alors à son comité de salut public l'administration générale de la république, mais seulement la surveillance de cette administration. Le comité n'était point exécutif, mais chargé de hâter l'action du pouvoir exécutif; il n'était qu'une espèce de conseil d'État chargé de vouloir pour la Convention dans les matières qui n'étaient pas susceptibles d'être discutées ou délibérées publiquement.

Le comité de salut public ne resta point dans les bornes que lui prescrivaient également et la loi et l'intérêt général; les ambitions particulières, l'avidité du pouvoir y attirèrent presque toute l'administration; il devint, pour ainsi dire à la fois, ordonnateur et exécuteur.

Le 12 germinal de l'an II, le comité vous proposa la suppression du conseil exécutif provisoire; il vous disait :

« Les six ministres et le conseil exécutif provisoire supprimés, remplacés par douze commissions rattachées au comité de salut public sous l'autorité de la Convention nationale; voilà tout le système.

» Le comité de salut public se réservant la pensée du gouvernement, proposant à la Convention nationale les mesures majeures, prononçant provisoirement sur celle que le défaut de temps ou le secret à observer ne permettent pas de présenter à la discussion de l'Assemblée, renvoyant les détails aux diverses commissions, se faisant rendre compte chaque jour de leur travail, réformant leurs actes illégaux, fixant leurs attributions respectives, centralisant leurs opérations pour donner la direction, l'ensemble et le mouvement qui leur sont nécessaires; tel est succinctement le tableau de la nouvelle organisation. »

Le décret de la Convention fut conforme à ces principes ; mais le comité de salut public continua de se charger d'une grande partie des détails de l'administration ; c'est ce qu'il s'agit de réformer aujourd'hui, si vous ne voulez pas voir périr la chose publique. Les décemvirs vous parlaient souvent de la garantie du gouvernement, il est temps de stipuler la garantie des gouvernés.

Ce que j'ai dit des commissions exécutives, ce que l'expérience a fait connaître à tous les citoyens, prouve qu'il y a des réformes à faire ; cependant je ferai observer que lorsqu'on s'occupe d'organiser un gouvernement définitif et stable, il faut être extrêmement circonspect sur les changemens provisoires.

La création subite de douze commissions à la place du conseil exécutif, a dû nécessairement occasioner de grandes dépenses. Il n'y a rien de plus simple en apparence que l'idée d'un nouveau système de gouvernement; mais c'est dans l'exécution que se présentent toujours les difficultés, et souvent une interruption funeste dans les affaires, surtout lorsqu'on change tout-à-toup le matériel et le personnel.

Je ne m'étendrai pas davantage sur ce point;

tout le monde connaît le mal ; il ne s'agit plus que de trouver le remède.

Je pense qu'on pourrait supprimer beaucoup d'agences, qui sont une sorte de pouvoir, et qui tendent souvent à se rendre indépendantes des commissions auxquelles elles appartiennent, pour les rendre ce qu'elles doivent être, de simples divisions intérieures dans les commissions. (Nouveaux applaudissemens.)

Qu'il serait nécessaire de rapprocher les parties de l'administration que la nature des choses rend dépendantes l'une de l'autre, qui doivent marcher ensemble, et qui ne peuvent marcher qu'ensemble à cause de leurs analogies respectives.

Tout le monde sent la nécessité de réduire le nombre des employés subalternes : il en faut dans les administrations ; mais cette profession cesse d'être honorable, lorsqu'elle n'est pas utile, et ceux qui l'exercent ne sont estimés qu'en raison de leur nombre.

Mais je pense aussi qu'on doit faire tous ces changemens, toutes ces améliorations sans secousses, et les préparer avec sagesse : ce soin appartiendra à votre comité de salut public qui vous le proposera.

Quelle que soit l'organisation matérielle de votre administration générale, le succès dépendra toujours du choix des agens qui seront chargés de la diriger. Si l'ignorance, la vanité et l'inexpérience restent au timon des affaires ; si on confie l'administration de la chose publique à des hommes incapables de gérer leurs affaires personnelles; si on veut continuer à n'employer que des instrumens tout neufs et proscrire aveuglément ceux que de grands services et une longue expérience ont fait connaître, alors tout est perdu. En vain aurez-vous construit un bon vaisseau; s'il n'est pas conduit par un pilote habile, il périra.

Tous les citoyens sont sans doute appelés aux fonctions publiques; il n'y a d'autres distinctions que celle des talens et des vertus; mais rappelons souvent ce principe consacré dans la Déclaration des droits, dont l'oubli a causé de si grands maux à la patrie.

Il faut aussi rendre aux agens de la république cette force morale sans laquelle il est vrai de dire que le pouvoir est impuissant. Il y a eu un système d'avilissement qui avait pour but de flétrir tout ce qui tenait à la république. Il fut un temps où un ministre était plus responsable envers une société ou une fraction du peuple, qu'envers la représentation du peuple tout entière. Faut-il s'étonner ensuite que les hommes de bien aient eu de la répugnance pour ces fonctions? Que la Convention ait toujours les yeux ouverts sur la conduite des agens du gouvernement, qu'elle les frappe quand ils sont coupables; mais qu'elle entoure leurs fonctions du respect et de la confiance sans lesquels il est impossible de faire le bien.

Ici se présente une question intéressante, celle

de l'envoi des représentans du peuple dans les départemens.

Cette mesure serait désormais plus désastreuse qu'utile. Avec les pouvoirs illimités dont ils sont revêtus, ils continueraient évidemment à entraver la marche du gouvernement, et à détruire son unité. (Vifs applaudissemens.)

Le système des commissaires n'est véritablement qu'une calomnie ambulante contre les autorités constituées des départemens.

Il est temps d'accoutumer les administrations à n'obéir qu'à la loi, et à marcher seules dans la ligne des fonctions qui leur sont déléguées; il est temps de mettre un terme à ces épurations indéfinies, à ces destitutions arbitraires qui ont réduit les autorités constituées à la nullité, et les fonctionnaires publics, comme tous les citoyens, à la servitude; car, dans un tel régime, les hommes vertueux et instruits n'acceptent une place que comme une charge; et l'homme ignorant ou ambitieux, pour exercer le pouvoir et se procurer des jouissances.

Rendez à tous les citoyens cette énergie qui signala les premières années de la révolution; le temps n'est pas éloigné peut-être où ils en auront besoin. Rapprochez du peuple l'élection de ses magistrats, en attendant que vous puissiez, par une organisation des diverses branches de la constitution, lui remettre la plénitude de ses droits. Que la liberté ne soit plus un vain mot; tous les Français la réclament; vous la devez à des millions de citoyens qui combattent depuis cinq ans pour elle; alors tous les cœurs, long-temps flétris par l'oppression et par tous les crimes de la tyrannie, s'ouvriront à l'espoir du bonheur. (On applaudit vivement.)

Cependant il faut encore, dans cette partie, ne pas perdre l'occasion de faire le bien, en voulant, par une précipitation irréfléchie, le faire tout d'un coup. L'envoi des représentans du peuple près les armées est encore utile, et n'a pas les mêmes inconvéniens ; et dans le cas où vous croirez devoir en envoyer dans les départemens, je propose de limiter leurs pouvoirs à l'objet de leur mission.

Sans doute le gouvernement que je propose sera revêtu d'une grande puissance ; mais vous ne pouvez plus, sans compromettre le salut public, laisser durer plus long-temps le relâchement qui se manifeste de toutes parts et jusque sous vos yeux, dans l'exécution des lois et de toutes les mesures de gouvernement : tout le monde commande, personne n'obéit. (On applaudit.)

Vous ne pouvez plus souffrir que la représentation nationale soit exposée aux attentats d'une poignée de factieux, et que, lorsque la république française a porté dans toute l'Europe l'étendard de la victoire, elle soit outragée par quelques ennemis insolens, ou par quelques mécontentemens individuels. Il faut savoir, enfin, si, lorsque vous faites une paix glorieuse avec l'Europe, au nom de la république française, on espère rétablir la royauté dans son sein, vous faire trembler par des mouvemens intérieurs, et avilir, dans vos personnes, la dignité et la souveraineté du peuple français.

Représentans, vos ennemis vous sont connus, hâtez-vous de neutraliser leurs forces. Osez frapper, ils disparaîtront bientôt; songez que la faiblesse aliène tous les esprits, et qu'il n'y a qu'une volonté forte et confiante qui puisse inspirer de la confiance aux sincères amis de la liberté. (On applaudit de toutes parts.)

J'espère que vos comités vous indiqueront bientôt les moyens de déjouer les espérances coupables que l'on a l'audace de manifester depuis longtemps; mais ils seraient inutiles si vous n'organisez pas votre gouvernement.

Républicains, ne perdez point courage; ceux qui disposent contre vous de nouvelles attaques, vous préparent de nouvelles victoires. Apôtres incorrigibles de la royauté et de l'anarchie, les mêmes mains qui ont fondé la république, sont encore là pour creuser votre tombeau. (De vifs applaudissemens éclatent de toutes parts.)

OPINION

SUR LE GOUVERNEMENT.

11 FLORÉAL AN III.

JE n'ai point entendu présenter un plan de gouvernement parfait; j'ai dit, au contraire, lorsque je l'ai offert à la Convention, qu'il était malheureux d'avoir à s'occuper de l'organisation d'un gouvernement, lorsqu'on était forcé, par les circonstances, de louvoyer à côté des principes. Je sais que la Convention doit accélérer le moment où la France se reposera sur un gouvernement ferme; mais les circonstances dont j'ai parlé ne sont pas prêtes à cesser : nous ne devons pas rester sans gouvernement, nous ne devons pas rester dans l'anarchie.

On a dit que mon projet retraçait celui de Robespierre. Moi, je dis que le gouvernement actuel n'en retrace aucun, ne ressemble à aucun de ceux qui aient jamais existé. Je ne connais rien de plus pernicieux qu'une administration dont les différentes parties se renvoient sans cesse, et réciproquement, ceux qui s'adressent à elles. Pendant ce temps, le mal se fait, l'on ne contente personne, et l'on mécontente tout le monde. (Applaudissemens.) Je suppose, par exemple, que des troubles éclatent dans un département; la connaissance en appartient au comité de sûreté générale qui est investi de la police générale. Pour avoir les forces capables de rétablir l'ordre, il faut que celui-ci s'adresse au comité de salut public qui est chargé de la direction de la force armée; il faut que les deux comités se rassemblent; il faut que trente membres qui les composent disent leur avis; il faut prendre une délibération qui, souvent, entraîne beaucoup de longueur, et l'on peut s'être tué avant que les comités aient porté quelque remède au mal. Voilà ce qui peut arriver dans Paris même, où le comité de sûreté générale est obligé de demander au comité militaire une escouade de vingt hommes, quand il en a besoin pour maintenir la police dont il est chargé : cela démontre la nécessité de réunir le gouvernement dans un même centre.

On s'effraie en disant : Mais le comité de salut public aura la direction de la force armée, la disposition des finances. Je ne prétends pas que le comité puisse fouiller dans le trésor de la république; mais je veux que, lorsque le gouvernement fera des achats de grains ou de munitions navales chez l'étranger, il sache s'il pourra les payer. Le comité des finances et les commissaires de la trésorerie n'en conserveront pas moins la clé du coffre-fort; mais le gouvernement aura connaissance de sa situation pour régler ses opérations.

Je voudrais que le comité de salut public n'eût

pas de bureaux, point de chefs sur lesquels il se reposât ; car ces chefs font presque toute la besogne, les membres du comité l'approuvent par leurs signatures, et cette manière d'administrer ne présente aucune responsabilité ; si, au contraire, le comité n'était que l'ame, que la pensée du gouvernement, et qu'il renvoyât tous les détails, toutes les mesures d'exécution aux commissions exécutives, cette marche offrirait une responsabilité certaine, parce que si les agens ne faisaient pas leur devoir, ils seraient dénoncés et punis.

Il n'y a pas dans le projet que j'ai présenté autant de chances pour la tyrannie qu'on voudrait le faire croire ; au surplus, la Convention réunit tous les pouvoirs, et elle doit sentir qu'elle ne peut, dans ce moment, confier, sans danger pour la république, le pouvoir exécutif à des hommes pris hors de son sein.

Je ne m'oppose point au renvoi à la commission des onze ; mais je dois faire observer à l'assemblée que cette commission n'est point encore organisée, qu'elle n'a pas même taillé une plume. Ce n'est pas la faute des membres qui la composent ; ceux d'entre eux qui ne sont d'aucun comité s'y rendent exactement ; mais les autres, qui sont occupés dans les comités de gouvernement, perdant tout le jour et une partie de la nuit à l'administration de la république, ne peuvent se rendre aux séances de la commission. Je crois donc que ceux-ci doivent être tenus d'opter d'ici au 15 de ce mois, jour du renouvellement des comités, entre les fonctions de membres des comités de gouvernement et celles de la commission des onze ; car ils ne peuvent suffire à la fois à ces différens travaux ; du reste, j'appuie le renvoi à cette commission.

PROPOSITION

D'UNE POMPE FUNÈBRE EN L'HONNEUR DES AMIS DE LA LIBERTÉ QUI ONT PÉRI SUR L'ÉCHAFAUD.

14 PRAIRIAL AN III.

JE profiterai de l'impression profonde que vous venez de recevoir, pour vous proposer de donner un grand témoignage de reconnaissance, de regrets, à d'illustres victimes.

Le 31 octobre 1793 fut le jour affreux où le complot des assassins de la patrie se dévoila entièrement, où ils traînèrent à l'échafaud des représentans fidèles; l'échafaud fut pour eux le chemin de l'immortalité. Ombres de Vergniaud et des républicains qui l'accompagnèrent au supplice, que ce jour puisse vous apaiser ! La vertu pour laquelle vous éleviez une voix si éloquente, a enfin triomphé du crime qui vous a donné la mort. Pour nous, représentans, nous qui les avons vus périr sans pouvoir les sauver, réparons autant qu'il est en nous ce coup fatal de l'aveugle destinée; consolons des veuves, rendons à des orphelins la mémoire de leurs pères intacte et révérée. Je demande que dans toute la république, il soit célébré, le 31 octobre prochain, une pompe funèbre en l'honneur des amis de la liberté qui ont péri sur l'échafaud. (Vifs applaudissemens.)

OPINION
SUR LA CONSTITUTION DE L'AN III.

2 THERMIDOR AN III.

Quoique le projet de Sieyes contienne des vues neuves et excellentes, il a beaucoup de ressemblance avec celui de la commission des onze. Je regrette cependant qu'il n'ait pas été présenté plus tôt. On en aurait tiré un grand parti pour l'amélioration du plan de la commission.

Le tribunat de Sieyes est le conseil des cinq-cents de la commission ; le tribunat serait chargé de présenter les besoins du peuple ; la chambre des cinq-cents, qui sera très-populaire par son essence, proposera les lois.

Le conseil des anciens de la commission est la législature proposée par notre collègue. Nous ne donnons pas, comme lui, au gouvernement une part active dans la formation de la loi, cependant nous lui accordons le droit de faire quelques propositions au corps législatif, et de l'inviter à prendre tel ou tel objet en considération.

Le tribunat qui présente à la législature les besoins du peuple, et le gouvernement qui lui expose les siens, ressemblent à deux plaideurs qui recourent au juge ; lorsqu'ils sont d'accord, la législature n'a qu'à sanctionner; lorsqu'ils diffèrent d'avis et de prétentions, c'est à elle à juger, à les départager. Au-dessus de ce corps, Sieyes place encore le jury constitutionnaire, qu'il charge de veiller à ce que les institutions qui lui sont inférieures ne portent point atteinte à la constitution. Nous n'avons pas ce jury dans notre plan, mais nous y avons suppléé en ordonnant au pouvoir exécutif de ne pas exécuter les lois dans la création desquelles on n'aurait pas suivi les formes constitutionnelles.

Je crois, de plus, que le corps auquel Sieyes donne le nom de *gouvernement*, peut être dangereux par les attributions qu'il lui accorde; car je soutiens que le pouvoir exécutif ne doit point avoir une part active dans la formation de la loi : on ne doit pas surtout lui en laisser l'initiative. On a beau objecter, pour dissiper ou du moins pour atténuer mes inquiétudes, que ce n'est point ici un pouvoir exécutif royal; je réponds que de quelque manière qu'il soit organisé, quelque nom qu'on lui donne, je dois beaucoup plus craindre les usurpations de sa part que de celle de tout autre pouvoir, parce qu'il est sans cesse actif.

Enfin nous avons aussi distingué, comme le préopinant, le gouvernement du pouvoir exécutif. Notre Directoire exécutif est le premier, c'est l'ame et la pensée du gouvernement. Les agens généraux sont précisément le pouvoir exécutif. Au surplus je demande le renvoi du travail de no-

tre collègue à la commission des onze, qui l'exa-
minera et en tirera tout le parti possible ; je demande en outre qu'on suive la discussion sur le
projet de la commission.

OPINION

SUR LE POUVOIR EXÉCUTIF.

5 THERMIDOR AN III.

L'ARTICLE soumis à votre discussion tient essentiellement à l'organisation du pouvoir exécutif.

Je ne vois pas le pouvoir exécutif seulement dans le Directoire, mais encore dans les administrations départementales et municipales. Ces autorités sont ses agens nécessaires, et ne sont pas autre chose.

Je sais, et l'histoire de tous les peuples nous l'apprend, que le pouvoir exécutif est toujours entreprenant, parce qu'il est toujours actif; qu'il tend à accroître son pouvoir, parce qu'il dispose de la force; c'est presque toujours par ses usurpations que périt la liberté. Aussi m'opposerai-je, lorsqu'on s'occupera de l'organisation de ce pouvoir, à ce qu'on lui délègue des attributions qui lui donneraient une part active dans la formation de la loi, et une influence quelconque sur le corps législatif.

Mais il faut aussi donner à ce pouvoir toute la force qui lui est nécessaire, afin qu'il puisse remplir l'objet pour lequel il est institué.

Il s'agit en effet de savoir si le pouvoir exécutif

nommera auprès de chaque administration départementale et municipale un commissaire chargé de surveiller et de requérir l'exécution des lois, et qu'il révoque lorsqu'il le juge convenable, ou en d'autres termes si vous voulez avoir un pouvoir exécutif, donner un gouvernement à la France et établir un ordre social quelconque; car si cette faculté est refusée au pouvoir exécutif, je ne vois plus en lui qu'un corps sans bras, qui conçoit, qui veut, mais qui s'agite en vain pour agir, qui excite le rire ou le mépris de tous ceux qui voient son impuissance, et qui finit par tomber sous les coups du premier qui voudra l'attaquer, parce qu'il n'a aucun moyen de défense.

En effet je suppose que vous rejetiez l'article qui vous est proposé, qu'arrivera-t-il? Le pouvoir exécutif, dont l'action, dans un grand État, doit être prompte, rapide et non interrompue, sera subordonné à chaque instant à la délibération, à la volonté des administrations, à leur inertie ou à leur lenteur.

Et n'avez-vous pas pour vous l'expérience de plusieurs années? N'avez-vous pas vu les administrations délibérer sur l'exécution de la loi au lieu de la faire exécuter, pendant la royauté constitutionnelle et sous le règne du conseil exécutif? Qui de vous n'a pas vu les administrations refuser d'exécuter les ordres des dépositaires du pouvoir exécutif, et les attaquer au lieu de leur obéir?

Lorsqu'une administration s'écartera de la ligne

de ses devoirs ou de ses fonctions, qui est-ce qui en préviendra le pouvoir exécutif? Sera-ce l'administration elle-même? mais vous sentez bien qu'elle-même n'ira pas se dénoncer; si elle néglige d'exécuter une loi, qui est-ce qui stimulera son activité? Le Directoire ne connaîtra le mal que lorsque les citoyens eux-mêmes l'auront souffert et dénoncé, mais souvent il sera trop tard pour y remédier; alors le corps législatif, le conseil des cinq-cents surtout accusera le Directoire de trahison; la multitude qui ne voit que les résultats et non les causes, applaudira aux accusations.

Le Directoire, avili dans l'opinion, ne sera plus capable de gouverner; on pourra par ce moyen en changer les membres tous les quinze jours; et c'est là ce qu'on appelle l'indépendance des pouvoirs !

Il y a deux qualités essentielles pour constituer un bon gouvernement, l'unité de volonté et l'unité d'action, qui sont deux choses très-différentes; car, comme je l'ai déjà dit, il ne suffit pas pour gouverner de vouloir agir, il faut le pouvoir.

On commence par ne voir dans le pouvoir exécutif qu'un monstre toujours prêt à dévorer la liberté; je serais tenté de dire à ceux qui voient ainsi : N'en établissez point, si je ne craignais qu'ils ne me prissent au mot. On voit au contraire dans les administrations des espèces de magistratures populaires destinées à surveiller en quelque sorte les actes du pouvoir exécutif. Ce renversement d'idées a été produit par le système des administrations provinciales, qui avaient en effet été instituées pour représenter les besoins de chaque province et pour diminuer l'influence du gouvernement despotique.

L'opinion d'un membre de cette assemblée, qui a dit que tout était représentation dans l'ordre social, est très-propre à accréditer cette erreur. Je ne suis point de son avis, et je pense que les administrations n'étant que les moyens d'action du pouvoir exécutif, ou les canaux par lesquels la loi est transmise dès l'instant de sa formation jusqu'aux citoyens, elles n'ont aucun caractère de représentation; car pour me servir d'une idée du même membre, le pouvoir exécutif n'étant rien plus que l'agent du service de la loi, c'est une sorte d'entreprise que le peuple donne à des mandataires, et ces mandataires, devenant responsables de la bonté de leur service, devraient naturellement avoir la liberté de choisir leurs agens subalternes dans toute la ligne que doit parcourir la loi. Aussi ai-je toujours cru que les administrations étaient ces agens, choisis à la vérité par le peuple, et que le peuple ne faisait que remplir en cela, sur chaque partie du territoire, une fonction dont ses mandataires exécutifs ne pourraient s'acquitter avec facilité et discernement.

On n'a encore combattu l'établissement des commissaires exécutifs que par des déclamations;

on les compare à des intendans, à des vampires qui vont pressurer le peuple ; mais il n'y a pas une institution qu'on ne puisse attaquer ainsi avec des phrases, et c'est cependant dans cette matière qu'il faut surtout en être économe, car des suppositions ne sont pas des raisons.

D'abord les intendans et tous les agens du gouvernement monarchique exerçaient une autorité très-étendue et très-arbitraire ; les commissaires qu'on vous propose ne sont pas chargés d'administrer, puisqu'ils sont établis auprès de l'administration ils n'y ont aucune part, ils surveillent et requièrent seulement l'exécution des lois, ils sont là pour instruire à chaque instant le Directoire de l'état des choses ; et je ne vois pas ce qu'il y a dans une telle institution de semblable à l'ancien régime, d'oppressif pour le peuple, ni de dangereux pour la liberté.

Ce sont, dit-on, des intrigans qu'on enverra de Paris, et à ce sujet on propose par amendement que le Directoire ne puisse au moins choisir les commissaires que dans les lieux mêmes où ils devront exercer leurs fonctions.

Cette crainte qu'il serait inutile de chercher à détruire, puisqu'elle ne prouve rien contre l'institution proposée, tient beaucoup à des circonstances de la révolution, où l'on a vu le pouvoir exécutif envoyer une tourbe de commissaires dans les départemens.

Le pouvoir exécutif était anarchique, il envoyait
des apôtres d'anarchie ; d'ailleurs ces commissaires
n'avaient presque toujours d'autre règle de conduite que leur volonté ; mais lorsque vous aurez
un pouvoir exécutif national et constitutionnelle-
ment établi, et une organisation stable et définitive des pouvoirs publics, tous ces abus disparaîtront.

On se récrie sur leur nombre, sur leur salaire ;
mais toutes ces considérations ne détruisent pas le
principe ; lorsque la Convention l'aura une fois
consacré, on discutera le nombre, le traitement et
les dénominations.

Je ne vois dans tous les amendemens proposés
que des modifications du principe qui a déterminé
la commission à vous présenter cet article ; on s'é-
gare toujours lorsqu'on veut tirer des conséquences
de faits qui se sont passés pendant la révolution,
c'est-à-dire, pendant l'absence ou la presque nullité
de tous les pouvoirs, pour les appliquer à un régime constitutionnel.

Il ne peut y avoir aucune transaction, aucun
terme moyen sur le point que nous discutons ; ou
le gouvernement nomme lui-même tous ses agens
subalternes, choisit ses moyens d'action, ou bien
ils sont choisis par le peuple.

Dans ce dernier cas, il est indispensable que le
gouvernement ait des agens auprès de ces administrations populaires, si l'on veut qu'il y ait unité

d'action ; et j'attache une telle importance à mon opinion, que je pense que sans cette institution, vous n'aurez qu'un simulacre de république, qui périra nécessairement dans les déchiremens de l'anarchie.

OPINION

SUR L'ÉLECTION DES MEMBRES DU DIRECTOIRE.

7 THERMIDOR AN III.

COMMENT seront élus les membres du Directoire? Telle est la question à discuter.

Votre commission vous propose de les faire élire par le corps législatif.

On a demandé qu'ils fussent élus par le peuple. Cette question, à laquelle on a paru attacher une grande importance, n'en est point une suivant moi.

Il ne s'agit point d'analyser ici les opinions des publicistes qui font dépendre la liberté du peuple de la part qu'il se réserve dans le choix de ses mandataires. Tout se trouve résolu pour nous, puisque vous avez cru devoir adopter le système des assemblées électorales.

Ainsi les membres du corps législatif seront nommés par des électeurs immédiatement élus par le peuple, et les membres du Directoire seront nommés par des électeurs médiatement élus par le peuple; car le corps législatif n'est pas autre chose lorsqu'il s'acquitte de cette fonction : il n'élit pas comme corps politique, mais comme assemblée électorale du gouvernement.

L'article proposé par la commission ne blesse donc pas plus la souveraineté du peuple que celui qui établit des assemblées électorales pour élire les membres du corps législatif et les magistratures supérieures.

Je trouve au contraire dans le mode proposé par la commission, une plus grande garantie pour une bonne élection des membres du Directoire, et c'est là le but que nous devons nous proposer.

Les membres du corps législatif étant déjà le choix des électeurs dans la nation entière, sont présumés réunir plus de lumières et de connaissances que les assemblées électorales elles-mêmes qui les ont nommés.

Et l'on ne peut pas contester que les choix du corps législatif ne soient, par cette raison, toujours plus éclairés et plus concordans entre eux que ceux de quatre-vingt-neuf assemblées électorales.

Je ne doute pas que les électeurs ne nommassent des hommes très-probes, très-vertueux, très-instruits même; mais ces qualités, qui constitueraient un bon législateur, ne suffiraient pas pour être membre du gouvernement. Ces fonctions exigent des talens qui leur soient analogues; car il y a une grande différence entre l'action de gouverner et celle de concourir à la législation. Le législateur est, pour ainsi dire, le manufacturier de la loi; celui qui gouverne est chargé de la faire circuler dans toute l'étendue de l'empire. Le corps législatif, par sa position, est plus capable que les corps électoraux de saisir ces différences et d'en faire la règle de sa conduite dans ses choix.

Il n'y a pas de doute encore que de ce système il doit nécessairement résulter qu'il y aura plus d'unité entre les membres du Directoire, et plus d'harmonie entre les pouvoirs, car le corps législatif a un intérêt quelconque à la conservation de magistrats qu'il a choisis.

On dira qu'on n'ôte pas au corps législatif le choix des membres du Directoire, mais qu'on l'oblige seulement à choisir dans une liste de candidats qui lui est présentée par les assemblées électorales.

Je ferai d'abord observer que c'est un renversement de principes que de vouloir faire présenter les listes de candidats par les corps politiques, qui participent de plus près à l'exercice de la souveraineté du peuple. C'est comme si on voulait, pour la formation du corps législatif, que le peuple fît une liste de candidats dans laquelle les électeurs seraient tenus de choisir. On ne manquerait pas de dire que ce serait avilir et blesser la souveraineté, et en cela on aurait souvent raison. J'aimerais beaucoup mieux, pour conserver les principes et pour obtenir un bon choix, que ce fût le corps législatif qui fît la liste des candidats, et que les assemblées électorales consommassent le choix; car je persiste à croire que si vous faites faire la liste de candidats par les corps électoraux, vous rendrez illusoire le choix du corps législatif par les limites étroites dans lesquelles il se trouve réduit; et la France n'aura peut-être qu'un pouvoir exécutif faible, inhabile et par conséquent impuissant.

Les uns craignent qu'il ne soit trop fort, s'il est nommé par le peuple; les autres craignent qu'il ne soit trop faible, s'il est nommé par le corps législatif.

Pour moi, je ne crains ni l'un ni l'autre; car, encore une fois, le peuple n'entre pour rien dans ce choix. Il ne s'agit ici que d'électeurs; et si l'on veut faire dépendre la force morale d'un élu du plus ou moins d'intermédiaires qui se trouvent entre le peuple et lui, on sera forcé de convenir qu'il faut estimer encore plus la probabilité des lumières et des vertus des électeurs; et sous ce rapport, je crois avoir démontré que le système de la commission offrait plus d'avantages. Au surplus, c'est moins l'origine d'un pouvoir qui le rend fort ou faible, dépendant ou indépendant, que ses attributions; et malheureusement, quoiqu'en principe la force ne fasse pas le droit, l'expérience de tous les peuples et de tous les temps nous apprend que la force finit presque toujours par s'ériger en droit. Ainsi, la force ou la faiblesse du Directoire dépendra donc, de quelque manière qu'il soit nommé, des fonctions qui lui seront déléguées, et des garanties que la constitution donnera aux différens pouvoirs, pour les préserver mutuellement d'invasion; et le projet de constitution contient à ce sujet plusieurs dispositions que la Convention pourra modifier, si elle les trouve insuffisantes.

Il ne me reste plus qu'à répondre à quelques objections. On craint que le Directoire, s'il est élu par le corps législatif, ne soit l'esclave des factions. De quelles factions? De celles qui s'élèveraient contre la république. Mais cela n'est pas plus présumable dans ce système que dans tous les autres. Veut-on parler des factions qui naîtraient dans le corps législatif? Mais comme le Directoire aura été nommé par la majorité, l'objection tombe d'elle-même, car la majorité ne peut jamais être une faction.

On a comparé le corps législatif à une cour entourée de flatteurs, d'intrigans, d'ambitieux. Et le peuple n'a-t-il pas eu aussi ses flatteurs? Ont-ils été moins bas, moins vils, moins corrompus que ceux des rois? Croyez-vous que les assemblées électorales n'auront pas aussi leur antichambre, et que, lorsque le corps législatif sera obligé de choisir dans la liste des candidats, les intrigues que vous craignez n'existeront pas encore? Je pense, au contraire, qu'on ouvrirait une carrière plus vaste aux ambitions particulières.

Je vote donc pour l'article, tel qu'il est proposé par la commission.

OPINION

SUR LA

RESPONSABILITÉ DU POUVOIR EXECUTIF.

8 THERMIDOR AN III.

Les objections qu'on fait sur la responsabilité du pouvoir exécutif tiennent à de vieilles erreurs. On croit encore que ce pouvoir sera l'ennemi né du corps législatif; qu'il cherchera à le détruire. Cette pensée pouvait être reçue du temps du pouvoir exécutif royal; mais j'avoue qu'à présent je craindrais autant les usurpations du corps législatif que celles du pouvoir exécutif. Celui-ci n'a que des pouvoirs limités; il n'en est pas de même de l'autre, et je ne vois rien qui garantisse le peuple contre ses écarts.

Les dangers augmenteraient si l'on adoptait l'article dont il s'agit; car alors on mettrait le pouvoir exécutif dans la dépendance du corps législatif, en faisant peser sur lui une responsabilité vague et indéterminée; et Dieu sait où nous mèneraient les usurpations concertées et simultanées des deux pouvoirs! Rien n'est plus vague que ces mots *responsable de l'inexécution des lois*; rien ne prête plus à la persécution, aux petites haines, à l'humiliation dont quelques factions du corps législatif pourraient tenter d'abreuver le Directoire, afin de l'avilir et de le remplir de leurs partisans. Ceux-ci n'y resteraient pas long-temps, car l'avilissement d'une autorité est le signal de sa chute. Nous voilà encore retombés dans l'anarchie.

Je le soutiens, il ne se passera pas de jour où, avec l'article proposé, le conseil des cinq cents n'accuse le Directoire; il suffira qu'il n'ait pas dénoncé un abus qui ne sera pas venu à sa connaissance, pour qu'il soit dénoncé lui-même; et, comme l'a dit un de nos collègues, tous les six jours on enverra le pouvoir exécutif coucher à l'Abbaye. (On applaudit.)

Nous avons distingué le gouvernement de l'exécution. C'est le Directoire qui est chargé du gouvernement; ce sont les agens généraux qui sont chargés de l'exécution, et ils sont toujours responsables. Il n'y a, pour le gouvernement, que trois cas de responsabilité, qui sont prévus dans un des articles suivans. Si vous en fixez davantage, vous n'aurez point de gouvernement, parce qu'il n'osera point agir.

OPINION

SUR LE JURY CONSTITUTIONNAIRE.

24 THERMIDOR AN III.

TÉMOINS des maux sans nombre qu'a versés sur la France la confusion de tous les pouvoirs, nous cherchons les moyens les plus capables de les maintenir tous dans les bornes qui leur sont prescrites. C'est dans cette intention qu'on vous a prescrit le jury constitutionnaire. On ne lui déléguait d'abord que la mission spéciale de prononcer sur les plaintes en violation de la constitution, qui seraient portées contre les décrets de la législature. Cette institution faisait partie d'un plan que vous n'avez pas cru devoir adopter; son auteur a depuis essayé de rendre le jury applicable à la nouvelle constitution; et il propose de lui attribuer deux autres fonctions extrêmement importantes : le droit d'indiquer les réformes constitutionnelles qu'il jugera utiles, et celui de faire grâce.

C'est dans cet état que le travail présenté par Sieyes à la Convention, avait été communiqué à la commission des onze, qui, après l'avoir examiné, a adopté le jury constitutionnaire et ne lui attribue cependant que la fonction de statuer sur les actes contraires à la constitution.

Comme cette institution, malgré les suffrages qu'elle a réunis en sa faveur, me paraît contraire au but que l'on se propose et nuisible aux intérêts de mon pays, je crois devoir vous soumettre mes réflexions.

Il n'y a que la séparation des pouvoirs et leur indépendance qui constituent la liberté. Cette vérité est trop généralement reconnue pour avoir besoin d'être démontrée ici.

Il n'y a rien de plus aisé que de jeter sur le papier de brillantes conceptions sur cette partie importante de l'organisation sociale et de tracer de beaux plans en théorie. Mais comme il est de la nature des pouvoirs, puisque ce sont des hommes qui les exercent, de tendre sans cesse à passer leurs limites et à s'agrandir, on voit presque toujours dans la pratique les garanties, en apparence les plus fortes devenir impuissantes, et les corps institués garans acquérir une influence prépondérante sur ceux qu'ils sont chargés de défendre.

Tous les publicistes ont bien senti que c'était là le problème le plus difficile à résoudre en politique. Si on examine le résultat de leurs recherches, on verra qu'ils ont trouvé deux sortes de moyens de contenir les pouvoirs, les uns qui leur sont extérieurs, les autres qui leur sont inhérens. Parmi les premiers on peut classer l'appel au peuple, des censeurs ou tout autre corps établi pour juger les infractions à la constitution. Le peuple étant la seule source de toute autorité légitime, et sa volonté seule pouvant établir la charte constitutionnelle, il paraîtrait plus conforme aux principes de recourir à lui pour juger les usurpations réciproques des pouvoirs, et les atteintes portées à la constitution.

Mais on sait combien il serait dangereux, ou au moins illusoire, de soumettre des questions constitutionnelles à la décision d'une grande nation ; ce sont des épreuves qu'on ne tente pas souvent sans compromettre l'ordre social et la tranquillité publique. Les discussions politiques font naître les diversités d'opinions, ouvrent la plus vaste carrière à toutes les passions, et dans cet état de choses le meilleur gouvernement ne peut jamais acquérir ce degré de stabilité et ce caractère imposant et respectable que le temps seul peut lui imprimer ; et je ne conseillerai de recourir à cette mesure que lorsqu'il y aura une nation de philosophes, aussi impossible, dit un auteur, que la race philosophique des rois de Platon.

Voyons maintenant si un corps institué au-dessus des pouvoirs publics, pour examiner leurs actes comme on le propose, est capable de garantir leur indépendance et l'intégrité de la constitution, et je me fais sur-le-champ cette question : si le jury constitutionnaire dont les fonctions seront déterminées par la constitution, en passe les limites, qui est-ce qui réprimera son usurpation ?

Je vous avoue que j'ai beau chercher une réponse, je n'en trouve point de satisfaisante.

Si on ne peut pas contester, comme je le crois, la possibilité de cette usurpation, l'institution devient au moins inutile; la constitution reste encore sans garantie; on résout la difficulté quant aux deux conseils qui forment le corps législatif; mais elle reste tout entière pour le jury constitutionnaire, ou, pour mieux dire, on ne fait que reculer la difficulté d'un degré de plus.

Si on trouvait, pour former le jury, des hommes sans passions, sans préjugés, et étrangers à tous les partis, je rejetterais encore cette institution; car dans ce cas-là même on pourrait s'en passer; il n'y aurait qu'à charger ces hommes de l'exercice des pouvoirs qui n'auraient plus besoin alors de surveillance.

Si, comme on y est forcé par la nécessité, on ne peut composer le jury que d'hommes aussi susceptibles de toutes les passions que les membres des deux conseils et du Directoire, je serai fondé à demander qu'on donne aussi des surveillans à ce jury, et cette surveillance graduelle s'étendrait à l'infini.

Ainsi, chez un peuple des Indes, la croyance vulgaire est, dit-on, que le monde est porté sur un éléphant, et cet éléphant par une tortue; mais quand on vient à demander sur quoi repose la tortue, adieu l'érudition.

Cette image est parfaitement applicable à l'objet

que nous traitons. La garantie de la république est dans la division des pouvoirs et dans une bonne organisation, la garantie des pouvoirs est dans le jury constitutionnaire. Mais quand on demande où est la garantie du jury pour lui-même, et celle des pouvoirs contre ses usurpations, on ne sait plus que répondre.

La bonté des résultats, en politique comme en mécanique, est en raison inverse de la multiplicité des ressorts qu'on emploie; car plus il y a de corps opposés ou d'agens entassés les uns sur les autres, plus il y a de chances pour l'usurpation, la confusion des pouvoirs, les partis et les déchire-mens.

Examinons en effet le jeu de ce jury consti-tutionnaire, autant qu'il est possible toutefois de le présumer.

Le conseil des cinq cents a seul le droit de pro-poser les lois, c'est dans ce corps que réside ex-clusivement le principe du mouvement et de l'ac-tion du corps législatif. S'il fait une proposition attentatoire à la constitution, le conseil des anciens est là pour la rejeter. Le jury constitutionnaire est donc inutile.

Le conseil des anciens ne peut délibérer que sur une proposition du conseil des cinq cents, il ne peut que l'adopter ou la rejeter, dire oui ou non ; on ne voit point encore ici l'utilité du jury consti-tutionnaire.

Dans cette action des deux conseils, qui peut se

plaindre devant le jury? le conseil des cinq cents.
Mais il ne peut jamais en avoir de prétexte, encore
moins de motif, puisque le conseil des anciens a un
veto absolu.

Le conseil des anciens pourrait-il se plaindre en inconstitution d'une proposition du conseil
des anciens? Non, puisqu'il a le droit de la rejeter.

Ainsi les deux conseils ont en eux-mêmes, dans
leurs attributs, les moyens de prévenir les tentatives lentes et progressives qu'ils pourraient faire
pour étendre leur pouvoir, et par conséquent pour
attenter à la constitution, et ce sont les seules qu'on
puisse penser à prévenir; car si l'on suppose que
les conseils feront des entreprises ouvertes contre
la constitution, que l'un d'eux, par exemple, s'at-
tribuera seul le pouvoir législatif, je n'ai plus rien
à répondre, parce qu'alors l'État est nécessairement dans une convulsion, et que les pouvoirs sont
dans un état de guerre dont le jury constitutionnaire ou tout autre moyen moral et concilia-
teur ne pourrait arrêter le cours et prévenir les
violences.

Les physiciens sont bien parvenus à fixer la foudre, mais les politiques cherchent encore et cher-
cheront long-temps sans doute à diriger et à fixer
les orages qui se forment au sein des sociétés, et
y portent le trouble et la destruction. La raison en
est que la nature a des règles invariables; qu'elle
ne trompe jamais celui qui a surpris son secret;

mais les passions des hommes, modifiées à l'infini, ne fournissent jamais à l'observateur le plus constant que des conjectures incertaines.

Dans le plan de Sieyes, le Directoire exécutif peut réclamer en inconstitution; mais que fera-t-il de ce droit? Il ne l'exercera que dans le cas où les deux conseils se seraient accordés pour violer un article de la constitution. Mais outre que je regarde cette connivence comme presque impossible dans l'organisation que vous avez adoptée pour le corps législatif, comme je le démontrerai, croirait-on que dans ce cas le jury constitutionnaire, réduit à un rôle très-passif, aurait assez de puissance pour réprimer cette violation, et assez de force pour donner gain de cause au Directoire? Croit-on que les deux conseils réunis par le même intérêt ne l'emporteraient pas dans la balance? Ils persévéreraient avec d'autant plus d'opiniâtreté dans leur résolution, que leur amour-propre et leur orgueil seraient irrités par la résistance du jury et par le triomphe du Directoire; et comme le corps législatif sera toujours la première et la plus puissante des autorités, il aurait pour lui l'opinion publique; ou, si elle lui paraissait contraire, il la corromprait, s'il n'osait pas encore s'élever au-dessus d'elle; il la corromprait par ces grands mots, qui, prononcés dans les deux conseils par des orateurs véhémens, produiraient un effet magique sur la multitude, *la nécessité des circonstances, les trahisons, le salut du peuple et sa volonté.*

Alors, au lieu d'une garantie, vous auriez institué un ordre de choses perpétuellement convulsif, et la liberté périrait dans des agitations sans cesse renaissantes.

Espère-t-on d'ailleurs que le jury resterait impartial dans ces luttes des pouvoirs? Ne serait-il pas naturellement entraîné vers l'un d'eux par la corruption, par les intrigues et la séduction dont il serait environné, ou par ses propres passions ?

Comme il ne pourrait agir spontanément, n'aurait-il pas un intérêt puissant à avoir cette intelligence avec un des pouvoirs, pour s'assurer toujours une partie plaignante, un plaideur, et augmenter sa puissance en entretenant ainsi son autorité? Alors ne pourrait-il pas affaiblir l'autorité des autres et modifier à son gré la constitution? Car, saisissez, je vous prie, cette observation, il n'y a point de loi qui, de près ou de loin, ne tienne à la constitution.

Les juges s'ennuient de ne pas juger, et l'établissement d'un tribunal permanent entretient l'envie de plaider, et le nombre des procès augmente.

Ce plaideur est d'ailleurs tout trouvé dans le plan de la commission, c'est le Directoire à qui on donne un délai de cinq jours pour réclamer contre les actes du corps législatif; n'est-ce pas là évidemment un droit suspensif qu'on accorde au pouvoir exécutif? Si c'est là l'intention des auteurs de ce

plan, il vaut mieux le dire franchement, et discuter ce point important. N'est-ce pas aussi un
droit de sanction qu'on attribue au jury constitutionnaire? N'est-ce pas dénaturer toute votre constitution, et transporter par le fait dans ce jury les
fonctions que vous avez voulu attribuer au conseil
des anciens, qui, dès-lors, devient inutile ou plutôt une entrave?

Dans le système de Sieyes, c'est bien pis encore;
chaque citoyen pouvant se pourvoir en inconstitution, le jury constitutionnaire pourra très-faci-
lement connaître de tous les actes du corps législatif, et ainsi s'évanouit cette faible barrière qu'on
avait cru mettre à son ambition, en lui interdisant
de prononcer spontanément.

Sieyes introduit encore une sorte de pétitionnaires qui m'effraie bien plus que tous les autres ;
c'est la minorité des conseils qu'il admet à se plaindre devant le jury des actes de la majorité, c'est
la première fois que l'on propose d'établir une institution aussi contraire aux principes, aussi favorable aux factions, aussi destructive de l'ordre social; elle ne pourrait convenir qu'à un peuple
chez lequel il serait convenu que c'est la minorité
qui a toujours raison et qui doit faire la loi.

Je ne suivrai point dans tous ses détails les diverses organisations du jury constitutionnaire qui vous
sont proposées par Sieyes et par la commission; il
ne s'agit ici que du principe; car, s'il était question
de discuter les attributions du jury, je démontre-

rais facilement, je crois, que ce pouvoir monstrueux serait tout dans l'État, et qu'en voulant
donner un gardien aux pouvoirs publics, on leur
donnerait un maître qui les enchaînerait pour les
garder plus facilement.

Je ferai observer cependant que, lors même
qu'on semble tant redouter, et avec raison, la permanence du pouvoir constituant qui serait la permanence de l'anarchie, on l'établit dans le fait,
car le jury constitutionnaire doit s'occuper *habituellement* des vues qui lui paraîtront propres à
perfectionner la constitution. Il doit présenter tous
les dix ans au corps législatif le résultat de ses travaux sur cet objet; on l'envoie ensuite à l'examen
des assemblées primaires, et auxquelles, par respect pour la souveraineté du peuple, on ne laisse
que le droit de délibérer par *oui* ou par *non*. Si la
majorité des assemblées primaires dit *oui*, le pouvoir constitutionnel est délégué par ce seul fait au
conseil des anciens, qui doit statuer sur les propositions du jury sans pouvoir les amender. Outre
les semences de troubles, de division et de désorganisation que renferme tout système qui met chaque jour la constitution en révision provisoire,
celui-ci fait réellement du jury constitutionnaire
le pouvoir constituant; et l'intervention des assemblées primaires bien circonscrites est illusoire,
et celle du conseil des anciens une formalité déri-
soire, puisqu'il ne peut pas discuter.

On trouve dans la constitution de Pensylvanie

une institution qui a beaucoup de ressemblance avec le jury constitutionnaire qui vous est proposé.

Le peuple nomme tous les ans un *conseil de censeurs*. Le devoir de ce conseil est d'examiner si la constitution a été conservée dans toutes ses parties, sans la moindre atteinte, et si les corps chargés de la puissance législatrice et exécutrice ont rempli leurs fonctions comme gardiens du peuple, ou s'ils ont exercé d'autres ou plus grands droits que ceux qui leur sont donnés par la constitution; il recommande au corps législatif l'abrogation des lois qui paraissent avoir été faites dans des principes opposés à la constitution. La session du conseil des censeurs dure un an.

Ce conseil fut convoqué en 1783, et il résulta de son examen que la constitution avait été violée assez souvent par le pouvoir législatif et par le pouvoir exécutif. Ainsi l'expectative d'une censure publique exercée par un corps aussi puissant, aussi respectable en apparence, ne peut prévenir ces violations. On dira que cette censure était placée à une trop grande distance.

Mais si le jury est permanent comme dans les projets soumis à la discussion, l'acte du corps législatif, contre lequel il y aurait réclamation, sera environné des circonstances et des passions qui l'auront produit, et la décision du jury sera nécessairement influencée par ces circonstances et par les mêmes passions.

On a remarqué que plusieurs de ceux qui avaient le plus d'influence dans le conseil des censeurs de Pensylvanie, avaient été à la tête des partis antérieurement existans dans l'État.

Pendant toute sa session, le conseil fut divisé, et l'esprit de parti présida plus à ses décisions que le respect pour la constitution, surtout lorsqu'il eut à prononcer sur les bornes respectives des pouvoirs. Ses décisions ne changèrent rien aux usages fondés sur les interprétations législatives, et la législature alors existante refusa de les reconnaître.

Cet exemple prouve, à la vérité, l'existence du mal qu'on veut prévenir dans notre constitution, mais celle de Pensylvanie qui avait consacré l'unité du corps législatif, n'avait pas les mêmes garanties intérieures, et cet exemple prouve aussi l'impuissance du remède qu'on vous propose.

C'est donc courir après une perfection chimérique, que de vouloir donner des gardiens à une constitution, et des surveillans aux pouvoirs constitués supérieurs.

Les gardiens les plus sûrs et les plus naturels de toute constitution sont les corps dépositaires des pouvoirs, ensuite tous les citoyens.

Les corps défendent la constitution en défendant les prérogatives et les droits qu'elle leur attribue.

Ainsi pour prévenir la confusion ou l'usurpation des pouvoirs, il faut donner à ceux qui les exercent des moyens tellement suffisans pour résister aux tentatives dirigées contre eux, qu'ils soient forcés à se respecter mutuellement par le sentiment de leur force et de leur dignité. Il faut que dans l'organisation du gouvernement chacune de ses parties soit établie et posée de manière à retenir toutes les autres dans leur place; il faut, pour ainsi dire, opposer l'ambition à l'ambition, et que l'intérêt personnel des fonctionnaires les attache au maintien des droits constitutionnels de leurs places; la corruption des hommes en fait malheureusement une nécessité.

On appellera cela, si l'on veut, de l'*équilibre,* et par conséquent la pierre philosophale en politique. Mais le système du *concours* des pouvoirs, présenté par Sieyes comme une nouveauté, n'est pas autre chose, quoi qu'il en dise, et ce n'est pas la peine de discuter pour des mots : car si le concours résulte de la bonne volonté de ceux qui gouvernent, comme le mot pris dans son acception ordinaire semble l'indiquer, ce concours n'est qu'une illusion; car, suivant Sieyes lui-même, une loi dont l'exécution ou l'observance n'est fondée que sur la bonne volonté, est comme une maison dont le toit repose sur les épaules de ceux qui l'habitent. Il est inutile de dire ce qui doit arriver tôt ou tard.

Si le concours résulte au contraire de l'organisation matérielle du gouvernement et des qualités qui lui sont inhérentes, comme je soutiens que cela doit être dans une bonne constitution, nous sommes d'accord; alors peu m'importe qu'on l'ap-

pelle *équilibre* ou *concours*, puisque, quelque nom
qu'on lui donne, la chose est la même.

Le grand problème est donc de mettre le gouvernement en état de régler la conduite des gouvernés, et de le forcer à régler la sienne par lui-
même et sans ces agens extérieurs qui ne sont
qu'une preuve de l'impuissance des hommes pour
atteindre à la perfection.

Il y a plusieurs moyens d'y parvenir :

1° La division du corps législatif en deux parties qui aient des qualités et des principes d'action
différens ;

2° L'établissement de certains rapports entre le
pouvoir exécutif et la portion du corps législatif,
présumée la plus intéressée au maintien de l'ordre,
qui la disposeraient à soutenir les droits du premier sans abandonner la défense des droits dont
elle fait partie ;

3° La participation du pouvoir exécutif dans la
formation de la loi ;

4° Le vœu national et l'opinion publique.

La constitution que vous avez décrétée, contient
les plus sûrs et les moins dangereux de ces moyens.

On attache aujourd'hui trop peu d'importance
à la division du corps législatif. Ceux qui, dans
l'Assemblée constituante, voulaient affermir la monarchie, pensaient qu'il n'y avait que cette division
qui pût la garantir ; je la considère aussi comme la
seule garantie raisonnable et possible d'une constitution républicaine, de toute constitution ; c'est

elle qui empêchera les erreurs, la précipitation et l'enthousiasme auxquels une assemblée est entraînée par l'impression subite d'un discours éloquent, ou d'événemens souvent préparés ; c'est elle qui atténuera l'esprit de faction, qui préservera des effets funestes de la paresse, de l'irréflexion ou de la terreur ; c'est elle qui mettra un terme à la mobilité de la législation, cette source malheureusement trop féconde des maux qui affligent la patrie.

Je vois dans cette institution la sauvegarde de la liberté, l'indépendance des pouvoirs, lorsque les deux parties du corps législatif, sans avoir des intérêts opposés, sont dans une position différente qui ne leur permet pas de s'animer des mêmes passions, et qui empêche que les mêmes circonstances ne puissent les égarer toutes les deux en même temps.

Or c'est ce qui se rencontre dans le projet de la commission des onze ; les deux conseils ont bien le même intérêt ; mais ils ont des différences, telles que l'âge, le nombre, la dénomination, les fonctions ; ainsi ils ne sont pas susceptibles de recevoir constamment la même impression.

J'ai toujours pensé que le conseil des anciens serait par ses attributs le gardien, le conservateur de la constitution, le défenseur de la prérogative, du pouvoir exécutif, et cette idée a constamment dirigé la commission dans son travail. Nous avons toujours regardé le conseil des anciens comme une barrière naturelle et nécessaire pour réprimer par sa seule présence ou par le développement de sa puissance, la fougue du conseil des cinq cents, et pour garantir le Directoire exécutif des atteintes qui lui seraient portées. Et afin que le conseil des anciens, tout en garantissant le Directoire, ne pût le dominer ni l'asservir, nous avons confié au conseil des cinq cents l'initiative de l'accusation. Voilà comment tout se lie, tout se tient et se balance dans le travail de la commission; je persiste à dire que c'est dans cette organisation même que se trouve toute garantie, et il est sensible que si on veut placer un jury constitutionnaire sur cet édifice, on en détruit l'harmonie, l'intention et l'effet, et on court les risques de l'écraser sous le poids d'une machine qui ne lui a point été adaptée, d'une pièce de rapport qui ne fait point partie de son ensemble.

Quoiqu'il ne soit point dans mes principes de faire participer le pouvoir exécutif à la formation de la loi, j'aimerais beaucoup mieux lui donner une influence de cette espèce, et mettre ainsi dans lui-même sa garantie, que de la faire dépendre d'une volonté étrangère; mais je le crois suffisamment garanti par la division du corps législatif, et par l'influence que doit lui donner cet article qui lui accorde le droit de proposer en tout temps des mesures aux deux conseils, et de les inviter à prendre un objet en considération.

On trouvera peut-être étonnant que je ne paraisse stipuler ici que pour le pouvoir exécutif; c'est que je crains beaucoup plus pour lui que pour tout autre : car son mandat est limité à l'exécution des lois ; et comme il n'y a point dans notre code politique de définition exacte et convenue de la loi, le corps législatif a des pouvoirs illimités, et peut appeler loi toutes ses volontés.

La plus forte garantie de la constitution est, suivant moi, dans le vœu national. Malheur au peuple que ses législateurs ne regarderaient pas comme le plus solide appui de sa constitution et de ses lois ! La république et la liberté ne seraient que de vains mots dans un pays où ne compterait plus, pour contenir les ambitions individuelles, sur ce frein puissant chez les peuples libres, l'opinion publique. Si la constitution est acceptée par la nation française, si elle y trouve ce qu'elle a droit d'attendre d'un gouvernement, la paix et le bonheur, la république est à jamais fondée ; tous les bras s'armeront pour sa défense, et la constitution deviendra l'objet du respect et de l'attachement de tous les citoyens.

Je demande la question préalable sur le jury.

OPINION

SUR L'ORGANISATION DU MINISTÈRE.

26 FRUCTIDOR AN III.

AVANT de cesser vos fonctions conventionnelles, vous devez préparer, pour toutes les branches de l'établissement public, les moyens d'action qu'elles réclament et leur donner ainsi la vie : je viens en conséquence vous présenter l'organisation du ministère, conformément aux dispositions principales que contient la constitution, et aux principes qui ont dirigé la commission des onze dans cette matière.

Elle a toujours distingué deux choses dans le pouvoir chargé de l'exécution des lois; la pensée et l'action, le gouvernement et l'administration.

Cette distinction n'était pas nouvelle, peut-être; mais on ne la trouvait nulle part assez fortement exprimée.

La confusion de ces deux fonctions entraîne à sa suite tous les abus, tous les embarras que nous offre le système actuel de gouvernement dans les comités de la Convention, et dans les commissions exécutives.

Nous avons eu l'intention de les séparer, en

vous proposant un Directoire exécutif et des ministres.

C'est dans ce Directoire que résident la pensée,
la délibération et l'ensemble du gouvernement;
c'est à ce foyer que doivent se former les divers
rayons qui y aboutissent, les grandes conceptions
qui embrassent à la fois tous les besoins des gouvernés et toutes les parties de l'État.

En sortant du Directoire, tout se divise naturellement entre les ministres, suivant la nature de
leurs fonctions : c'est là que la délibération finit,
et que l'action commence à se communiquer rapidement à tous les degrés de l'échelle administrative.

Si le Directoire, après avoir délibéré en commun, veut agir ensuite par ses membres dans
chaque département du ministère, l'institution est
dénaturée, tous les élémens du gouvernement
sont confondus, et sa marche entravée d'une foule
d'obstacles.

Alors les membres du Directoire, pour ainsi
dire, noyés dans les détails, perdent de vue les
grands objets qui doivent sans cesse les occuper ;
alors tout languit dans l'administration publique.
Le ministère devient inutile, puisque les ministres
ne sont plus que de simples commis et deviennent
bientôt des esclaves.

L'exemple de ce qui se passe aujourd'hui consacre ces réflexions : ce ne sont point ceux qui
délibèrent sur les moyens de défendre une grande
république contre ses ennemis extérieurs qui doi-

vent créer ces moyens et les mettre en mouvement ; ce ne sont point ceux qui embrassent d'un coup-d'œil tout le système diplomatique de l'Europe, qui doivent entretenir les correspondances habituelles relatives à cet objet ; ce ne sont point ceux qui recueillent des observations générales sur l'administration intérieure, sur l'économie politique et sur les mœurs nationales, qui doivent suivre tous les détails de l'administration.

Les plus éminentes de ces fonctions appartiennent au Directoire, et les autres sont aux ministres : il faut donc que le Directoire, semblable à un conseil d'État, gouverne seulement et que les ministres agissent.

Cette distinction est, à la vérité, difficile à tracer dans un décret, et c'est pour cela que nous avons cru nécessaire de la rappeler et de la graver, pour ainsi dire, d'une manière solennelle, en la déposant dans ce rapport sur le frontispice de la loi que nous vous proposons.

Plusieurs questions se sont présentées à l'examen de la commission dans l'organisation du ministère ; savoir, le nombre des ministres, leurs attributions respectives, leur responsabilité et leur traitement.

Il est statué par la constitution que le nombre des ministres est de six au moins et de huit au plus. On a voulu, par cette disposition, écarter deux systèmes également destructifs de toute administration ; une trop grande division ou une réunion trop forte des objets dont elle se compose.

Avant de nous déterminer pour un nombre moyen que l'expérience du passé comme celle de tous les jours nous a fait adopter, nous avons opéré le rapprochement des parties de l'administration générale, que leur nature rend dépendantes l'une de l'autre ; qui doivent marcher ensemble, et qui ne peuvent marcher qu'ensemble, à cause de leur analogie.

C'est le seul procédé à suivre dans cette matière, et le résultat de cette opération indique d'une manière précise les bornes des départemens respectifs du ministère.

Quelques personnes auraient désiré qu'on créât un ministre pour chaque branche de l'intérêt national à raison de son utilité et de son influence sur la prospérité générale ; mais ce système multiplierait les départemens du ministère au-delà du *maximum* fixé par la constitution et diminuerait trop encore toutes les parties de l'administration. L'un demande un ministre pour l'agriculture, l'autre pour l'instruction publique, un autre pour le commerce ; car il n'y a que ces divers objets formant une partie des attributions du ministre de l'intérieur qu'on puisse avec raison proposer d'en retrancher. Nous avons donc examiné les motifs sur lesquels on s'est fondé à plusieurs époques de la révolution pour demander la division du département de l'intérieur.

Dans l'Assemblée constituante, on disait qu'il était dangereux de confier des fonctions aussi étendues à un seul homme, et qu'il était très-difficile d'en trouver un qui fût capable de porter un pareil fardeau. On proposait en conséquence de partager le département de l'intérieur en cinq divisions, et de confier chacune d'elles à un directeur général, mais toujours sous les ordres d'un ministre, ce qui n'était plus alors dans le fait qu'un seul département avec des bureaux organisés d'une manière nouvelle. Aussi l'Assemblée constituante ne conserva-t-elle qu'un ministre pour toutes les attributions du département de l'intérieur.

Au commencement de la session de la Convention, on demanda encore que le département du ministère fût divisé ; on allégua les raisons que j'ai rapportées ; on se plaignait amèrement surtout de l'existence d'un bureau d'esprit public, et on proposa de diviser le département de l'intérieur entre deux ministres dont l'un devait avoir le système administratif, et l'autre tout ce qui tient à l'économie politique.

Ce projet de division fut encore rejeté, et on fit dans la suite, en établissant des *adjoints*, une organisation à peu près semblable à celle qui avait été proposée par le comité de constitution de l'Assemblée constituante.

Nous ne parlerons point de l'état actuel des choses où l'on peut à peine retrouver les diverses attributions du ministère de l'intérieur, disséminées entre une infinité de commissions et d'agences.

Votre commission, après avoir examiné la nature des objets dont se compose le département de l'intérieur, a pensé qu'il suffisait d'un ministre pour le diriger.

En effet, l'économie politique et le système administratif, quoique susceptibles de division dans la théorie et dans l'ordre scientifique, se tiennent essentiellement dans la pratique et dans l'ordre social.

L'économie politique est le but, les administrations sont les moyens.

Si ces deux objets sont séparés, on peut dire que la manufacture est d'un côté, et que les matières premières sont de l'autre.

Tout reste dans l'inertie, si deux volontés ne s'accordent, et c'est ici surtout que l'unité est nécessaire, parce qu'il ne s'agit purement que de l'action ; il faut donc placer sous la main les divers instrumens qui doivent lui donner de la rapidité.

Quoique dans l'État rien ne doive être étranger au gouvernement, et qu'il soit institué pour tout connaître et tout observer, il y a cependant plusieurs objets, dans l'économie politique surtout, dont il ne doit pas se mêler.

Il y a des choses sur lesquelles un bon gouvernement doit influer, pour ainsi dire sans paraître, semblable à la cause puissante qui féconde la terre et qui régit tout dans la nature sans se montrer aux humains.

On sent bien que je veux parler de l'agriculture, du commerce, des arts et de l'industrie.

Quelle que soit l'importance de ces divers objets, il est inutile d'établir plusieurs ministres exprès pour les surveiller, et pour recueillir des observations générales. Ils voudraient bientôt tout réglementer, tout diriger, au lieu de se borner à la surveillance.

Cette fureur de se mêler de tout est également nuisible aux gouvernemens et aux gouvernés, car le gouvernement qui veut tout diriger, se charge de toutes les fautes et se rend comptable de toutes les erreurs.

« Les gouvernemens ont deux grandes affaires très-capables d'occuper toute leur attention, a dit un publiciste célèbre ; celle de maintenir l'ordre et la justice parmi les citoyens et celle de défendre l'État. »

A ces deux vastes occupations est subordonné, comme moyen, le recouvrement des deniers qu'elles exigent, et la dispensation de ces deniers ; tout le reste est étranger à l'administration, et doit être laissé à l'industrie particulière. Dès que le gouvernement s'en mêle, il gâte ce qu'il dirige, c'est le bras d'Hercule qui veut cultiver une tendre plante ; il la mutile, il l'écrase.

La division de toutes les autres parties du ministère est tellement établie par l'usage de tous les grands États, par la nature des choses et par les besoins des nations, dans l'ordre actuel existant en Europe, que nous n'y apporterons que quelques légers changemens.

Nous proposons, par exemple, de confier au ministre de la justice dont les fonctions ne sont point d'ailleurs très-étendues, une partie de celles du ministre de l'intérieur, ou plutôt un objet qui leur était commun , et qui dès-lors était mal rempli et était devenu une source de difficultés. Je veux parler de l'envoi des lois. L'exactitude, la bonté, l'activité et l'uniformité du service exigent que ce soit le même agent qui soit chargé de les envoyer à toutes les autorités constituées.

Ainsi nous vous proposons de diviser le ministère en six départemens, savoir :

La justice, l'intérieur, la guerre, la marine, les finances et les relations extérieures.

C'est avec les six ministres que les autorités constituées et les commissaires du Directoire exécutif doivent correspondre, et non avec le Directoire. Quoique cet ordre paraisse très-naturel, nous avons cru devoir le rappeler dans un moment où la distinction de toute hiérarchie administrative a confondu les notions les plus simples, et dénaturé toutes les idées.

La constitution porte que les ministres sont responsables de l'inexécution des lois et des arrêtés du Directoire exécutif. Quoiqu'on ne doive plus attacher aujourd'hui à la responsabilité des ministres d'un gouvernement, lui-même responsable, la même importance qu'à celle des ministres d'un monarque inviolable, nous avons pensé néanmoins que cette responsabilité dans un gouvernement libre devait s'étendre à tous les délits contre la sûreté de l'Etat et contre la constitution, à tout attentat à la liberté et à la propriété individuelle, à tout emploi de fonds publics sans les formalités prescrites par la constitution, et aux dilapidations.

Nous ne nous sommes point arrêtés à un système que nous regardons comme destructeur de tout gouvernement, celui de donner aux citoyens le droit de poursuivre un ministre en justice. Nous avons cru que ce n'était plus aussi au corps législatif qu'il fallait attribuer ce droit, mais bien au Directoire exécutif. La raison de cette innovation résulte de la responsabilité du Directoire ; c'est pour cela qu'il a le droit de choisir et de révoquer à son gré ses ministres ; il serait absurde de ne pas lui laisser celui de les traduire devant les tribunaux, et il serait contraire à la constitution de donner au corps législatif un moyen d'arrêter la marche du pouvoir exécutif, en attaquant sans cesse les ministres. Il ne doit d'ailleurs exister aucun rapport immédiat entre le corps législatif et les ministres, si l'on veut que l'autorité du Directoire ne soit point illusoire, et qu'il y ait quelque stabilité dans le gouvernement.

Nous avons trouvé dans une disposition de l'Assemblée constituante sur cette matière, un moyen de concilier à la fois le respect et la considération dont les premiers agens du gouvernement doivent être investis, avec le droit qu'ont les citoyens lésés par un acte d'administration d'en exiger la réparation. Ainsi l'action en dommages-intérêts ne peut avoir lieu contre un ministre pour faits de son administration, que lorsqu'ils ont donné lieu à un acte d'accusation ; cette action n'est qu'accessoire et doit même être sujette à prescription.

TABLE.

FIN DE LA TABLE.